パレスチナ現代史

岩のドームの郵便学

内藤陽介

えにし書房

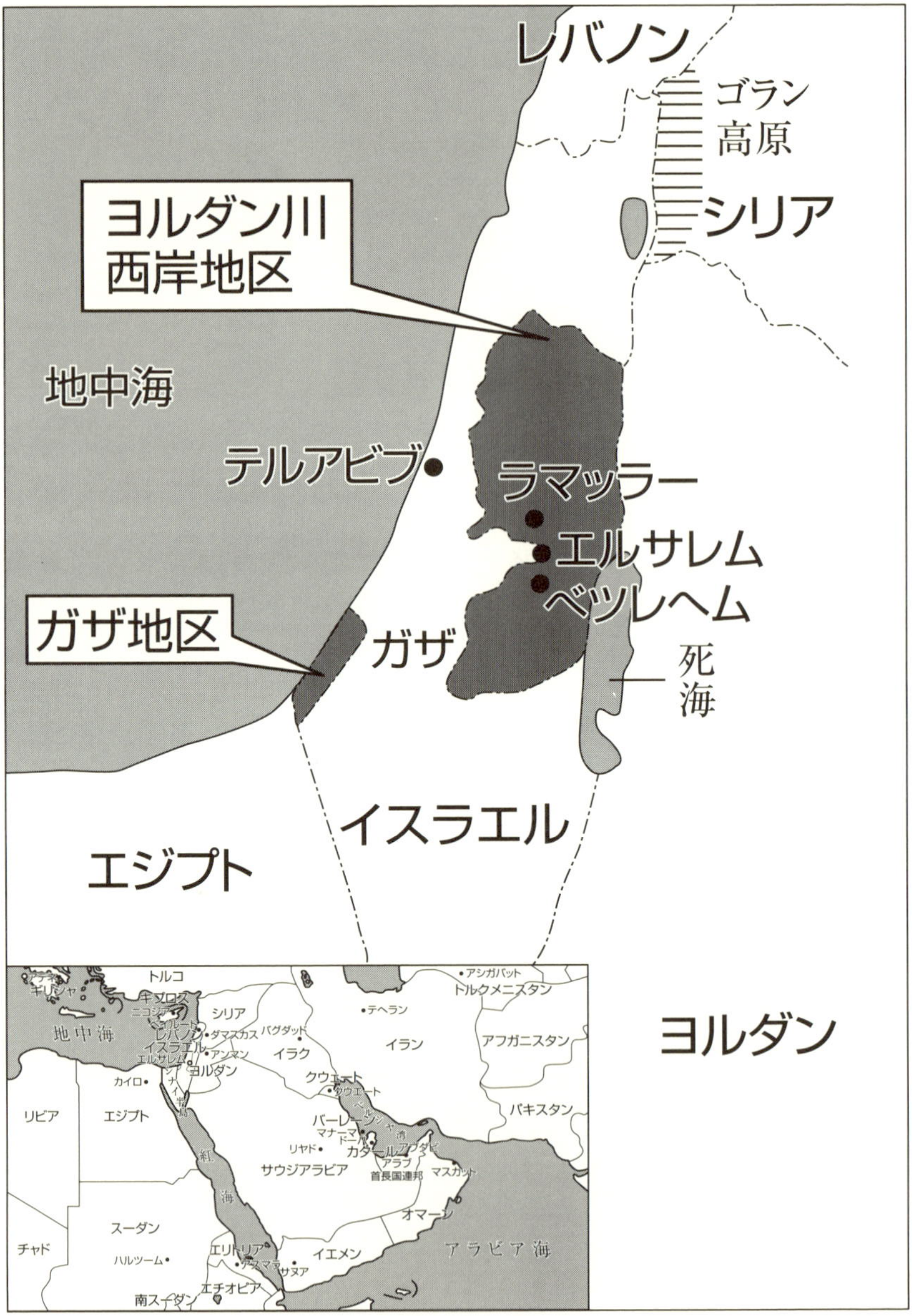

現在のイスラエルとパレスチナ自治政府

はじめに

エルサレムの旧市街は、ユダヤ教・キリスト教・イスラムの三宗教の聖地とされるが、そうしたエルサレムの中でも、かつてエルサレム神殿があったとされる場所は〝神殿の丘／ハラム・シャリーフ〟と呼ばれ、ユダヤ教徒の管理下にある南西の壁の外側（いわゆる〝嘆きの壁〟である）を除き、イスラエル国家の領域内にありながら、ムスリムの管理下に置かれている。

この場所を聖域たらしめている根拠は、そこに、〝聖なる岩〟があるからだ。

聖なる岩は、〝啓典の民〟（唯一絶対なる神を信仰する一神教徒としてのユダヤ教徒、キリスト教徒、ムスリム）の始祖とされるアブラハムが一人息子のイサクを神に捧げようとした場所とされている。また、

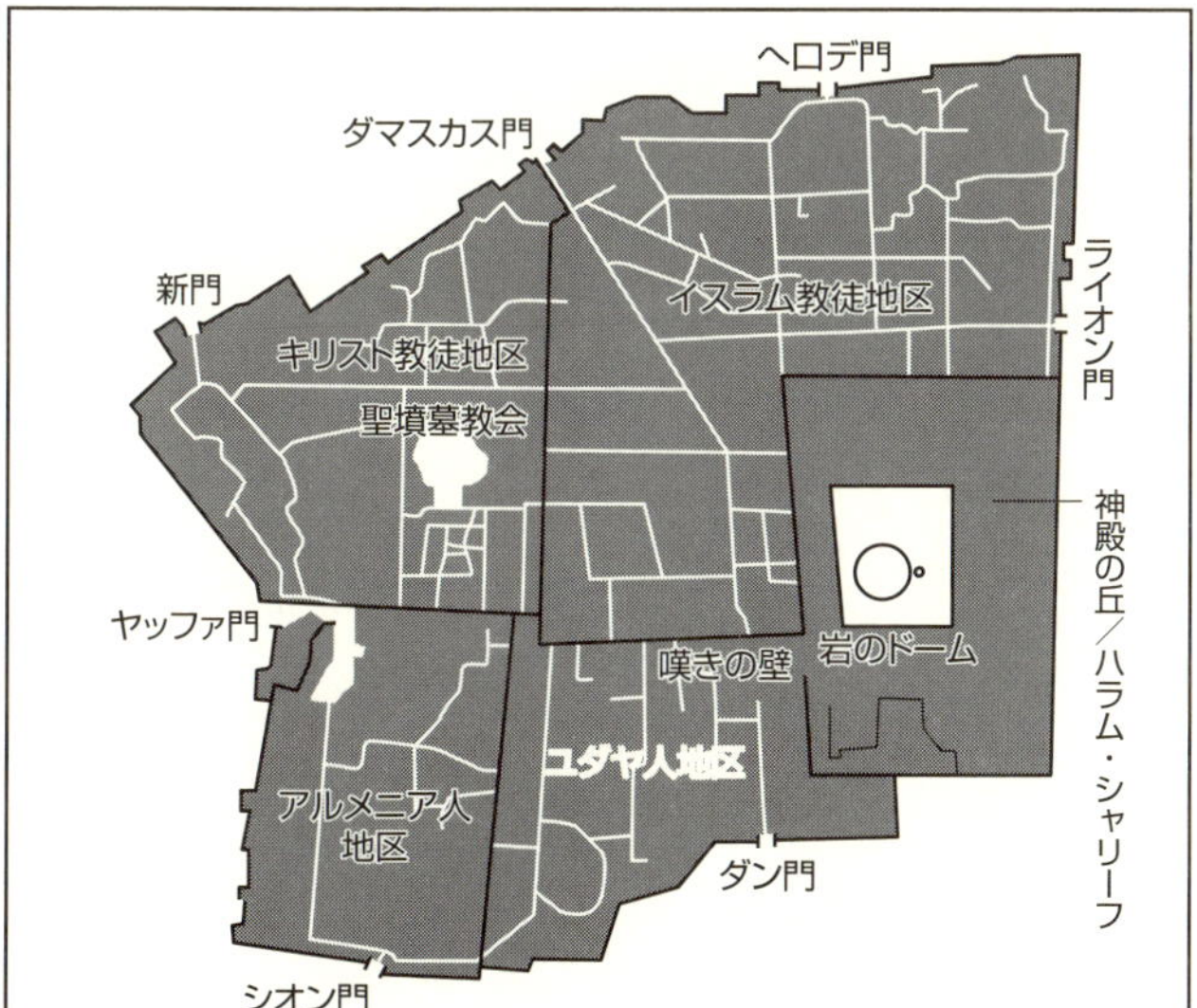

現在のイスラエル旧市街と各宗教の聖地

古代ユダヤのダヴィデ王は、この岩の上に〝契約の箱〟（神がモーセに与えた『十戒』を刻んだ石板が収められた箱）を納め、ソロモン王はエルサレム神殿を建設した。

その後、ローマ帝国によってユダヤ人はエルサレムから追放されるが、初期キリスト教でも、この場所は聖域として扱われていた。

一方、イスラムの聖典『コーラン』によれば、この〝聖なる岩〟は、イスラムの預言者であるムハンマドがここから大天使ガブリエルに連れられて七つの天をめぐって唯一絶対なる神、アッラーの前に額づいたとされる場所である。さらに、イスラムでは、この場所でアダムが塵から作られるとともに、エデンの園を追放された彼がこの場所に降り立ったとされている。

預言者の死後、イスラムの第二代カリフ（本来は預言者ムハンマドの代理人ないしは後継者の意味だが、イスラム共同体の首長を指す称号として用いられる）、ウマルは六三八年にエルサレムを征服するが、その際、〝聖なる岩〟を塵の中から発見し、ここで礼拝を行った。

初期のカリフは世襲制ではなかったが、六六一年にカリフに就任したムアーウィヤ（在位六六一―六八〇）は息子のヤズィードを後継者に指名し、世襲王朝としてのウマイヤ朝が始まる。預言者と姻戚関係にあったイブン・ズバイルはこれに反発し、六八三年、メッカを制圧してウマイヤ朝の正統性を否定して自らカリフと称した。

このため、ウマイヤ朝第五代カリフのアブドゥルマリク（在位六八五―七〇五年）は、六八八年、メッカのカアバに代わる礼拝の方角の起点として、かつてウマルが礼拝を行った岩を囲む記念堂の建設を開始した。

記念堂は、シリアのキリスト教建築の様式を踏まえつつも、カアバでは巡礼者が中心の黒石を巡回する構造になっていることを踏まえ、平面は八角形で、中央円形の内陣を二重の歩廊が取り囲み、信徒が巡回できるような構造で作られた。また、岩を覆うドームは、岩を囲む円形の柱列の上に円筒型のドラムを乗せ、その上に据えられた。

こうして、六九二年、〝岩のドーム〟が完成する。〝ウマウマルの故事にちなんだ建築であるため、〝ウマル・モスク〟と呼ばれることもあるが、ドーム自体は礼拝施設ではないので、ドームの南側一〇〇メートルほどの場所に、別途、七〇五年から七〇九年にかけてウマイヤ朝カリフ、ワリード一世によって、〝アクサー・モスク〟が建設されている。

当初、ドームの屋根は木造だったが、十一世紀に金メッキをした銅板で屋根が敷かれ、現在の金色に輝く外観となった。なお、この屋根は、一九六五年に鉄骨構造に改修され、屋根板は軽量化のため金メッキをしたアルミ板に変更された。

また、当初の外壁は樹木や草花、建物を描いたガラス・モザイクだったが、一五一六年にオスマン帝国がエルサレムを征服すると、スルターン・スレイマーン一世治世下の一五六一－六二年の改修工事で、大理石と瑠璃色のトルコ製タイルに張り替えられ、ほぼ現在の外観ができあがった。

その後も現在に至るまで、岩のドームはエルサレムを代表する建築物であると同時に、エルサレムがイスラムの聖地であることの象徴としての地位を維持し続けている。

本書では、そうした岩のドームのシンボリックな性格に注目し、〝国家のメディア〟としての切手に取り上げられてきたその諸相を歴史的にたどることを軸に、郵便学の手法を用いて、エルサレムとパレスチナの現代史を再構成することを試みた。

〝メディア〟という語は、現代の日本語では主に〝報道（機関）〟の意味で用いられることが多いが、本来の意味は〝（情報伝達などの）媒体〟である。その意味では、郵便はきわめて興味深いメディアといってよい。

そもそも、通信手段としての郵便は、それ自体がメディアであるわけだが、郵便に使用される切手や消印なども、本来の郵政業務とは別の次元においてメディアとして機能しているからである。

日本の郵政は株式会社化（一般には〝民営化〟といわれることが多い）されてしまったが、歴史的に見ると（現在でも多くの国では）切手は国家の名において発行されてきた。政府というものは、ありとあらゆるチャンネルを使って自分たちの主義主張や政策、イデオロギーなどを宣伝しようとするのが本来の姿であるから、政府が切手を通じて、自己の政治的正当性や政策、イデオロギーなどを表現しようとするのは極めて自然なことである。

たとえば、多くの国は、戦時には国民に対して戦争への協力を求め、戦意を昂揚させるための切手を発行するし、領土紛争を抱えている国であれば、切手に取り上げられる地図は自国の主張に沿ったものとなるのが当然である。もちろん、オリンピックなどの国家的行事に際しては記念切手が発行される。日本では明治の元勲・伊藤博文を暗殺した〝犯罪者（ないしはテロリスト）〟として認識されている安重根が韓国では〝義士〟として切手に取り上げられているように、歴史上の事件や人物が切手に取り上げられる場合、そこには発行国の歴史観が投影される。

また、特段に政治プロパガンダ臭の感じられない切手であっても、その国を代表する風景や文化遺産、動植物を描く切手は盛んに発行されており、そうした切手が郵便物に貼られて全世界を流通することによって、全世界の人々はその国の片鱗に触れることができる。

一方、郵便料金前納の証紙として郵便に使用されるという面にも着目すれば、消印の地名から切手の使用地域を特定し、発行国の実際の勢力範囲を特定することが可能となる。郵便局という〝役所〟を設置し、官営事業としての郵便サービスを独占的に提供するということは、そのまま、権力の行使にほかならないからである。

『新約聖書』の「マタイ福音書」二十二章には、イエスがローマ皇帝の肖像が刻まれたコインを手に「カエサルのものはカエサルに、神のものは神に」と応えたという一節がある。これは、通貨（貨幣・

紙幣）の発行と流通が国家権力の行使と密接に結び付いてきたことを示す言葉として知られているが、通貨の場合には、一部の特殊な例外を除き、いつ・どこで使用されたかという、その痕跡が残ることはまずない。

これに対して切手の場合には、原則として再使用を防ぐために消印が押されるから、（地名・日時などの情報が明瞭に判別できる状態であれば、という条件はあるものの）資料として搭載している情報量は、通貨に比べて飛躍的に拡大する。

また、外国郵便では、相手国の切手の有効性は相手国そのものの正統性を承認することと密接に絡んでおり、非合法とみなされた政府の切手の貼られた郵便物は、受け取りを拒絶されたり、料金未納の扱いをされたりする。さらに、郵便物の運ばれたルートやその所要日数、検閲の有無などからは、当時の状況についてのより深い知識を得ることもできる。このような場合、郵便活動の痕跡そのものが、その地域における支配の正統性を誇示するためのメディアとして機能していると考えてよい。

切手・郵便物の読み解き方は他にもある。

すなわち、印刷物としての切手の品質は発行国の技術的・経済的水準をはかる指標となるし、郵便料金の推移は物価の変遷と密接にリンクしている。そして、こうした切手上に現れた経済状況や技術水準についての情報もまた、その国の実情を、切手の発行国が望むと望まざるとにかかわらず我々に伝えるメディアとなっている。

このように、切手を中心とする郵便資料は、さまざまな情報を、具体的な手触りを伴ってわれわれに提供してくれる。しかも、切手を用いる郵便制度は、十九世紀半ば以降、世界中のほぼすべての地域で行われているから、各時代の各国・各地域の切手や郵便物を横断的に比較すれば、各国の国力や政治姿勢などを相対化して理解することができる。

したがって、資（史）料としての切手や郵便物は、歴史学・社会学・政治学・国際関係論・経済史・メディア研究など、あらゆる分野の関心に応え得るものであり、そうした郵便資料を活用することで、複合的かつ多面的なメディアとしての〝郵便〟、すなわち、ポスタル・メディアという視点から国家や社会、時代や地域のあり方を再構成する試みが、筆者の考える〝郵便学〟である。

そうした郵便学の興味・関心からすると、第一次大戦以降のパレスチナ現代史は実に魅力的な対象といえる。

すなわち、第一次大戦以前のパレスチナはオスマン帝国の主権下に置かれていたが、第一次大戦を経て英国の委任統治下に置かれた。一九四八年、英国が撤退すると、〝ユダヤ人の民族的郷土〟建設を目指すシオニズムを国是としてイスラエルが建国されるが、ヨルダン川西岸地区はヨルダンに、ガザ地区はエジプトに、それぞれ併合された。さらに、一九六七年の第三次中東戦争の結果、イスラエルはヨルダン川西岸地区とガザ地区を占領したが、国際社会はその正当性を認めず、イスラエルに対して占領地からの撤退を要求した。イスラエルはヨルダン川西岸とガザ地区からの撤退を拒否したものの、一九九三年のオスロ合意に基づき、ヨルダン川西岸とガザ地区にはパレスチナ自治政府が発足した。しかし、パレスチナ自治政府は、二〇〇七年以降、ヨルダン川西岸地区のファタハ政府とガザ地区を実効支配するハマース政府に分裂し、現在に至っている。

こうしたパレスチナの支配をめぐる変転は、そのまま、国家主権を可視化するメディアとしての切手にも明瞭な痕跡を残すことになるから、関連の切手や郵便物を時系列に沿ってたどっていけば、この地機の複雑な歴史を具体的なモノの手触りを通じて理解することが容易になる。

また、パレスチナをめぐる対立の背景には、シオニズムやアラブ民族主義、東西冷戦、イスラム復興運動などの思想やイデオロギーが複雑に絡んでおり、関係各国は、郵便というメディアを通じてそれを国際社会に発信し続けてきたという面があることも見逃せない。イスラムの聖地としてのエルサレムを象徴する岩のドームは、そうしたプロパガンダの格好の素材として、アラブ・イスラム諸国の切手にも盛んに取り上げられてきたから、それらを検証すること自体、パレスチナ問題をめぐる各国の認識と思惑の変遷を明らかにすることも可能となろう。特に、どの国が、いつ、どのような岩のドームの切手を発行してきたかということを仔細に検証してみると、反イスラエル陣営が決して一枚岩ではなく、彼らの間には微妙な齟齬が存在し続けてきたという現実も浮かび上がってくる。

以上のようなことを踏まえ、本書ではパレスチナの歴史を、

①オスマン帝国時代から英国委任統治時代まで
②第一次中東戦争以降、ヨルダンがヨルダン川西岸地区を支配していた時代
③一九六七年の第三次中東戦争から一九八七年の第一次インティファーダまで
④第一次インティファーダ以降

の四つの時代に区分し、さまざまな切手・郵便物を用いて、再構成することを目標とした。

税務調査官の言葉として「人間は嘘をつくが、嘘をついた帳簿は正直だ」というものがあるが、その時々の状況が刻みつけられた切手や郵便物もまた、嘘をつきようがない〝時代の証言者〟であり、複雑に絡み合ったパレスチナの現代史を、その原点にさかのぼって理解するうえで重要なヒントを与えてくれるはずだ。

最後になるが、本書を通じて、郵便に使う以外は、ともすると社会一般からは〝子供の遊び〟か〝好事家（オタク）の趣味の対象〟と見られがちな〝切手（と郵便物）〟が、いかに、大人の知的好奇心を満たす素材であるか、その一端だけでも感じ取っていただければ、筆者としては望外の幸である。

パレスチナ現代史　目次

第3章　占領された聖地 113

第4章 〝パレスチナ国家〟の誕生

第1章 〝イスラエル〟以前

エルサレムの外国郵便局

第一次世界大戦以前、主権者としてエルサレムを支配していたのはオスマン帝国だった。

そのオスマン帝国では、一八四一年、通信制度の改革が行われ、ベイルートからダマスカス、アッカを経てエルサレムに至る郵便物の定期輸送がスタートした。郵便網は次第に拡充されて、一八五二年にはエルサレム＝サイダ間（経由地はスール、アッカ、ハイファ、ジャッファ）で週一回の定期便がスタートする。さらに、一八五六年エルサレム＝ヘブロン＝ガザのルートが開設され、一八六七年エルサレム＝ジャッファ間の通信は週二便に増便された。

エルサレム域内の郵便局は、一八四一年に中央郵便局が開設されたのを皮切りに、順次、九つの郵便局が開設された。その中には、一八九八年十月三十一日から十一月二日にかけて、ドイツ皇帝ヴィルヘルム二世のエルサレム訪問を記念して設けられた臨時郵便局（図1）も含まれている。

いずれにせよ、十九世紀末までには、エルサレム、ナーブルス、ヘブロン、ガザ、ジャッファ、ベツレヘム、ティベリアス等の主要都市を中心に、オスマン帝国はパレスチナの地域に二十二の郵便局を開設し、それらの各局では、オスマン帝国政府の発行する切手が使用されていた（図2）。

一方、オスマン帝国の領内には、主権者たるオスマン帝国以外に、列強諸国がいわゆるキャピチュレーション（オスマン帝国が域内在住の外国人に恩恵

図１　ドイツ皇帝ヴィルヘルム２世のエルサレム訪問を記念して設けられた臨時郵便局から英国ミドルセックス宛に差し出された葉書。

図２　1907 年にエルサレム中央郵便局からオスマン帝国の切手を貼り、米オハイオ州宛に差し出された葉書。

として与えた特権。代表的なものとしては、通商・居住の自由、領事裁判権、租税免除、身体・財産・企業の安全など）を利用して郵便局を設け、本国などとの通信や送金を取り扱っていた。

郵便に関して、その先鞭をつけたのは帝政ロシアである。

すなわちロシアは、一七二一年にサンクトペテルブルク＝イスタンブール間で外交文書を運んだのを皮切りに、一七七四年になるとイスタンブールの領事館で郵便物の定期的な取り扱いを開始。以後、キャピチュレーションを援用する形で郵便網を拡充していった。

一八五六年にはロシア通商航海会社（ＲＯＰ.iＴ）による郵便サービスが始まり、翌一八五七年以降、オデッサ経由でオスマン帝国内の同社のオフィスからロシア全土への郵便物の配達が可能となった。さらに、一八六三年、オスマン帝国内のＲＯＰ.iＴのオフィスはロシア国内の郵便局と同等の資格を与えられ、実質的なロシア局として機能するようになる。

図３　オスマン帝国内のロシア局で使用するために発行された切手。

これに伴って、オスマン帝国内のロシア局ではロマノフ家の紋章である双頭の鷲を描く切手（図３）も発行された。ただしこの時点では、帝政ロシアはエルサレムを含むパレスチナの地には郵便局を開設していない。

エルサレムでは、一八五二年、南欧から中東に広がる巨大な通信網を築き上げたオーストリア・ロイド社が郵便取扱所を開設したのが列強諸国の郵便局としては最初の事例（図４）で、以後一八九〇年に

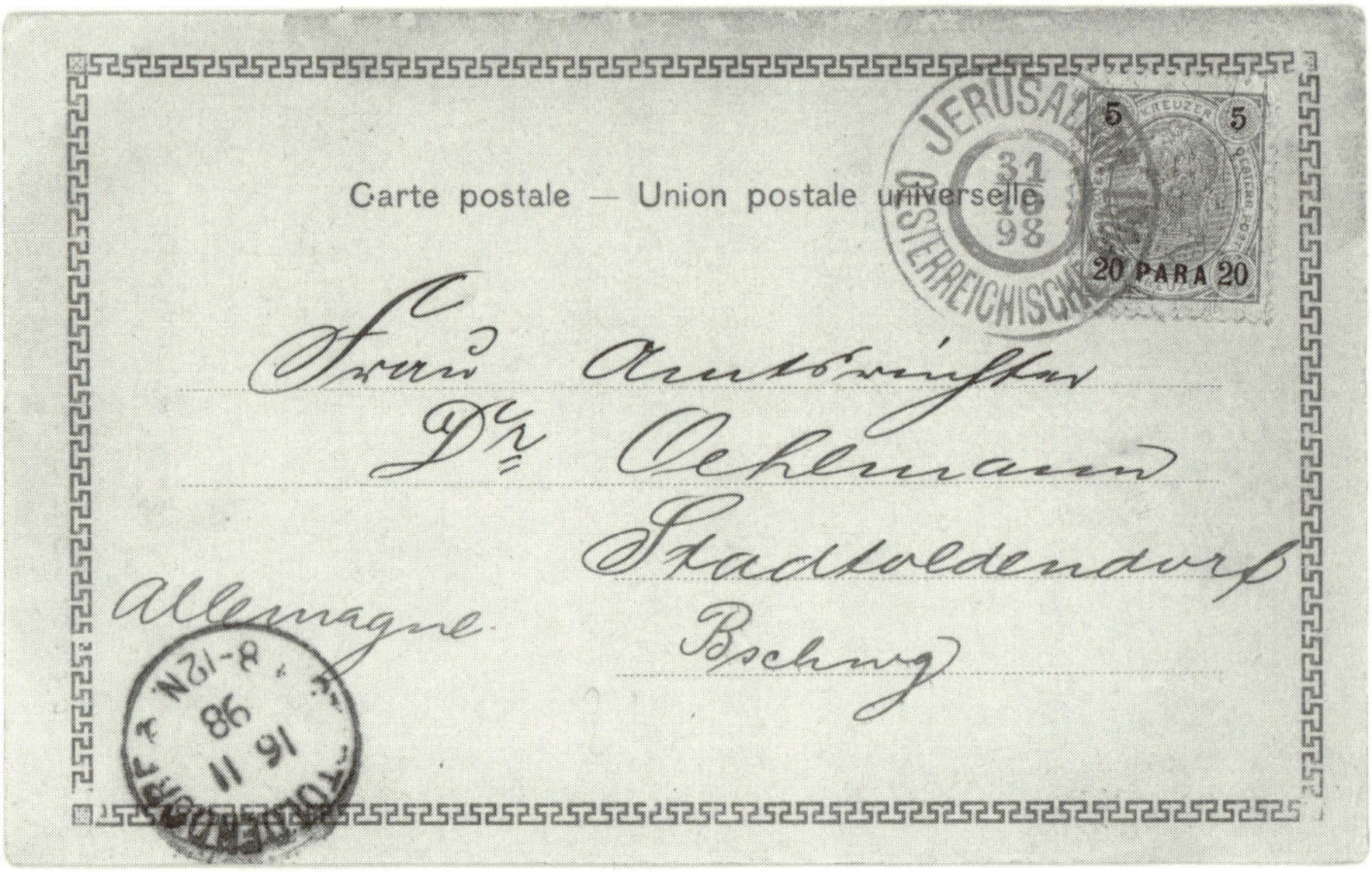

図４　エルサレムのオーストリア局からドイツ宛の葉書。

図５　エルサレムのフランス局から米国宛の葉書。

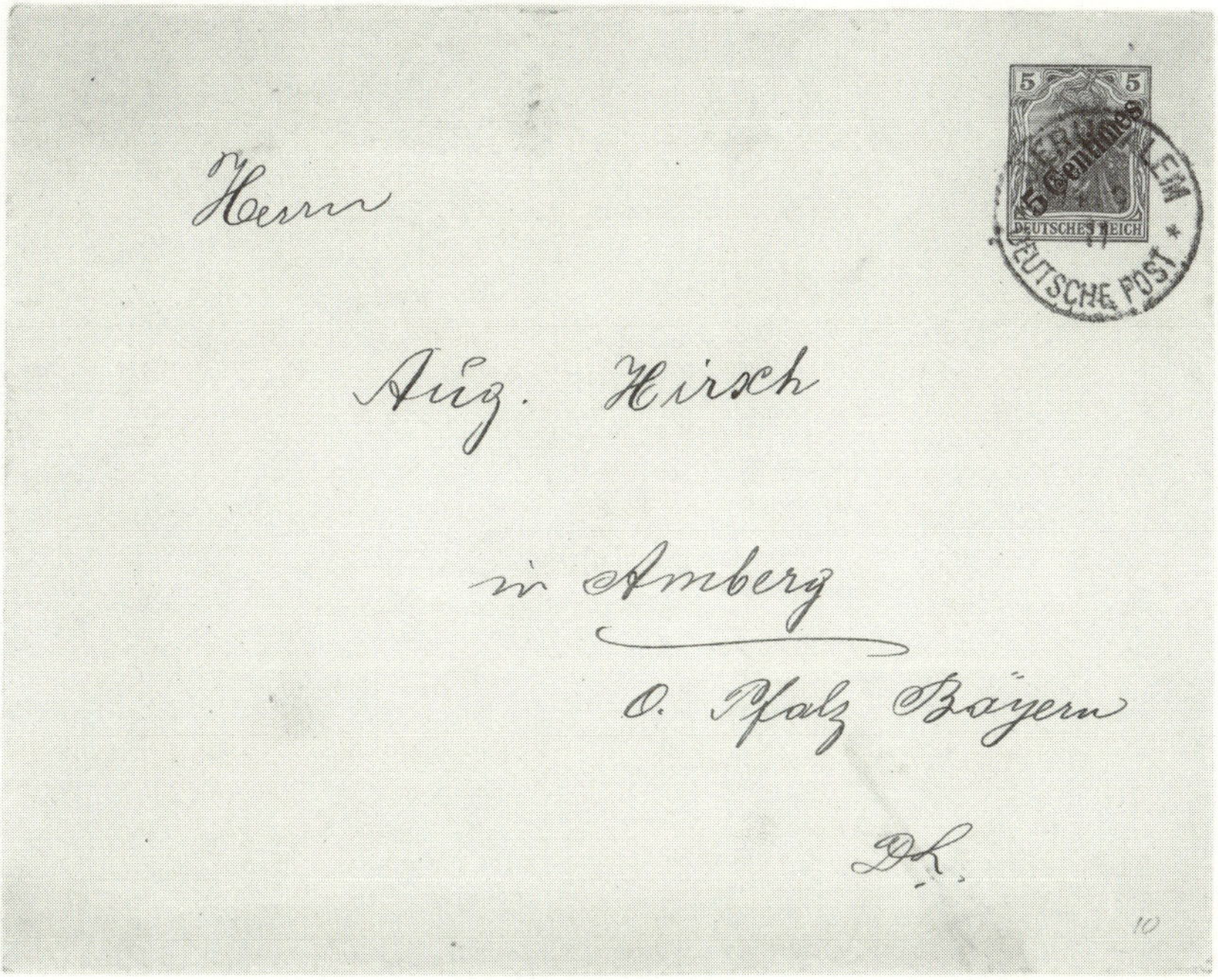

図６　エルサレムのドイツ局からドイツ・バイエルン宛の郵便物。

はフランス（図5）、一九〇〇年にはドイツ（図6）、一九〇一年にはロシア（図7）、一九〇八年にはイタリア（図8）が、それぞれ郵便局を開設している。

官公署としての郵便局を開設し、国家の名において郵便サービスを提供することが、政府としての主権の行使に当たるという考え方からすれば、このように他国に郵便局を開設し、勝手に外国郵便を取り扱うことは、郵便主権の侵害といわれても仕方のないことである。しかし、近代郵便制度が確立していない国や地域においては、域外との通信をその土地の主権者にゆだねることは現実問題として不可能であったことも否定できない。実際、同様のことはオスマン帝国時代のエルサレムのみならず、十九世紀

図７　エルサレムのロシア局で使用するために発行された加刷切手。

図８　エルサレムのイタリア局で使用するために発行された加刷切手。

から二十世紀初頭にかけてのアジア・アフリカ地域では至る所で見られる現象だった。わが国に関しても、幕末から明治初めにかけては、横浜や長崎などに米英仏の各国が郵便局を設けて外国宛の郵便物を取り扱っていた。

ただし、こうした列強の郵便局は、やがて当初の便宜的な目的を越えて、アジア・アフリカ地域の植民地化の尖兵になっていたことも事実であり、その歴史的な評価には微妙な問題がつきまとうことは避けられない。

なお、しばしば誤解されがちなことだが、そうした地域に列強諸国の郵便局が複数存在している場合、多くの利用者は、所要日数や料金、便の都合などを勘案して、自分のニーズに最適な郵便局を選択するのが一般的であって、英国人なら英国局を、フランス人ならフランス局を、それぞれ固定的に利用していたわけではない。このことは、現在でも、日本人だからといって、誰もが日本航空や全日空の飛行機で海外旅行をするわけではないのと全く同じことである。

いずれにせよ、十九世紀後半から第一次世界大戦以前にかけてのオスマン帝国は、ほぼ同時代の清朝がそうであったように、列強に蚕食され、崩壊寸前の巨象であった。列強諸国の郵便局が多数併存していたという状況は、まさにその証左にほかならない。

エルサレムに置かれていた列強諸国の郵便局は、第一次世界大戦を経てオスマン帝国が解体され、大英帝国がこの地の新たな支配者として君臨することで、ようやく閉鎖されるのだが、同時にそのことは、英国による中東政策の混迷の痕跡が、切手や郵便の上にもしっかりと刻み付けられるという結果をもたらすことになる。

英国の三枚舌外交

一九一四年六月、サラエボでオーストリアの皇太子が暗殺されると、翌七月、オーストリアはセルビアに宣戦布告。これを機に、長年にわたる英独両国の対立を背景に、ドイツとオーストリアの同盟国と、英仏露の協商国連合の戦争として第一次世界大戦が始まった。

開戦当初、オスマン帝国は中立を保っていたが、一九一四年十月二十九日、ドイツ（同盟国）側に立って参戦。この結果、いわゆる中東地域ではオスマン帝国と英仏両軍の間で戦闘が展開されることになった（図9）。

こうした状況下で、オスマン帝国を中東から駆逐するためには、現地のアラブ勢力の協力を得る必要があると考えた英国は、一九一五年、預言者ムハンマドの血を引くハーシム家の当主で、当時のメッカの太守、フサイン・イブン・アリー（シャリーフ・フサイン）に接触。カイロ駐在の英国の高等弁務官、ヘンリー・マクマホンとフサインとの間の十通にも及ぶ往復書簡（フサイン・マクマホン書簡）を通じて、戦争終結後、〝純粋なアラブの地（アラブ居住地）〟にアラブ国家（フサインはその領域を、地中海東岸とアラビア半島ならびに現在のイラク全域を含むものと

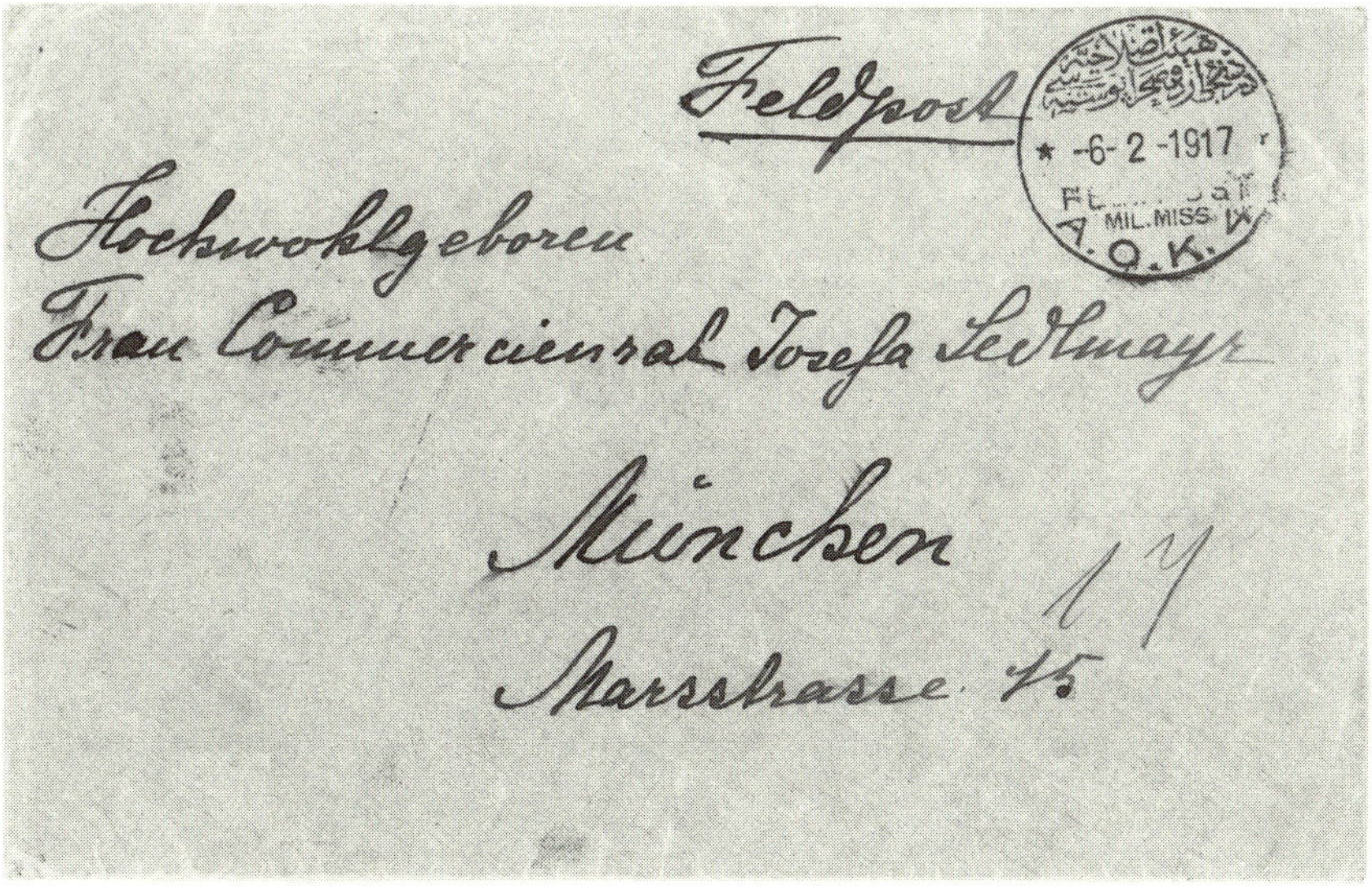

図9　第一次世界大戦中にオスマン帝国支配下のパレスチナ・ガザから差し出されたドイツ軍の軍事郵便。

理解した）の建設と引き換えに、現地のアラブ勢力がオスマン帝国への反乱を起こして英国の軍事行動をサポートするという取引を成立させる。

この密約に従って、シャリーフ・フサインは一九一六年六月、オスマン帝国に叛旗を翻した。いわゆるアラブ叛乱の勃発である。

フサインの第三皇子ファイサルが率いる叛乱側は、早くも一九一六年七月にはメッカとジェッダでオスマン帝国の守備隊を降伏させたほか、同年九月にはターイフも陥落させ、メディナを除くヒジャーズ（アラビア半島北西部の紅海沿岸地帯）のほぼ全域を制圧した（図10）。

さらに叛乱軍は、メソポタミアの英印軍とも共同して対オスマン帝国のゲリラ戦を展開しながら北上し、翌一九一七年にはアカバのオスマン帝国軍を撃破し、エルサレムに進撃。同年十二月、アレンビー率いる英軍がエルサレムに入城し、パレスチナを軍事占領下に置いた。ちなみに、当時七十万ともいわれたパレスチナの人口のうち、ユダヤ系は総人口の一割に満たない約五万六千人だった。

しかし、フサインの叛乱軍が進撃を続けている一方で、一九一五年から翌一六年にかけて、英仏両国は大戦後の中東の分割についての具体的協議を開始。

①シリア南部と南メソポタミア（現在のイラクの大半）を英国の勢力範囲とする

②歴史的シリアの北部（現在のシリア共和国とレバノンにほぼ相当）、アナトリア南部、イラクのモスル地区をフランスの勢力範囲とする

③黒海東南沿岸、ボスポラス海峡、ダーダネルス海峡両岸をロシアの勢力範囲とする

④聖地エルサレムを含むパレスチナは英仏露三国共同統治とする

ことを骨子とする秘密協定（英国のマーク・サイクスとフランスのジョルジュ・ピコとの間でまとめられたので〝サイクス・ピコ協定〟と呼ばれる）を調印し、これをロシアに通知した。

さらに、ロンドンではシオニズム（世界各地に離散したユダヤ人が〝民族的郷土〟であるシオンの丘＝エ

フサインの理解による"アラブ国家"の領域

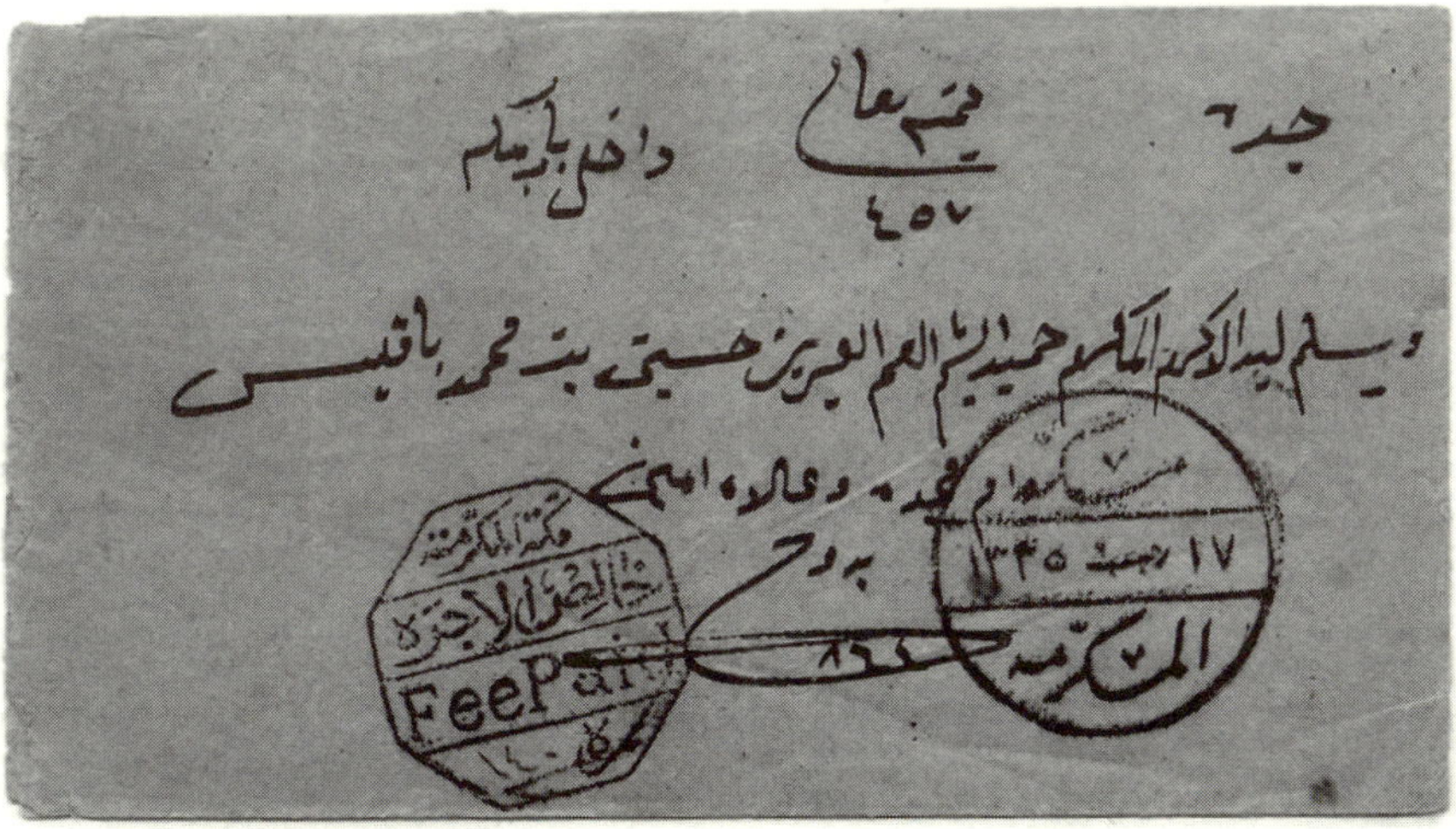

図10　1917年、叛乱側支配下のメッカから差し出された郵便物。切手は貼られず、臨時の料金収納印を押して処理されている。従前どおり、オスマン帝国時代の切手を使用することは、オスマン帝国の支配を認めることになるので許可できないが、新たな切手の発行は間に合わなかったため、このように暫定的な処理を行わざるを得なかったのである。

ルサレムに結集し、ユダヤ人国家を再建しようという政治的主張）の運動を展開していたシオニストたちが、大戦の勃発を契機に英国政府の支援を取り付けるべく工作を開始した。

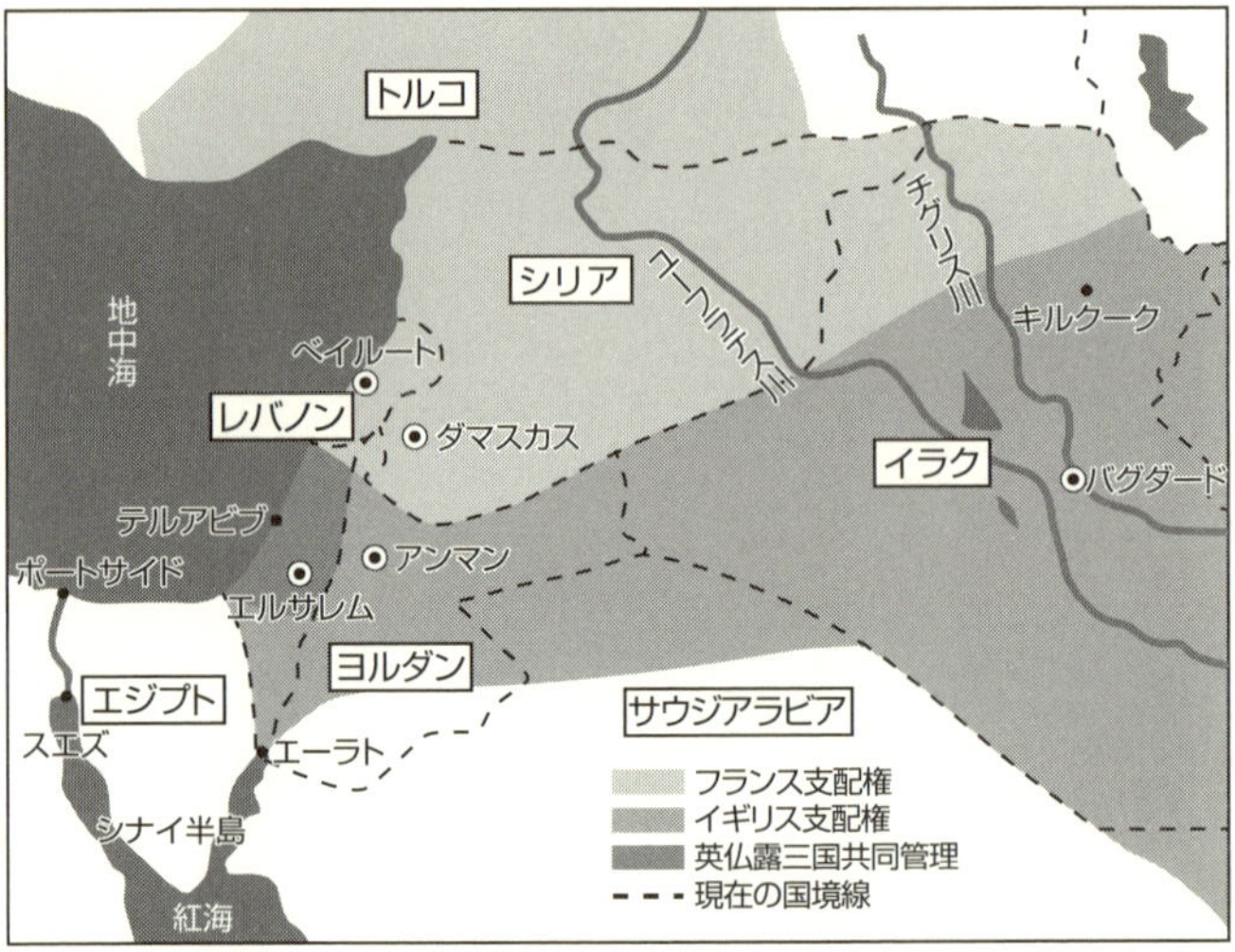

サイクスピコ協定による分割

ここで、シオニズムについても簡単にまとめておこう。

近代以前のヨーロッパでは、ユダヤ人・ユダヤ教徒（以下、便宜的に〝ユダヤ人〟と総称）は、キリスト教徒からさまざまな差別と圧迫を受けてきた一方で、一部は金融や医術などに長じた存在として、権力者の個人的な庇護をうけるという特殊な存在だった。

一七八九年のフランス革命後、フランスでは〝国民国家〟の理念の下、ユダヤ人にも〝フランス国民〟として制度上はキリスト教徒と同等の権利・義務が与えられた。十九世紀以降、国民国家の理念が他の西欧諸国にも拡散していくと、ユダヤ人社会は、積極的に西欧社会に同化しようとするグループと、西洋化によりユダヤ人としての伝統的な信仰や習慣が毀損されることに反発し、ユダヤ人の独自性を強調するグループに事実上分裂する。

一八六〇年代、ドイツ系ユダヤ人の社会主義者、モーゼス（ドイツ名モリッツ）・ヘスは、「ヨーロッパ社会でユダヤ人が同化できる可能性は全くなく、ユダヤ人は自分の民族性を否定することによって他の民族の軽蔑を招いている。ユダヤ人はパレスチナに自分たちの国家を持つべきである」と主張し、〝政治的シオニズム〟を提唱した。

ここから派生するかたちで、宗教的シオニズム（信仰の崩壊や周囲への同化から、ユダヤ民族の統一を守ろうとし、ユダヤ人が自らイスラエルへの帰還を準備するとき、神の助けが期待されるとする主張。パレスチナの植民地化を要求するものの、時期尚早の国家建設は、神への冒涜と批判）、文化的シオニズム（ユダヤ国家の建設は当面は不可能なので、二、三の入植地に集中して移住するのがよいとする主張。パレスチナはユダヤ民族全体の精神的拠点と位置付け、東欧ユダヤ人の文化的独自性を強調し、その再生復活を重視）など、シオニズム諸派が生まれる。

こうしたなかで、十九世紀後半にはロシア帝国の支配下でポグロム（流血を伴うユダヤ人迫害事件）が繰り返されていたことに加え、一八九四年にフランスで、ユダヤ系将校のアルフレッド・ドレフュスがドイツのスパイであるとして冤罪逮捕・投獄された〝ドレフュス事件〟が発生。最終的に、ドレフュスは無罪となったが、ユダヤ人に対してもっとも寛容とみられていたフランスで事件が起きたことに、大きな衝撃を受けたユダヤ人も少なくなかった。

ジャーナリストとしてドレフュス事件を取材していたユダヤ系オーストリア人、テオドール・ヘルツル（図11）は、もともとはユダヤ人の西洋化に積極的な人物だったが、事件を機に失われた祖国〝イスラエル〟を取り戻す政治的シオニズム運動の活動家に転身。一八九六年、ユダヤ人国家像と国家建設の

図11　ヘルツル。

図 12　第 1 回シオニスト会議 100 周年の記念切手には、会議の会場となったバーゼルのシュタット・カジノが取り上げられている。

詳細なプログラムを記した『ユダヤ人国家』を出版した。

翌一八九七年、ヘルツルは、スイスのバーゼルに各国から二百人を集めて第一回シオニスト会議を開催（図12）。ヘルツル本人は、ユダヤ人国家の建設地としては、必ずしも聖地エルサレムがあるパレスチナにこだわらず、アルゼンチンやウガンダも候補地として挙げていたが、最終的に、

①シオニズムはユダヤ民族のためにパレスチナの地に公法で認められた郷土（ホームランド）を建設することを目的とすること

②その実現のための組織としてシオニスト機構（現・世界シオニスト機構）を創設すること

などを謳った「バーゼル綱領」を採択。その目標を達成するため〝世界シオニスト機構〟が創設された。

当初、シオニストは、パレスチナの主権者であるオスマン帝国のスルターン、アブデュルハミト二世から許可を得てパレスチナへ入植することを計画していたが、オスマン帝国側の反応が芳しくなかったため、小規模移住を積み重ねることで〝ホームランド〟を形成する方針に転換。一九〇一年に創設されたユダヤ民族基金創設、一九〇三年にナサニエル・ロスチャイルドの資金援助で設立されたアングロ・パレスチナ銀行創設が土地買収のための資金を提供するというかたちで、入植が進められていた。

さて、シオニスト評議会の議長で、英海軍省の技術顧問だったハイム・ヴァイツマン（図13）は、大戦の勃発を機に英国政府にシオニズムへの支援を求

図13　ヴァイツマン。

シオニストが主張した「民族的郷土」の概念図

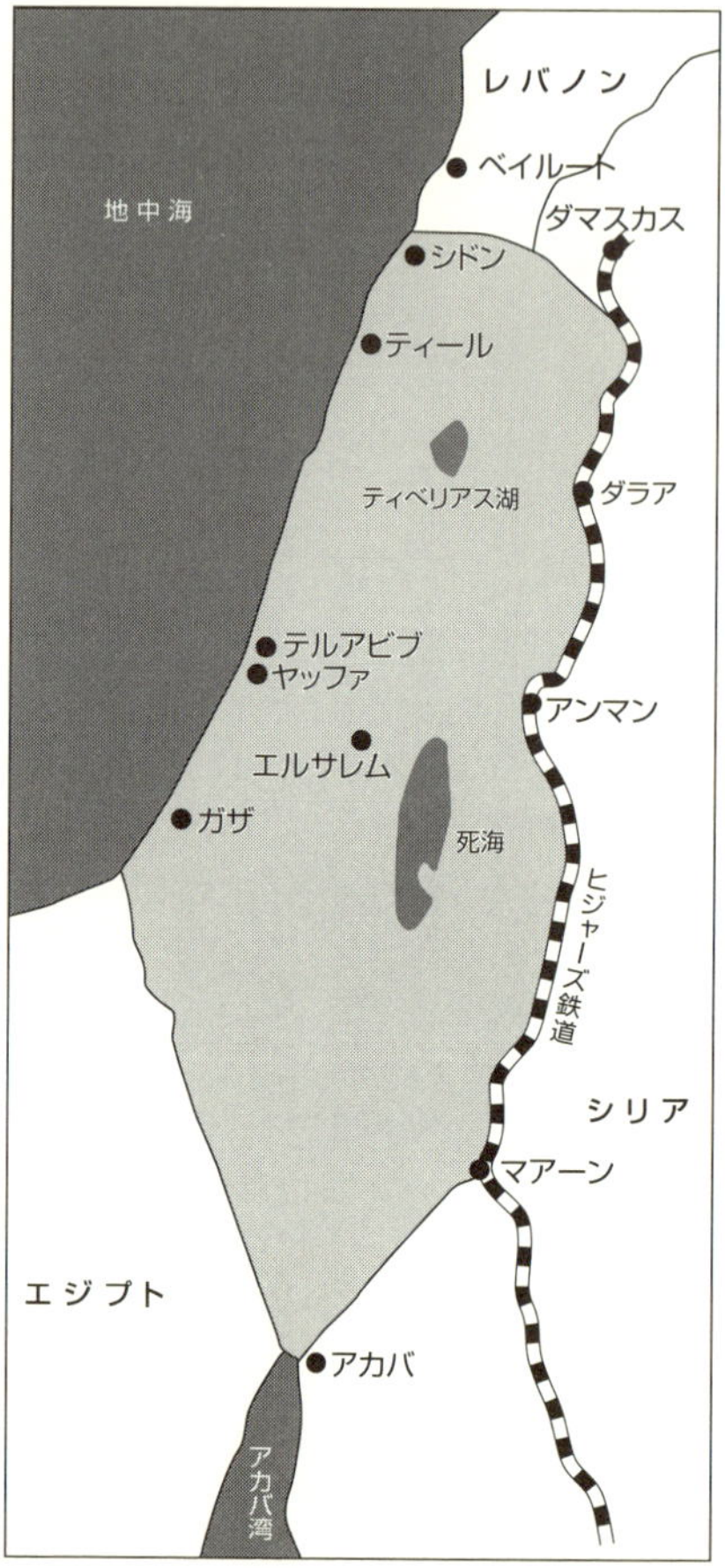

めた。

ヴァイツマンは、一八七四年、モトル（現ベラルーシ・モタリ）生まれ。一八九九年、スイス・フリブール大学の有機化学の博士課程を修了し、一九〇四年に英国に移住した。一九一〇年にはバクテリアを使って、デンプンからアセトン（無煙火薬の原料）を合成するバクテリア発酵法を開発。一九一四年に第一次世界大戦が勃発すると、英国に協力してバクテリア発酵法の工業化に成功する。この結果、年間三万トンのアセトンが供給されることになり、英国の戦争遂行に大いに貢献。そこから、ヴァイツマンは英政府・軍とのコネクションを築くことに成功した。

ヴァイツマンの働きかけが効を奏し、一九一七年十月、アーサー・バルフォア外相から、ユダヤ系貴族院議員ライオネル・ウォルター・ロスチャイルド男爵宛の書簡という形で、英国政府はユダヤ人が〝民族的郷土〟を創設することを支持するとの立場を表明する。これが〝バルフォア宣言〟と呼ばれているもので、その全文は次ページの通りである。

ところが、一九一七年十一月七日、ロシアで十月革命が発生し、社会主義政権が誕生。外相に就任したレフ・トロツキーは、旧政権の悪事を暴くとして、サ

バルフォア宣言

Foreign Office,
November 2nd, 1917.

Dear Lord Rothschild,

I have much pleasure in conveying to you, on behalf of His Majesty's Government, the following declaration of sympathy with Jewish Zionist aspirations which has been submitted to, and approved by, the Cabinet.

“His Majesty's Government view with favour the establishment in Palestine of a national home for the Jewish people, and will use their best endeavours to facilitate the achievement of this object, it being clearly understood that nothing shall be done which may prejudice the civil and religious rights of existing non-Jewish communities in Palestine, or the rights and political status enjoyed by Jews in any other country”

I should be grateful if you would bring this declaration to the knowledge of the Zionist Federation.

Yours sincerely,
Arthur James Balfour

英国政府に代わり、以下のユダヤ人のシオニスト運動に共感する宣言が内閣に提案され、そして承認されたことを、喜びをもって貴殿に伝えます。

英国政府は、ユダヤ人がパレスチナの地に民族的郷土を樹立することを好意的に見ており、その目的の達成のために最大限の努力を致します。ただし、既にパレスチナに在住している非ユダヤ人の市民権、宗教的権利、及び他の諸国に住むユダヤ人が享受している諸権利と政治的地位が、これによって害されるものではないことは明確に了解されます。

この宣言をシオニスト連盟にお伝えいただければ、幸甚に存じます。

イクス・ピコ協定の内容を暴露してしまう。この結果、中東における英国の〝三枚舌外交〟が明らかになり、国際世論は騒然となった。

このため、バルフォア外相は

①メソポタミアは英国の自由裁量（保護国としてのアラブ国家イラクの誕生）

②レバノンは〝純粋なアラブの地〟ではなく、フランスの植民地

③シリアはフランスの保護下でアラブ人国家となる。ただし、ダマスカス周辺については、〝純粋なアラブの地〟なのかフランスの勢力圏なのかは不明確

④パレスチナは〝純粋なアラブの地〟の範囲外で、サイクス・ピコ協定で定めた〝共同統治〟とユダヤ人居住地を意味する〝民族的郷土〟は矛盾しない

とする議会答弁を行い、フサイン・マクマホン書簡、サイクス・ピコ協定、バルフォア宣言の三者は矛盾しないと主張した。

これに対して、アラブ側は英国に対して強い不信感を抱いたが、ともかくもオスマン帝国に対する勝利を優先。一九一八年に入ると、ファイサル率いるアラブ軍とエドムンド・アレンビー将軍率いる英エジプト遠征軍（ＥＥＦ：the Egyptian Expeditionary Forces）は、共同作戦を展開して勝利を重ね、九月三十日にはダマスカスを占領。ファイサルを首班とするアラブ政府の樹立が宣言され、戦局の帰趨は決定的となった。

ＥＥＦの占領地域では、既存のオスマン帝国の郵便は停止され、ＥＥＦの軍事郵便局が活動を開始した。一九一八年には、ＥＥＦはギーザのエジプト測量局の印刷所で、事実上の軍人専用切手を制作して占領地に持ち込み、使用させた。

ＥＥＦの切手は、上下にＥＥＦ、四隅に算用数字とアラビア語の数字で額面を、両脇に英語とアラビア語で額面を表示し、中央には〝料金支払済〟を意味する英語とアラビア語が大書された、実用本位のデザインである。なお、一九一八年後半には、同図

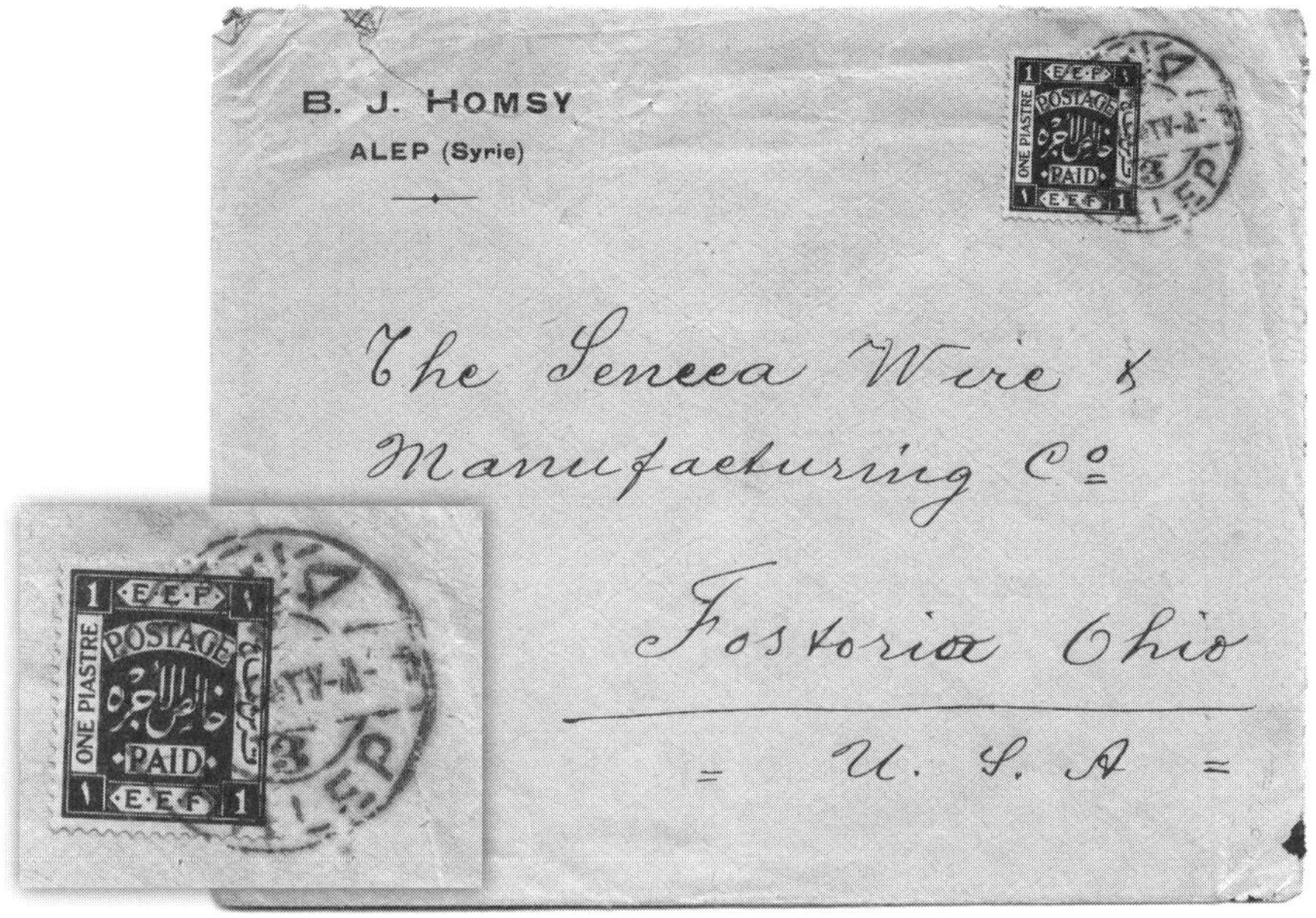

図14　アレッポ駐留の英軍事郵便局から差し出された郵便物。

案の切手がロンドンで製造され、EEFの駐留していたパレスチナ、シリア、レバノン、キリキア（アナトリア半島南部の地中海沿岸、シリアとの国境に近いトルコの一地方）に持ち込まれて使用された。

図14は、現在のシリア＝トルコ国境に近いシリア北部の都市、アレッポから差し出された郵便物で、この地に進駐していた英国エジプト遠征軍用の切手が無加刷で使用されている。後に、この地域はフランスの委任統治下に置かれるが、この時点では、英国の軍事占領下に置かれていたことがよくわかる資料といえよう。

一方、図15は、ダマスカスからアレキサンドリア宛に差し出されたカバーで、ファイサル政権の切手が貼られている。ファイサル政権もまた、オスマン帝国時代の切手を接収して〝アラブ政府〟と加刷した切手を発行することによって、アラブ政府の存在を既成事実化しようとした。そして、その試みは、彼らの切手が貼られた郵便物が最終的にローマまで無事、料金不足となることなく（＝彼らの切手が国

図 15　ファイサル政権支配下のダマスカスから差し出され、アレキサンドリア（エジプト）に届けられた後、名宛人の移動に伴ってローマに転送された郵便物。

際的に有効なものとみなされて）届けられたことによって、この時点では、とりあえずは一定の成果を上げていたといってもよい。

オスマン帝国の解体と英委任統治領パレスチナの誕生

第一次大戦末期の一九一八年七月四日、オスマン帝国のスルターン、メフメト五世が崩御し、弟のメフメト六世が後継スルターンとして即位した。しかし、新スルターンの即位後間もない十月三十日には、オスマン帝国はムドロス休戦協定を結んで連合国に降伏してしまう。

同協定では、

①オスマン帝国は、アナトリア半島の外にある要塞を明け渡し、ダーダネルス海峡とボスポラス海峡を管理する要塞を占領する権利を連合国に認める

②無秩序状態が起こり、連合国の安全に対する脅威となる場合は、オスマン帝国の領土のいかな

る部分も占領できる権利を連合国に認める
③オスマン帝国軍は、自ら武装解除されることを認める
④オスマン帝国は、港湾・鉄道・その他戦略的要地に対する使用権を連合国に認める
⑤カフカース（コーカサス）地方では、オスマン帝国軍は大戦前の国境まで撤退する

ことが定められ、十一月十三日に首都イスタンブールが英仏伊軍によって占領されたのを皮切りに、連合国による国土占領が進められていった。

この時点で、オスマン帝国は事実上の滅亡に等しい状況に陥ったが、それでも、形式的にはオスマン帝国政府は残存しており、それゆえ、オスマン帝国の郵政機関は従前通り、住民に対して郵便サービスを提供していた。

こうした中で、ともかくも、オスマン帝国郵政としては、メフメト六世即位の記念切手を発行することになったが、彼らには、新たなデザインの切手を発行する余裕は既になかった。このため、とりあえず既存の切手に即位の年号である〝一三三四（イスラム暦）―一九一九（西暦）〟の文字や、敗戦後の混乱の中で進行しつつあったインフレに対応するための新額面などを加刷したものが、即位の記念切手として発行された。

加刷に使われた切手の中には、大戦中、オスマン帝国軍のエジプト進攻を想定して、占領地で使うために準備していたものの、敗戦により不発行のままに終わっていたものも何種類か含まれていたが、そのうちの一種が、岩のドームを描く十ピアストル切手だった。これに加刷を施したメフメト六世即位の記念切手こそが、岩のドームを取り上げた最初の切手である（図16）。

図16　メフメト６世即位の記念加刷が施された切手。岩のドームを描く切手としては、これが最初の１枚となった。

さて、オスマン帝国を占領下に置いた連合国は、大戦の

戦後処理のため一九一九年一月からベルサイユ講和会議を開催する。

この会議には、アラブ代表としてファイサルもヒジャーズ代表団の団長として招待されていたが、「列強が中東を支配するのは大義に反する」との彼の主張はほとんど顧みられることはなく、結局、シリア・パレスチナ地域は、
①英支配の南部OETA（敵国領土占領行政区域：Occupied Enemy Territory Administration）：現在のイスラエル国境とほぼ同じパレスチナ
②アラブ支配の東部OETA：アカバからアレッポに至る内陸部
③フランス支配の西部OETA：ティールからキリキア（シリアとトルコの国境地帯で、現在はトルコ領）に至るレバノンとシリアの海岸地帯
に分割されることになった。

図17は、その南部OETAに組み込まれたパレスチナから一九一九年一月二十日に差し出された葉書で、消印は不鮮明だが、OETAの文字とエルサレ

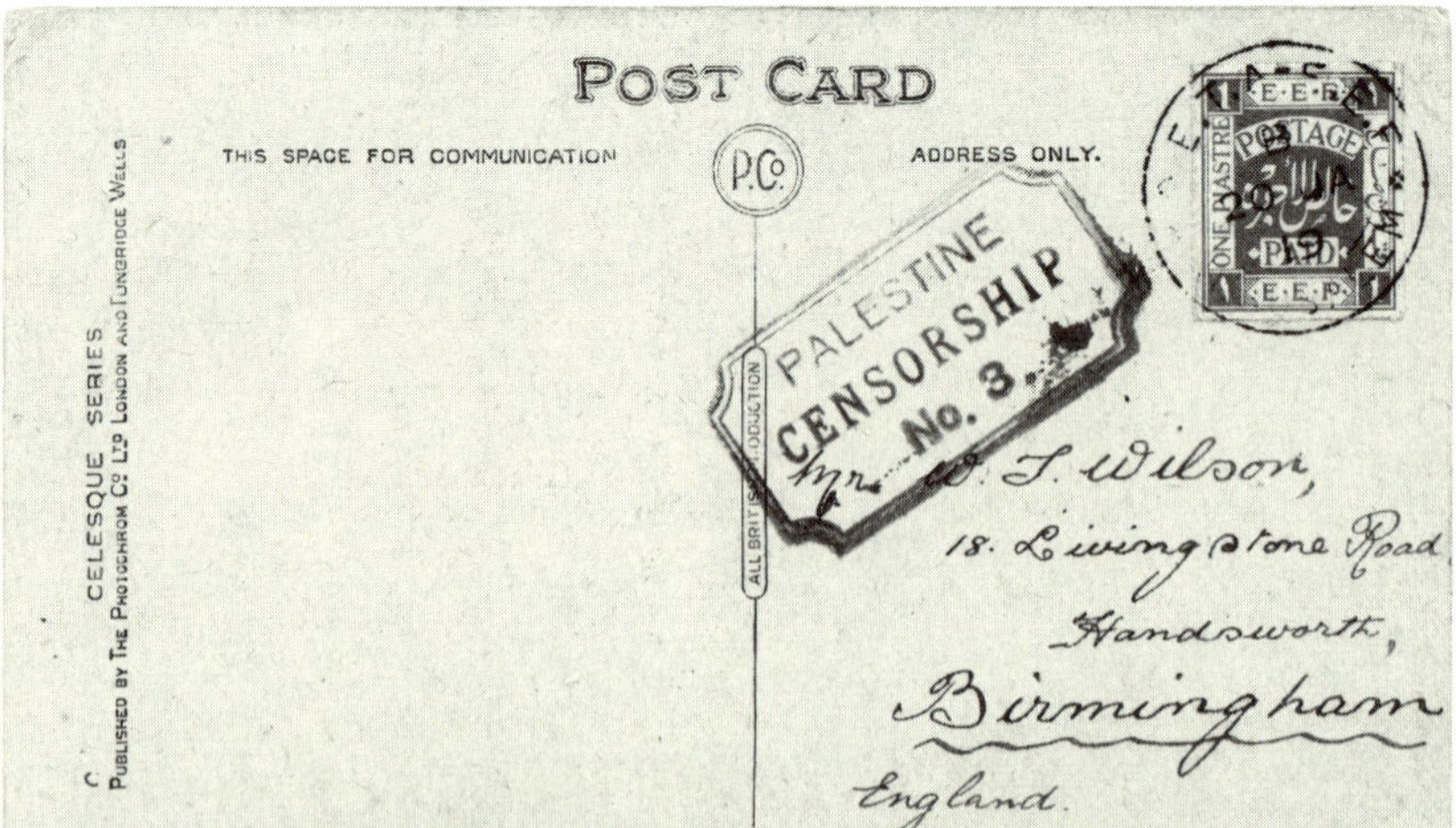

図17　南部OETAに組み込まれたエルサレムから差し出された葉書。

ムの地名表示の一部が読み取れる。なお、貼られている切手は、この時期の中東における他の英軍占領地同様、英国エジプト遠征軍用の切手である。

一方、会議には、シオニスト代表としてヴァイツマンが、アラブ側代表としてファイサルが出席し、当初は互いの民族国家創設に協力することに合意していた。しかし、議論の過程でファイサルは、「列強が中東を支配するのは大義に反する」と主張するも、列強はこれを無視。ヴァイツマンもユダヤ人がパレスチナを排他的に支配することを主張する。

結局、〝パレスチナ〟の範囲はヴァイツマンの主張よりも大幅に縮小されたが、会議では、バルフォア宣言に従い、パレスチナを英国の委任統治領としてシオニストの移民を受け入れ、将来、シオニストに対して自治を付与するという大枠が決定される。

しかし、ダマスカス陥落とともにファイサルを首班とするアラブ政府の樹立を宣言していたシリアの民族主義者たちは、列強によるシリア・パレスチナの分割を不服として、講和会議終了直後の同年七月、ダマスカスで汎アラブ会議（シリア国民会議）を開催。東部ＯＥＴＡのみならず、シリア・パレスチナ全域の主権と独立ならびにファイサルを国王とする立憲君主制国家の樹立等を決議した。

これに対して、フランスはシリアに対する自国の権利を主張して譲らなかったため、大戦中の密約に基づいて独立を求めるアラブ側との板挟みになった英国は、同年九月シリア地方からの撤兵を表明。同年十一月以降、西部ＯＥＴＡではフランス軍が、東部ＯＥＴＡではアラブ軍が、それぞれ、英国に代わって占領行政を担当することになった。

これを受けて、翌一九二〇年三月、ダマスカスでシリア国民大会が開催され、ファイサルを国王とする立憲君主国〝アラブ王国〟の独立が宣言された。

しかし、英仏両国はアラブ王国の存在を無視し、一九二〇年四月に始まったサンレモ会議は、フランスには旧オスマン帝国のシリア（現在のレバノンを含む）の統治を、英国にはパレスチナ（現在のヨルダンを含む）とイラクの統治を、それぞれ国際連盟が委任するという、サイクス・ピコ協定そのままの内容が正式に決定された。この結果、アラブ支配の東部OETAも、それぞれ、英仏の委任統治領として分割されることになる。

この決定を受けて、同年六月、英仏両国は、それぞれの勢力圏内での委任統治を開始する。全シリアを軍事占領したフランスは、同年七月、ファイサルを放逐してアラブ王国を崩壊させた。当然、アラブ側は英仏に対する不信感を募らせ、ファイサルの兄・アブドゥッラーは、同年十一月、パレスチナで大規模な反仏闘争の開始を宣言。ダマスカス攻略をめざしてヨルダン川東岸に兵を進めた。

既にパレスチナに入植していたシオニスト住民は、バルフォア宣言以降、高まるばかりのアラブ側の圧力（その中には暴力を伴うものも少なからずあった）に対抗すべく、一九二〇年六月、それまでの自警組織ショメール（その前身は一九〇九年に設立されたバル・ギオラ）を軍事組織のハガナーに再編。後に、英国の委任統治がスタートすると、ハガナーの一部は治安維持部隊の一翼を担うものとして英軍の訓練を受け、一九四八年のイスラエル建国後のイスラエル国防軍の基礎となる。

こうした中で、一九二〇年七月一日、パレスチナによる英国の統治が実質的にスタートし、高等弁務官（最高責任者）として、郵政長官や内務大臣等を歴任したハーバート・サミュエルが着任する。

ポーランド系ユダヤ人家系の出身で熱心なユダヤ教徒だったサミュエルは、当初、自らもシオニズムの支持者として、パレスチナへのユダヤ人の移民枠を年間一万六千五百人と規定した。この移民枠いっぱいにユダヤ人の入植が行われると、アラブが九割を占めていたパレスチナの人口構成は、四十年足らずのうちにユダヤ人が半数を占めることになるため、パレスチナのアラブはサミュエルの決定に憤激。一九二一年四－五月にかけて、パレスチナ各地で大規模な反ユダヤ暴動が発生。死傷者は三千名を越えた。

アラブの暴動に直面して事態の収拾に迫られたサミュエルは、一転してパレスチナへのユダヤ人移民受け入れの一時凍結を発表してしまう。こうした英国当局の場当たり的な姿勢は、当然のことながら、シオニスト側の不信感も醸成することになる。

結局、フランスとの衝突を回避するためにも、アラブ勢力に対する一定の譲歩を余儀なくされた英国は、自らの委任統治領となった地域において、

①メソポタミアを〝イラク王国〟として独立させ、ファイサルを国王に就任させる

②イラク以西のヨルダン川東岸地域には、新たに〝トランスヨルダン王国〟を創設し、ダマスカス攻撃の中止を条件にアブドゥッラーを即位させる

③英国委任統治領としての〝パレスチナ〟の領域はヨルダン川以西の地中海沿岸地域とし、この地域ではバルフォア宣言の約束どおり、ユダヤ人国家の独立をめざすユダヤ人移民の受け入れを容認する

という解決策を提案。結局、ファイサルとアブドゥッラーもこの提案を受け入れ、旧オスマン帝国のアラブ地域の分割は、一応の決着を見ることになった。

ところで、一九二〇年七月に英国がパレスチナの委任統治を開始した当初、高等弁務官のサミュエルは、従来通り、EEFの切手を使い続ければよいと考えていたが、英本国郵政省は、EEF切手が実質的に軍事郵便用の切手であったことから、EEFの切手に、英語、アラビア語、ヘブライ語の三ヵ国語で〝パレスチナ〟と加刷した切手を発行することを提案。これを受けて、一九二〇年九月、三ヵ国語による〝パレスチナ〟加刷切手（図18）が発行された。加刷は東方正教会のエルサレム総主教庁の管轄下にある修道院の印刷機を使い、アラビア語、英語、へ

図18　アラビア語・英語・ヘブライ語の各国語で「パレスチナ」と加刷した切手（文字幅8mm）。

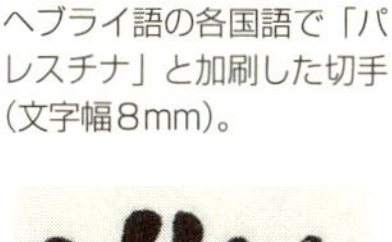

図19　切手に加刷されたヘブライ語の〝EI〟

ブライ語の順に行われた。このうち、アラビア語と英語に関しては、地名の〝パレスチナ〟に相当する語がそのまま加刷されたが、ヘブライ語に関しては、〝パレスチナ〟の地名にヘブライ語で〝ＥＩ〟を示す文字（図19）が付け加えられた。

　これは〝イスラエルの地〟を意味するヘブライ語の〝エレツ・イスラエル（Eretz Israel）〟の頭文字で、パレスチナに〝民族的郷土〟を建設しようとするシオニズムにとって重要な用語である。当初、この頭文字は〝パレスチナ〟の右側（語順としては〝パレスチナ〟の前）に置かれる予定だったが、そのことが明らかになると、バルフォア宣言に反発するアラブ系住民の間から委任統治当局に対して抗議が殺到した。名門フサイニー家の出身のアラブの政治指導者、ジャマール・フサイニーはパレスチナ委任統治当局（以下、パレスチナ当局）に対して妥協的な人物で、過激な反英・反シオニスト運動には否定的な人物であったが、その彼でさえ、ヘブライ語の〝ＥＩ〟を切手に加刷することには反対し、パレスチナ当局に対する怒りを隠さなかったという。

　これに対して、パレスチナ当局は、アラブ側住民の要求に屈して〝ＥＩ〟の文字を外すことは認められないとの立場を取ったものの、問題の文字を〝パレスチナ〟の左側（語順としては〝パレスチナ〟の後）に変更することで妥協を図ろうとした。

　しかし、この妥協策に不満なアラブ系住民は、〝ＥＩ〟についての議論とは別に、英語・アラビア語に比べてアラビア語の表示が小さいことを問題視。このため、パレスチナ当局は、横幅八ミリだったアラビア語の加刷文字を横幅十ミリに拡大した新たな加刷切手（図20）を一九二二年初めに発行する。

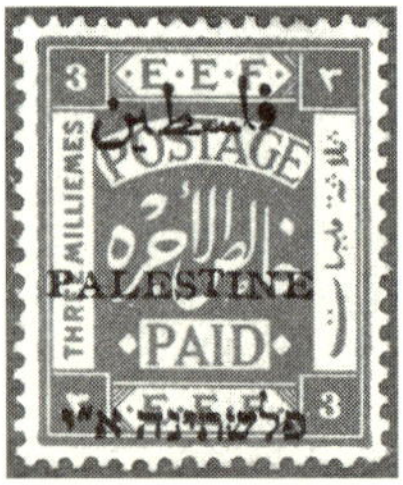

図20　アラビア語の加刷文字を横幅10ミリに変更して発行された切手。

　新たな加刷作業はアラブ系住民を慰撫する必要から、アラブ系の印刷所で行われたが、今度は、シオニスト側が、アラブ系印刷所への発注は結果的に反シオニスト勢力への資金提供につながってい

図21 "東ヨルダン"加刷切手の使用例。1926年6月7日、ヨルダン北部のエル・ホスンからカイロ宛。

るとして、パレスチナ当局に抗議する。

このため、一九二二年後半以降、パレスチナで使用される切手の製造は、全てロンドンで行われることになり、ようやく、加刷切手をめぐる混乱は収束した。

なお行政上、パレスチナから切り離される形で創設されたトランスヨルダンでも、当初は、ＥＥＩの切手の切手に〝東ヨルダン〟（〝トランスヨルダン〟はヨルダン川の向こう側という意味で、東ヨルダンと同義である）と加刷した切手（図21）が使われていた。

いずれにせよ、現在の中東の国境が確定されていく過程で、当初、英国の占領ないしは支配地域ではＥＥＩの切手が幅広く使われていたわけだが、次第に、それらに代わって各地で独自の図案の切手が発行されていくことになる。

岩のドームを取り上げたパレスチナ切手

第一次世界大戦後、英国占領下のパレスチナで当初使用されていた通貨はエジプト・ポンドだったが、一九二三年初め、同年九月からの英国による委任統治の正式なスタートを前に、独自通貨を導入するため、財務官を長とし、主要銀行の経営者をメンバーに含む検討委員会が発足。検討の結果、本国植民地省の監督の下、ロンドンにパレスチナ通貨管理委員会を設け、スターリング・ポンドとリンクしたパレスチナ・ポンド（補助通貨はミリームで、一ポンド＝千ミリーム）を創設することが決定された。

ただし、部内の調整などが長引いた結果、独自通貨の導入は委任統治の開始には間に合わず、新通貨の製造が開始されたのは一九二六年十一月のことで、実際に新通貨が導入されるようになったのは一九二七年十一月だった。新通貨は、パレスチナから分離したトランスヨルダンにも導入され、年末までに一六十三万五千二百九十六ポンドが発行された。

一九二三年、高等弁務官のサミュエルは、パレスチナでの委任統治が正式に開始されるのを前にロンドンを訪問し、新生パレスチナに相応しい独自の正刷切手（加刷ではないオリジナルデザインの切手）を発行するよう提案する。サミュエルの提案は大筋で受け入れられたが、現実には、委任統治の開始時にパレスチナでの独自通貨の導入が間に合わなかったことから、正刷切手の発行も独自通貨の導入まで延期されることになった。

正刷切手のデザインについて、サミュエルは、岩のドーム内のモザイクのパターンを元に、抽象的なアラベスク文様が良いと考えていた。これは、大戦中の一九一六年、アラブ叛乱によって発足したヒジャーズ政府（アラビア半島の紅海沿岸、メッカとメディナを含む地域に樹立された親英政権。一九二五年に現在のサウジアラビアの王家であるサウード家の支配するナジュド王国によって滅ぼされる）の切手が、偶像崇拝を禁ずるイスラムの教義に反しないよう、当初、〝聖メッカ〟のカリグラフィーとアラベスク

図22　ヒジャーズ政府が1916年10月に発行した切手で、カイロのスルタン・バルクーク・モスク所蔵のコーランの中から取った“聖メッカ”のカリグラフィーが中央に大きく掲げ、周囲にはアラベスク文様も施している。

文様をデザインとしていたことに倣おうとしたものである（図22）。

これに対して、英領パレスチナ政府関係者の間には、岩のドームのほか、エルサレム旧市街の城壁、シオン門（エルサレム旧市街城壁の一番南側にある門で、ダヴィデ王の墓に近いことから〝ダヴィデ門〟とも呼ばれる）、黄金門（エルサレム旧市街城壁の東側、ケデロンの谷に面し、唯一閉ざされた門）など、歴史的な建造物を取り上げるのが良いとの意見も少なくなかった。

このため、サミュエルを長とする切手図案の検討委員会が組織され、利用者に親しみのある風景として、岩のドーム、ゲッセマネの教会（エルサレム・オリーブの丘の北西麓にあるカトリックの〝万国民の教会〟及び丘の中腹にあるロシア正教会のマリヤ・マグダリナ教会）、ナーブルスの風景、ラムラの風景、嘆きの壁、ラケルの墓（ベツレヘム）、オリーブの丘、などが候補として挙げられ、切手原画に使用する写真のコンテストが行われた。

コンテストの結果、最終的に委員会は、ラケルの墓、エルサレム旧市街の城壁、岩のドーム、ティベリアスのモスクの四点を切手として採用することになった。

入選作品の写真を切手の原画として構成したのは、フレッド・テイラーである。

フレッド・テイラーは、一八七五年、ロンドン生まれのデザイナーで、ロンドンのゴールド・スミスカレッジやパリの市立美術学校アカデミー・ジュリアンでの修業を経て、一九〇八年から一九四六年にかけてロンドン地下鉄のポスターを手掛けて人気を博した画家である。

一九二七年一月四日付のテイラーの署名のある切手の原画（図23）を見ると、ドームそのもののデザインは実際に発行された切手と同じだが、印面下部の国名表記は、左がアラビア語、右がヘブライ語となっており、この配置は実際に発行された切手とは逆になっている。実際の切手ではなぜ、このような原画からの変更が行われたのか、その理由は定かではない。また、国名表示は加刷切手を踏襲し、ヘブライ語に関しては〝EI〟を示す二文字が付け加えられている。

　次いで、テイラーの原画をもとに、ロンドンのトマス・デ・ラ・ルー社が原版彫刻を担当した（図24）。

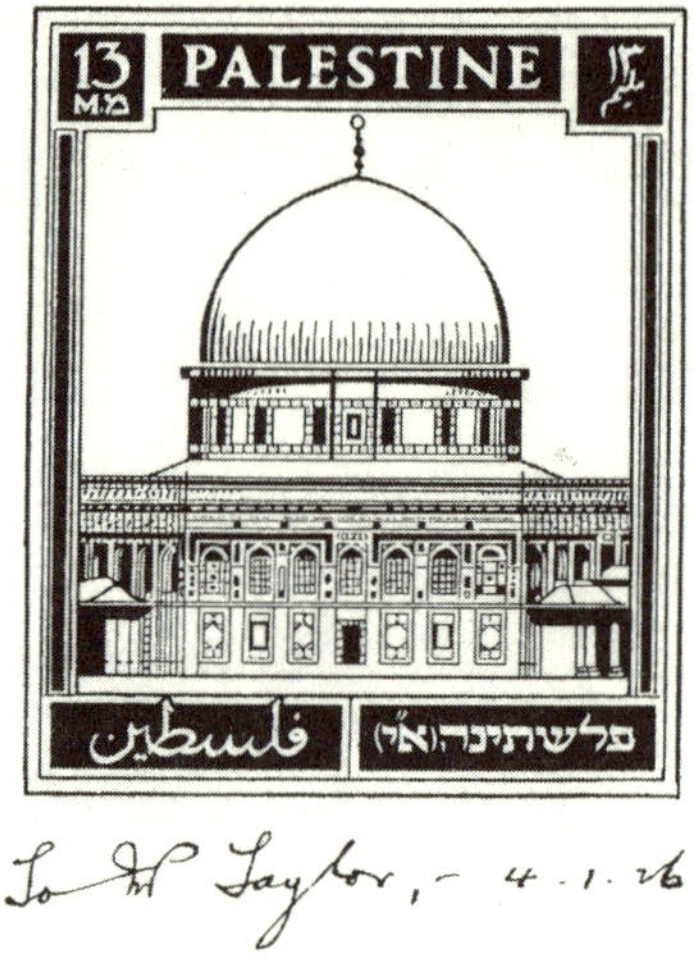

図23　テイラーの制作した切手の原画。

図24　トマス・デ・ラ・ルー社が原版から直接刷った試刷は、実際の切手とは、デザインがネガ・ポジの関係になっている。

　通常であれば、そのままデ・ラ・ルー社が切手の製造を請け負うことになるのだが、今回のパレスチナ切手に関しては、どういうわけか、実際の製造契約を受注したのは、ロンドンのハリソン・アンド・サン社だった。

　その後、ハリソン・アンド・サン社は一九二七年四月十三日から切手の製造を開始し、パレスチナ独自の正刷切手（四図案・十八額面）は、新通貨が導入された十一月一日から発行された。額面ごとのデザインの内訳は以下の通りである。

ラケルの墓：二、三、十ミリーム（図25）
岩のドーム：四、八、十三、十五ミリーム（図26）
ダヴィデの塔：五、六、七、二十ミリーム（図27）
ティベリアスのモスク：五十、九十、百、二百、
　二百五十、五百ミリーム、一ポンド（図28）

ここで、岩のドーム以外の切手の図案についても、簡単に説明しておこう。

ラケルの墓は、旧約聖書に登場するヘブライ人の族長、ヤコブの妻、ラケルが埋葬されているとされる墓廟である。

『創世記』によれば、イサクの子ヤコブは、双子の兄のエサウを出し抜いて長子の祝福を得たため、兄から命を狙われ、ハランに住む伯父ラバンのもとに身を寄せ、そこでラバンの娘、ラケルを見初めた。

図25　ラケルの墓を描く、10ミリーム切手。

図26　岩のドームを描く4ミリーム切手。

図27　エルサレム旧市街の城砦とダヴィデの塔を描く、5ミリーム切手。

図28　ティベリアスのモスクを描く、200ミリーム切手。

ヤコブに対してラバンは、「七年働けば結婚を許す」と申し渡し、ヤコブもこれを信じて働いたが、結婚式を終えて花嫁を見ると、ラケルではなく、姉のレアであった。ヤコブは怒ったが、ラバンの求めでさらに七年働き、ようやくラケルを娶ることができた。

ところが、ヤコブとレアの間には子が生まれたが、ラケルとの間にはなかなか子ができなかったため、

ラケルは自らの女奴隷、ビルハにヤコブの子を産ませて自分の子とした。ただし、後にラケル自身にも待望の子供（ヨセフ）が生まれている。

その後、エサウと和解したヤコブは、神の言葉によってベテルからエフラタ（現ベッレヘム）へ向かった。その途中でラケルはベンヤミンを産んだが、難産のために命を落とし、道の傍らに葬られたという。

ラケルの墓はユダヤ教の聖地の一つとして古代からユダヤ教徒の巡礼場所になっていたが、後に、現地のキリスト教徒やムスリムからも神聖な場所として尊重されるようになった。切手に描かれているドーム型の墓廟はオスマン帝国時代に建立されたもので、参詣した女性は子宝に恵まれるとの伝承がある。

次いで、ダヴィデの塔はエルサレム旧市街の西側、ジャッファ門の近くに位置している。東ローマ帝国時代の伝承では、この塔はダヴィデ王が建立した尖塔とされ、〝ダヴィデの塔〟との名称が定着したが、歴史的事実としては、紀元前二〇年にヘロデ王がエルサレム防衛のために建設した要塞がルーツである。その後、増改築を経て、オスマン帝国のスレイマーン一世（在位一五二〇―六六）の治世下で現在の姿となった。現在では、『旧約聖書』に登場するカナンの時代からイスラエル建国までの歴史を紹介する博物館として公開されている。

ティベリアスはガリラヤ湖西岸に位置する都市で、紀元後二六年、ヘロデ＝アンティパス（ヘロデ王の子）が建設した。地名は、古代ローマ皇帝のティベリウスに由来する。二世紀にユダヤ人がエルサレムから追放されると、ユダヤ文化、特にタルムード（ユダヤ教の律法）の編纂・研究の中心地となった。

切手に取り上げられたオマリ・モスクは、一七四三年、当時のティベリアスの為政者であったザーヒル・ウマルによって、市内中心部に建立された。なお、ティベリアスの市街地は一九四八年の第一次中東戦争で大きな被害を受けたが、オマリ・モスクは損壊を免れ、現在でも残っている。

一九二七年に最初の正刷切手が発行された後も、郵便料金の改正などにより、新たな額面の切手も追加で発行されることになるが、図案の変更は行われなかった。

ところで、一九二七年十一月一日、スターリング・ポンドとリンクしたパレスチナ・ポンドが導入された際の主な郵便料金は以下の通りであった。

○パレスチナ域内の書状料金：二十グラムまで五ミリーム、二十グラム加わるごとに三ミリーム追加
○外信書状料金：二十グラムまで十三ミリーム、二十グラム加わるごとに九ミリーム追加
○英国・アイルランド宛書状（優遇料金）：二十グラムまで七ミリーム、二十グラム加わるごとに四ミリーム
○パレスチナ域内宛葉書料金：四ミリーム
○外信葉書料金：七ミリーム
○パレスチナ域内宛印刷物料金：二百五十グラムまで十五ミリーム、五十グラム加わるごとに三ミリーム追加
○外信印刷物基本料金：三ミリーム
○書留料金：十三ミリーム
○速達料金：エルサレム、ジャッファ、ハイファ、テルアビブのみでの取り扱いで、距離別料金。一キロまで二十ミリーム、二キロまで三十ミリーム、以後、二キロごとに四十ミリーム追加

岩のドームを描く普通切手の額面は、四、八、十三、十五ミリームの四種類だったから、四ミリーム切手は域内葉書料金として、八ミリーム切手は二十－四十グラムの書状料金として、十三ミリーム切手は外信書状ならびに書留料金用として、十五ミリームは印刷物料金として、主に使われることが想定されていたことになる。

英領パレスチナ域内宛の書状と葉書の料金は一九四一年三月末まで、切手発行後十二年以上も値上げされなかったが、外信料金に関しては、一九三二年

七月一日に料金改正があり、二十グラムまでの書状基本料金が十五ミリーム（二十グラム加わるごとに九ミリーム追加）、葉書料金が八ミリームに値上げされた。

このため、一九二七年に発行された十五ミリーム及び八ミリームの切手は、以後、パレスチナ発信の外国郵便にさかんに使用されていくことになった。

アラブ大蜂起

一九二〇年代前半のパレスチナでは、シオニストの移民が急増したことに伴い、さまざまな摩擦が生じたが、英国のパレスチナ政策は、アラブとシオニストのうち、その時々でより強く反発する側に対して場当たり的に妥協を重ねるものでしかなかったため、シオニスト、アラブ双方の不信感を募らせるだけに終わった。

もっとも、一九二〇年代後半になると、パレスチナへのユダヤ系移民の流入が制限されたことに加え、パレスチナに永住せず、アメリカ大陸などへ渡るユダヤ人の数も次第に増加するようになったため、アラブ側による反シオニスト暴動も沈静化し、パレスチナの政情は安定化していくように思われた。

ところが、パレスチナ当局が、シオニストとアラブないしはムスリムとの対立の根本的な解決を先延ばしにしている間に、一九三三年、ドイツでヒトラー政権が成立してしまう。

強烈な反ユダヤ主義を掲げ、政権発足早々に「職業官吏再建法」によって公務員からのユダヤ人排除を行うなど、反ユダヤ主義政策を展開するヒトラー政権下のドイツからは、身の危険を感じてパレスチナへ流入するユダヤ人の数が激増し、一九三三年には約二十三万人だったパレスチナのユダヤ系人口は、三年後の一九三六年には約四十万人にまで増加する。

もともと、一九二九年に始まる世界恐慌の影響でパレスチナ経済が停滞し、アラブ社会においては失業者や土地を失う農民が増えつつある中で、再びユダヤ系の人口が急増していけば、アラブとユダヤの緊張は否が応でも高まることになる。

こうした状況の下で、一九三一年、〝修正シオニスト〟のゼエヴ・ジャボチンスキーはユダヤ人軍事組織ハガナーを脱退した対アラブ強硬派を集めて〝ユダヤ民族軍事機構〟を組織した。この組織のヘブライ語名の正式名称は〝ハ＝イルグン・ハ＝ツヴァイ・ハ＝レウミー・ベ＝エレツ・イスラエル〟だが、ヘブライ語では、単語の頭文字を取って〝エツェル〟の略称で呼ばれることが多い。これに対して英語では、正式名称の最初の単語である〝イルグン〟の名で呼ばれることが多い。

ジャボチンスキーは、一八八〇年、ロシア帝国支配下のオデッサ（現ウクライナ領）のユダヤ人中流家庭に生まれた。高校在学中から地元紙に寄稿し、卒業後はジャーナリストとして活動する傍ら、弁護士資格を取得する。

一九〇三年、キシニョフ（現モルドヴァ領）でのポグロムを機に、シオニズムの活動家となり、ロシア帝国内のユダヤ人自衛部隊を組織。以後、右派シオニストの指導者として頭角を現した。第一次世界大戦中は、主としてロシア系ユダヤ人からなる百二十人のユダヤ人志願兵を率いて英ロンドン連隊第二十大隊第十六小隊に従軍。一九一八年のヨルダン渓谷の戦いで軍功を挙げ、勲章を授与された。

第一次世界大戦後は英軍を退役し、パレスチナで私的に自衛軍のユダヤ人を養成し、軍事訓練などを行っていたが、このため、一九二〇年、武器の不法所持で逮捕された。その後、民衆の抗議により、特赦で解放され、パレスチナ最初の立法議会選挙に立候補して当選した。

前述のように、英国は第一次世界大戦中の〝三枚舌外交〟の矛盾を解消すべく、一九二三年、ヨルダン川以東に〝トランスヨルダン〟を創設し、アブドゥッラーを国王として擁立した。多くのシオニストはこの決着に内心不満だったが、現実にはこれを追認し、ともかくヨルダン川以西に〝民族的郷土〟を建設すればよいと考えていた。しかし、ジャボチンスキーら強硬派はトランスヨルダンを〝（彼らの考える）パレスチナ〟から分離することに絶対反対の立場を取り、英国のプランを〝修正〟し、ヨルダン川両岸にまたがる大ユダヤ国家を建設すべきと主張した。

これが〝修正シオニズム〟であり、そうした立場をとるのが修正シオニストである。

修正シオニストは自分たちの政党として、一九二五年、〝修正主義者シオニスト連合〟とその青年部として〝ベタル〟を創設。ジャボチンスキーは、個人的には英国の協力を得て、英本国をモデルにしたユダヤ国家を建設し、新生ユダヤ国家では、ユダヤと（ユダヤに友好的な）アラブが首相・副首相職を分け合うなど、両者は平等の地位・権利を共有すべきと主張していたが、パレスチナ当局は、目的のためには暴力も辞せずとして、イルグンを組織する彼の行動に対しては強い警戒感を抱いていた。

一方、パレスチナへのユダヤ人の流入が急増していく中で、アラブ側はパレスチナがアラブの土地であることをアピールすべく、パレスチナにおけるアラブの文化や風俗習慣などを広く紹介するためのイベントとして、一九三三年以降、数次にわたって〝エルサレム・アラブ博覧会〟（アラブ・フェア）を開催する。

図29は、一九三四年三月二十日、エルサレムから、岩のドームの八ミリーム切手を貼ってスイス・ルツェルン宛に差し出された葉書で、一九三四年四月六日から始まる〝（第二回）アラブ・フェア〟を宣伝するための標語印が押されている。標語は、英語・ドイツ語・フランス語・アラビア語の四ヵ国語で「一九三四年四月六日　エルサレム・アラブ博覧会に行こう」という趣旨の文言となっているが、パレスチナの公用語である英語だけでなく、フランス語やドイツ語も入っている。これは、標語印の押された葉書が広く世界中に流通する過程で標語の内容が各国の人々にも周知されることを想定してのことで、郵便物そのものを宣伝媒体としてのメディアとして活用しようという発想による。

アラブとユダヤ人の緊張が高まっていく中、一九

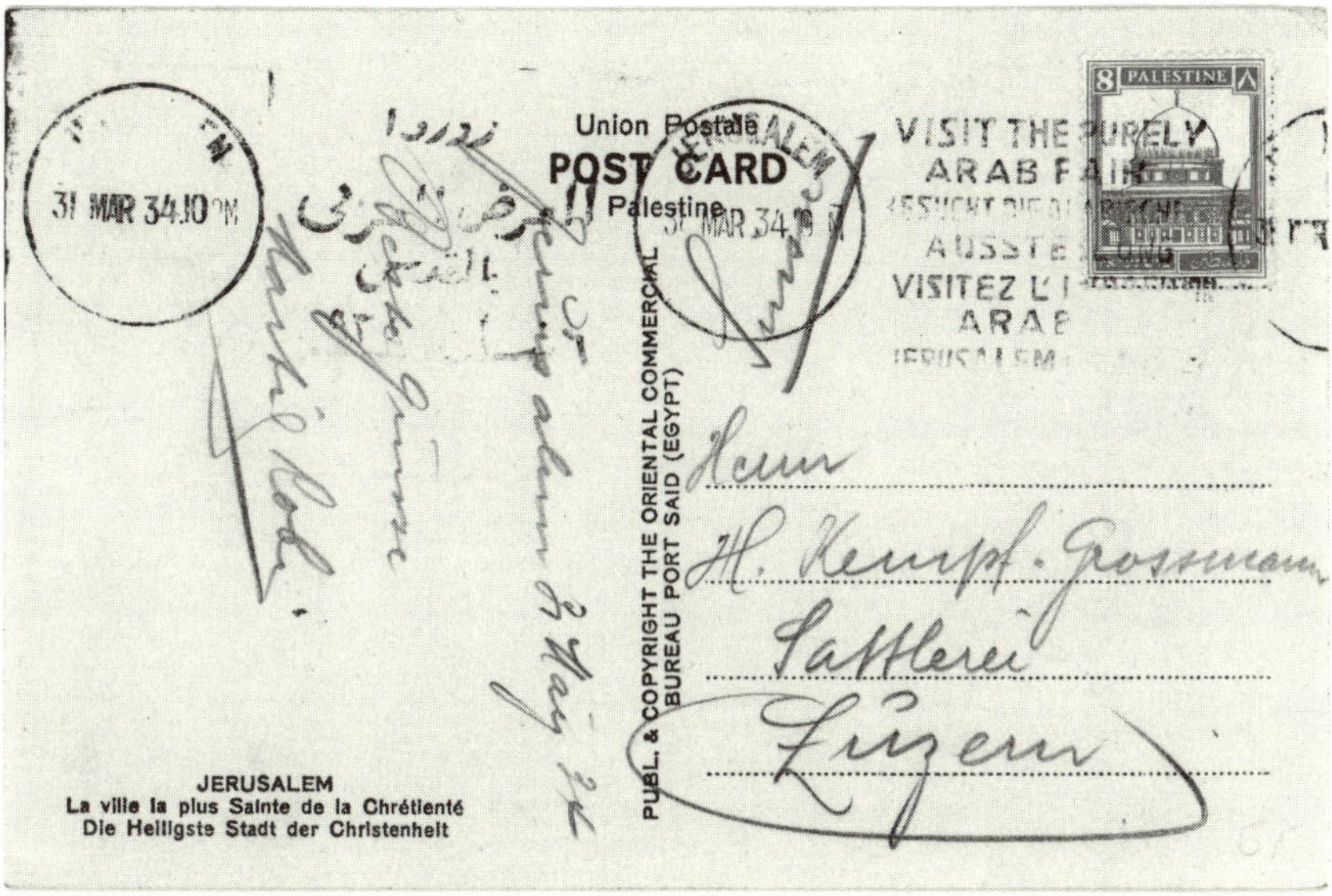

図29　アラブ・フェアを宣伝する標語印が押された葉書。

三五年十一月、ハイファでイスラム法廷の書記をしていたイッズッディーン・カッサームが、反シオニスト・反植民地主義のジハード（聖戦）を呼号して、警察の武器庫を襲撃する事件が発生。事件は直ちに鎮圧され、カッサームも戦闘により死亡した。ちなみに、現在、ガザ地区を実効支配しているハマースの武装組織〝イッズッディーン・カッサーム旅団〟の名は、彼にちなむものである。

さらに、一九三六年四月十五日、カッサーム事件の残党がナーブルスからトゥルカームに向かうユダヤ人車両を襲撃し、運転手ら二人を殺害すると、翌十六日、その報復としてイルグンが、事件とは全く無関係のアラブの労働者二人を射殺。さらに、十七日に行われたユダヤ人運転手の葬儀に集まったユダヤ人が暴徒化し、アラブの子供たちが暴行・略奪の被害に遭うと、パレスチナ全土は騒擾状態となった。

こうした中で、四月十九日、ナーブルスでアラブ系労働者によるゼネストが発生。パレスチナ全土のアラブ系労働者がこれに同調し、闘争本部として四月二十五日に設立された〝アラブ高等委員会（AHC）〟は「英国政府が現在の政策を根本的に変えるまでゼネストを続ける」として、

①ユダヤ人入植の禁止

②アラブ人からユダヤ人への土地譲渡の禁止

③代表議会に責任を持つ国民政府の樹立

を要求した。

ゼネストは長期化し、AHCはユダヤ人入植に抗議して英委任統治当局への納税を拒否。地方では武装反乱が散発的に発生し、交通機関やユダヤ人入植地、ユダヤ人、ユダヤ教徒等への襲撃が相次いだ。

ゼネストの期間中、AHCは闘争資金を集めるため、パレスチナの地図と岩のドーム等を描く宣伝ラベル（図30）を販売し、これを郵便物に貼って、パレスチナがアラブの土地であることを広く訴えるよう、支援者に求めた。

図30　アラブ高等委員会が1936年に製作した宣伝ラベル。

結局、ゼネストは百七十四日間続き、十月九日、ようやく終結したが、この間、パレスチナ当局は二万人の兵力を動員し、当局による鎮圧の過程で、千人ものアラブ系住民が命を落とした。

ゼネストの終結を受けて、一九三六年十一月十一日、英本国からウィリアム・ピール公爵がパレスチナに到着し、パレスチナ問題解決のための現地調査団が組織された。翌一九三七年、ピール調査団は、

①委任統治領としてのパレスチナの大半をアラブ国家とユダヤ国家に二分し、エルサレムから地中海にかけての一部のみをイギリス委任統治領とする

②分割後はユダヤ人とアラブの住民交換を行い、ユダヤ国家からはアラブ系住民が退去し、アラブ国家からはユダヤ人住民が退去してトランスヨルダンと連合する

ことを骨子とする「ピール分割案」を提出する。しかし、この案はアラブ・ユダヤの双方から拒絶

され（ただし、シオニスト会議は、ピール分割案を将来的なユダヤ国家建国のための土台とすることは承諾した）、アラブ側とユダヤ人武装組織、さらには英軍との武力衝突が再燃した。

アラブ側はジャッファを拠点に、ナーブルスとヘブロンを十八ヵ月にわたって占領。英軍部隊は六千人のユダヤ人の補助警官やハガナー、エツェル（イルグン）を動員し、一九三九年三月までに、アラブの叛乱を武力で抑え込んだ。

一九三六年のゼネストから一九三九年までの一連の騒乱は、しばしば〝アラブ大蜂起〟と総称されるが、この間、アラブ系は死者五千人以上、負傷者一万人、ユダヤ人の死者五百十七人、英国人の死者二百人にも及んだ。

この間の一九三八年、ＡＨＣは、パレスチナの地図を背景に岩のドームと聖墳墓教会を描き「パレスチナはアラブのものだ！」とのスローガンが入ったラベル（図31）をジャッファで制作している。

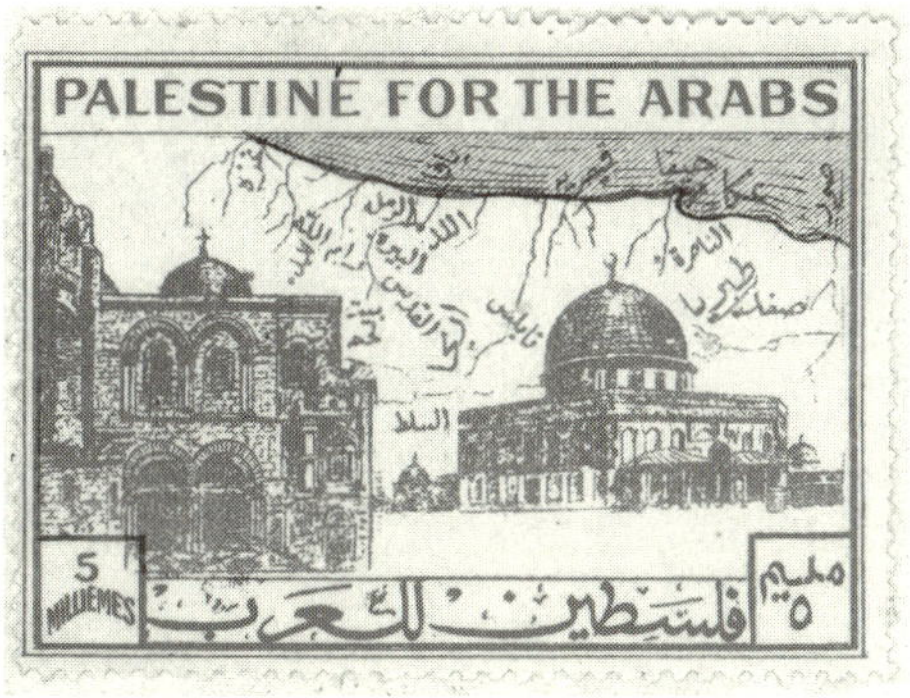

図31 「パレスチナはアラブのものだ！」の文言が入った1938年の宣伝ラベル。

岩のドームと並べて聖墳墓教会が描かれているのは、エルサレムが、歴史的に、ユダヤ教・キリスト教・イスラムの三宗教が共存する聖地であり、ユダヤ系のシオニストによって独占されるべきものではないことを訴えようとしたためであろう。パレスチナ当局の発行する切手が単色なのに対して、ラベルは二色刷りでサイズも大きく、ＡＨＣがラベルの制作に大いに力を注いでいたことがうかがえる。

もちろん、これらのラベルは切手ではないので、そのまま郵便物に貼っても郵便料金を払ったことにはならないのだが、パレスチナのアラブや彼らを支持する人々によって、しばしば、パレスチナ当局の発行した正規の切手と並べて郵便物にも貼られ、パレスチナ社会に広く流通していったのである。

ところで、パレスチナ当局から危険人物とみなされていたジャボチンスキーは、一九三〇年代前半、事実上、パレスチナ域外への追放処分を受けて活動の拠点をポーランドに移さざるを得なくなっていた。こうした環境の下で、彼は〝外圧〟によってパレスチナにユダヤ国家を樹立すべく、カッサーム事件を機にパレスチナ社会が騒然としていた最中の一九三六年に「避難計画」を発表した。

現在のポーランド国家は、国民の九〇％以上がポーランド人（カシュープ人やグラル人を含む）によって構成されており、事実上の単一民族国家となっているが、これは、第二次世界大戦末期のポツダム会談の結果、領土全体が地理的に西側へ移動したことによるもので、第一次世界大戦後に第二共和国が発足した時点の民族構成では、ウクライナ人一四・三％、ユダヤ人一〇・五％、ベラルーシ人三・九％、ドイツ人三・九％などと、少数民族が人口の約三割を占める多民族国家であり、社会全体に反ユダヤ主義の風潮がかなり強かった。

それでも、一九二六年から一九三五年までのユゼフ・ピウスツキ政権下では、諸民族が融和する多民族国家を目指すとの建国の理念に基づき、反ユダヤ主義を含む過剰な民族主義は抑え込まれていたが、一九三五年三月十二日にピウスツキが亡くなると、隣国ドイツのヒトラー政権が経済政策で一定の成果を上げていたことに刺激を受けた野党勢力が「ユダヤ人から買うな」のスローガンを掲げて反ユダヤキャンペーンを展開。この反ユダヤ宣伝は、不況下の生活苦にあえぐポーランド人の一定の支持を集めたことから、次第に旧ピウスツキ派もこれに同調するようになり、社会全体に反ユダヤ主義的な空気が横溢し、各地で流血を伴う反ユダヤ暴動が頻発した。

こうした事態に対してポーランド政府は、反ユダヤ主義者の暴力を取り締まるのではなく、国内のユダヤ人口を減少させることが問題の解決になると考えるようになり、ユダヤ人の国外移住を奨励していた。

ジャボチンスキーの「避難計画」はこれを逆手に

取ったもので、ユダヤ人が自ら進んでポーランドを脱出して、パレスチナの〝民族的郷土〟に向かうべきとするもので、ジャボチンスキーはポーランド、ハンガリー、ルーマニアの各国首脳と対談し、「避難計画」に対する各国の承認を得て、三国から十年計画でユダヤ人をパレスチナに移住させると打ち上げた。

当然のことながら、シオニスト主流派は、ジャボチンスキーの「避難計画」をヨーロッパの反ユダヤ主義を利するものと批判し、パレスチナでのユダヤとアラブの対立に手を焼いていた英国政府も「避難計画」に激しく反発する。

こうした批判と反発に対して、ジャボチンスキーは「ポーランドのユダヤ人は火山の端に生きている。近い将来、いつかポーランドで血なまぐさいユダヤ人大虐殺の波が押し寄せるだろう。ヨーロッパのユダヤ人は、できるだけ早くパレスチナに発たなければならない」と主張。バルフォア宣言を根拠として、大規模なユダヤ移民をパレスチナに送り込むべきとの大々的なキャンペーンを展開した。

その一端として、たとえば、図32の郵便物に使用されているような封筒も制作された。

封筒の左側に大きく描かれているのはジャボチンスキーの肖像で、リトアニア語・ヘブライ語・英語で「百万人のユダヤ人が英国によるバルフォア宣言の履行を求めている。ユダヤ国際嘆願書に署名しよう！」との文言が入っている。（彼らの理解によれば）バルフォア宣言に基づき、〝民族的郷土〟へ帰るべきユダヤ人が、パレスチナ当局によって入国制限を受けていることへの不満を反映した内容のスローガンを、郵便物の交換を通じて広めようというわけだ。

なおこの郵便物は、一九三八年、リトアニアからテルアビブ宛に差し出されたもの。第二次世界大戦以前のリトアニアには多くのユダヤ人が住んでおり、特に、ヴィリニュス（リトアニアの憲法上の首都だが、一九二〇－三九年はポーランドによって占領されていたため、カウナスが〝臨時首都〟とされていた）では、

図 32　バルフォア宣言の履行を求めるイラストが印刷されたリトアニアからの郵便物。

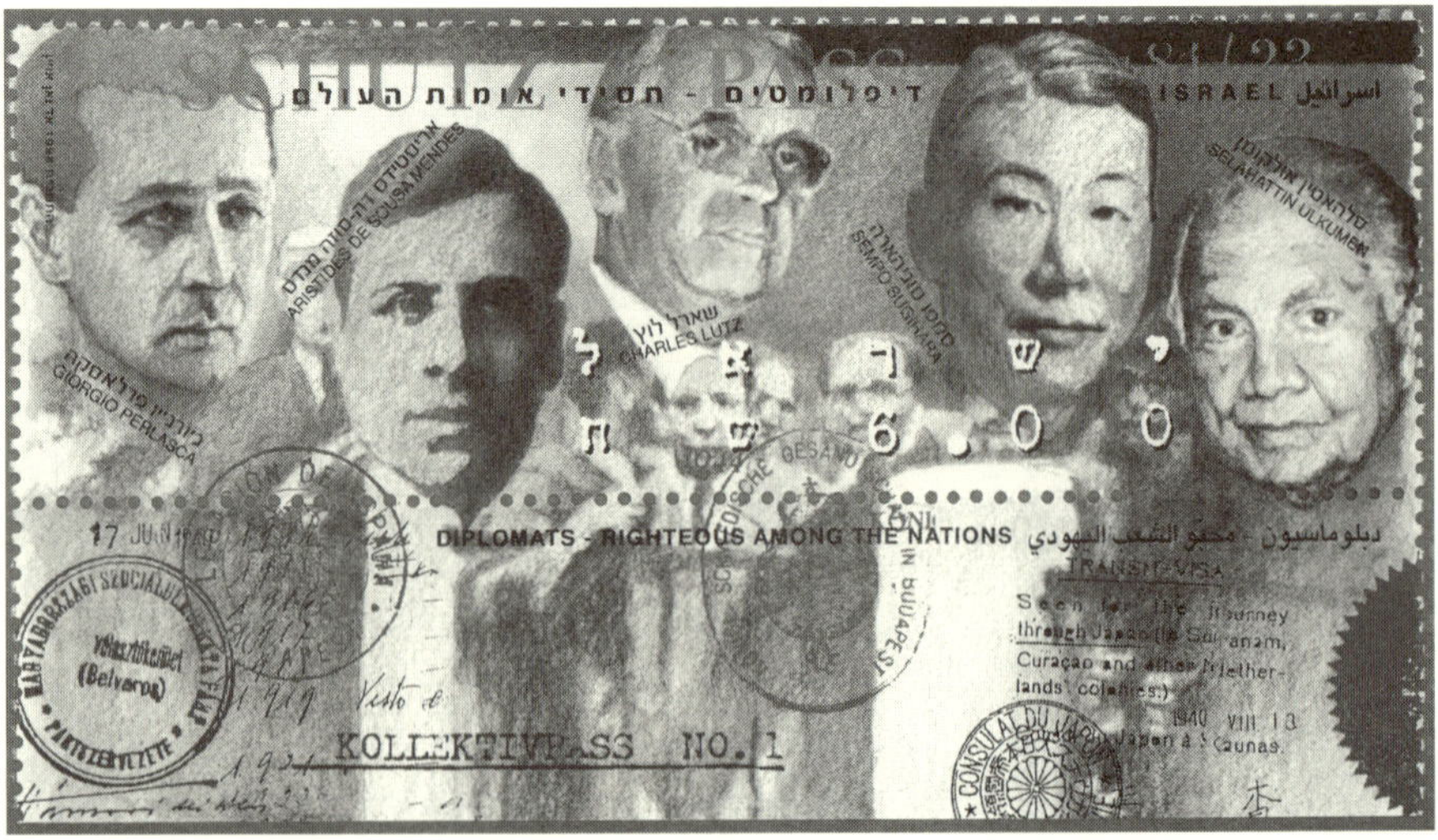

図 33　イスラエルが 1998 年に発行したホロコーストからユダヤ人を救った外交官を讃える切手には、右から2番目に杉原千畝の肖像も取り上げられている。

一九三一年の時点でユダヤ人が人口の二八％を占め、〝北のエルサレム〟と呼ばれていたほどであった。

第二次世界大戦中の一九四〇年七月から八月にかけて、カウナスの日本領事館で領事代理の杉原千畝（図33）が出国を希望するユダヤ人に大量の通過ヴィザを発給し、およそ六千人にのぼる避難民を救ったというエピソードは日本でも広く知られている。

ちなみに、杉原が一心不乱に〝命のヴィザ〟を書いていた一九四〇年八月四日、封筒のイラストに描かれたジャボチンスキーは、ニューヨークでベタルの運営する武装ユダヤ人キャンプを訪問中、心臓発作で急逝した。

第二次世界大戦とパレスチナの郵便

パレスチナでのアラブとユダヤの対立抗争が続く中、一九三九年五月十七日、英国はパレスチナ問題に関する基本方針として「マクドナルド白書」を発表する。

その骨子は、

①アラブ系住民による土地所有の保護（＝ユダヤ人移民に対する土地売却の制限）
②十年以内にアラブ主導のパレスチナ国家を創設し英国と同盟を結ぶ（＝ユダヤ人国家の否定）
③パレスチナへのユダヤ人の新規入植を五年間で七万五千人に制限する（ただし、ヨーロッパのユダヤ人難民に対しては特別に二万五千人の移住許可を与える）

というものだった。

これは、パレスチナのユダヤ人社会からすれば、ユダヤ人がパレスチナに〝民族的郷土〟を作ることに理解を示すというバルフォア宣言を無効化するものであり、英国の裏切りと理解されたが、英国側では、既にパレスチナのユダヤ人口は四十五万人にも達しており、パレスチナには〝ユダヤ人の民族的郷土〟が成立したとみなしうると認識していた。なによりも、英国にとっては、一九三八年九月のドイツとのミュンヘン協定以降、きたるべき世界大戦に備

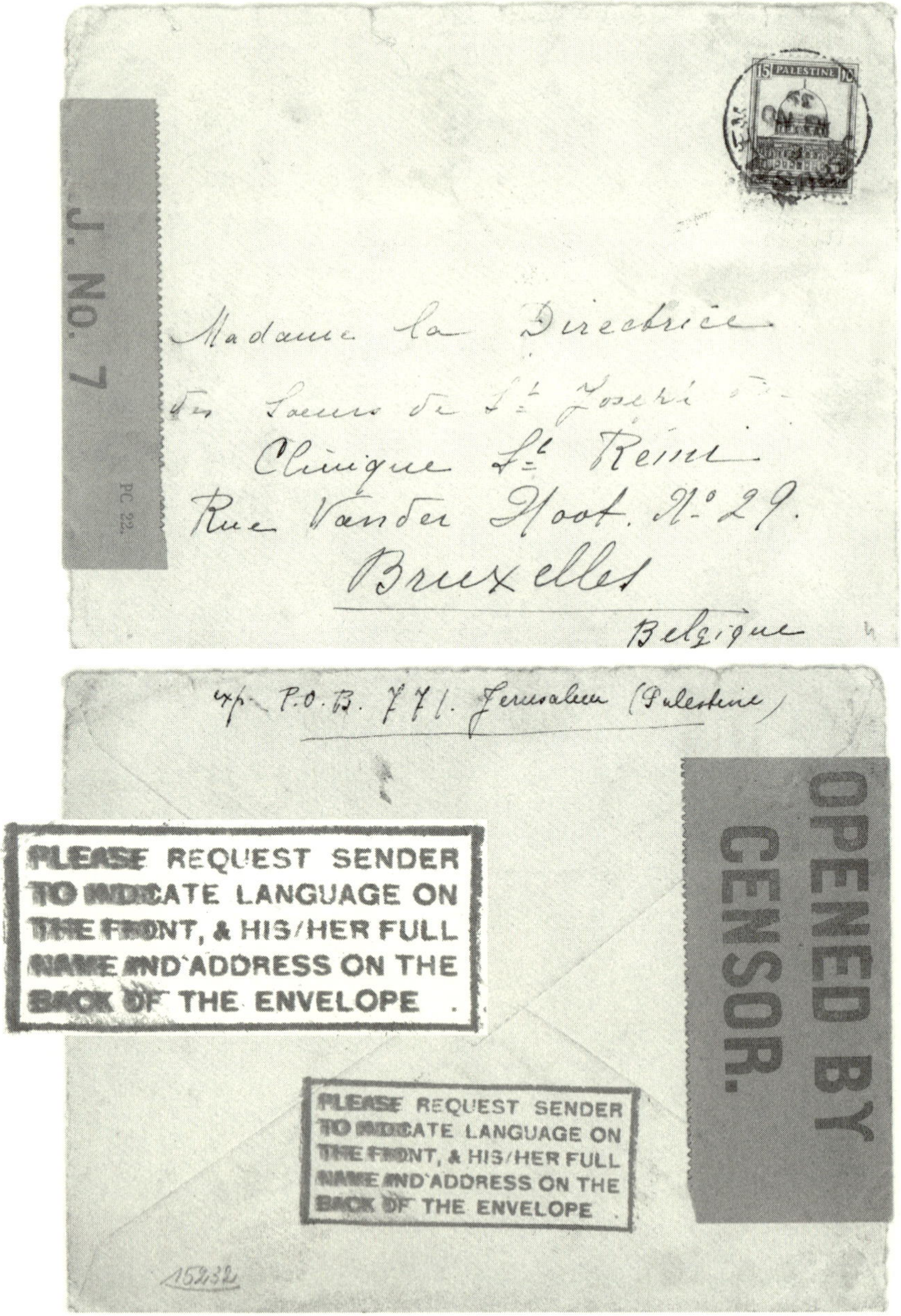

図34　1939年11月、エルサレムからブリュッセル宛の郵便物。途中で開封・検閲されているほか、差出人に対して、氏名と使用言語を明記するように求めた印が押されている。

えて、戦場となることが予想されていたアラブ地域の反英感情を和らげることが重要であった。

はたして、マクドナルド白書の発表からおよそ百日後の一九三九年九月一日、ドイツがポーランドを侵攻。これに対して、ポーランドと相互援護条約を結んでいた英仏は、九月三日、ドイツに宣戦布告し、第二次欧州大戦が勃発する。

大戦の勃発に伴い、英国の委任統治下にあったパレスチナも戦時統制下に置かれることになったが、その一端は郵便物にも痕跡を残している。

たとえば、図34は開戦から二ヵ月後の一九三九年十一月、エルサレムからベルギーのブリュッセル宛の郵便物だが、逓送途中でパレスチナ当局により開封・検閲され、〝J.No.7〟の表示のある封緘紙で封をされている。

またこの郵便物の場合は、裏面に「封筒表面には使用言語を、裏面には彼／彼女の氏名と住所を記載するよう、差出人にお伝えください」との印が押されている。

多くの国では、戦時下の郵便にはさまざまな制約が課されており、敵国のスパイなどが住所氏名を秘匿して、郵便物をやり取りすることを防ぐため、差出人の住所氏名を封筒の外側に明記することが求められるのが一般的である。また、民間人の郵便物も無作為抽出のうえ開封・検閲が行われるため、通信文に使用できる言語は当局が解読可能なものに限られるほか、複数の言語が併用されている地域では、検閲作業の効率を上げるため（スムーズに各言語の検閲担当者の元に回せるように）通信文の言語を明示することも求められることが多い。

ただし、平時にはこうした制約が課せられることは稀で、戦争が始まって間もない時期には〝ルール違反〟の郵便物も少なくないため、こうした印を押して利用者の注意が喚起されたのである。

なお、第二次世界大戦中のパレスチナの場合は、通信文が英語で書かれている場合にはその旨を表示する必要はなかったが、それ以外の言語で書かれている場合には、図35のように、使用言語（この場合

図35　通信文がロシア語で書かれていることを明示した葉書。1942年、テルアビブからスイス・ジュネーヴ宛。

図36　ベングリオン。

はロシア語）を表示する必要があった。

こうした日常的な戦時統制に加え、パレスチナのユダヤ人たちは、より積極的な戦争協力を要請されたが、「マクドナルド白書」への不満から、英国を含む連合諸国への戦争協力には否定的な者も少なくなかった。

これに対して、シオニズムの指導者であったダヴィド・ベングリオン（図36）は、連合国の戦争に協力することでユダヤ系の実力を示し、それによって、自らユダヤ国家の独立を勝ち取るべきだと考え、「ユダヤ人の敵はマクドナルド白書であって英国ではない」との声明を発表。これにより、多くのシオニストは英国への不満を抑えて、ナチス・ドイツとの戦いを優先させ、中東地域での連合国の作戦に参加した。

図37は、第二次世界大戦中の一九四二年七月、英国軍に参加したユダヤ系（と思われる）兵士がテルアビブ宛に差し出した軍事郵便である。切手が貼られていないのは、軍事郵便として料金無料の扱いだったためである。

差出人がユダヤ系の兵士であると推測できるのは、カバー左上にある〝Written in Hebrew〟の書き込みにより、同封されていた手紙がヘブライ語で書かれていたことがわかるためだ。理論上は非ユダヤ系の兵士がわざわざヘブライ語で手紙を書くということもあり得なくはないが、その可能性は極めて低いだろう。

もちろん、英国の戦争にはアラブの兵士も相当数動員され、多くの死傷者を出しており、ユダヤ系だけが特に大きな犠牲を払ったというわけではない。しかし、ベングリオンらはユダヤ系兵士の犠牲を強

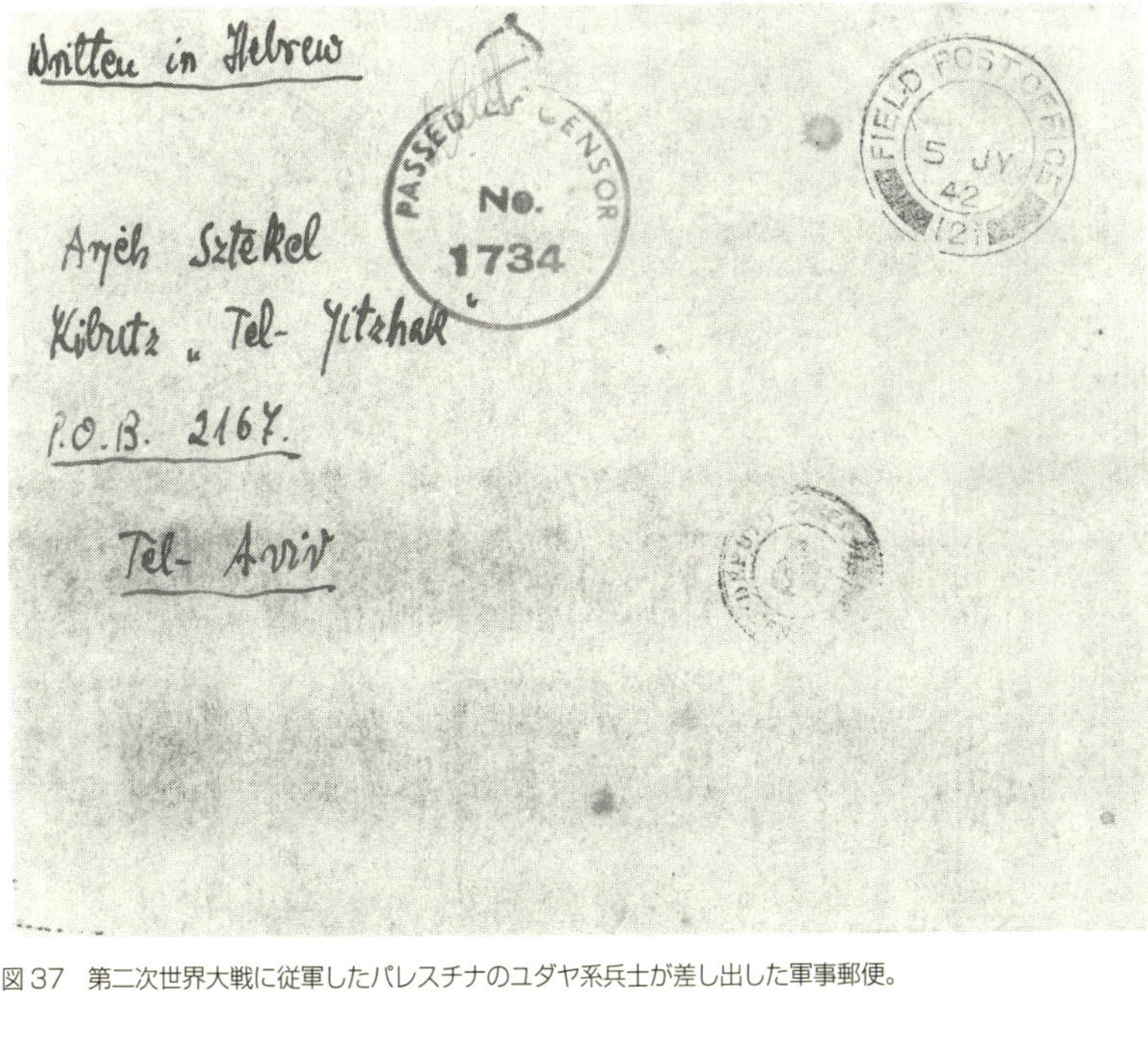

図37　第二次世界大戦に従軍したパレスチナのユダヤ系兵士が差し出した軍事郵便。

図38　ローズヴェルト。

図39　アブラハム・シュテルン。

調し、訪米を繰り返し、その見返りとして大統領のローズヴェルト（図38）にユダヤ人国家創設に向けた支援を要請したほか、シオニスト支援の資本家たちから多額の資金援助（大戦の終結までに数十万ドルに及んだ）を獲得することに成功。こうして、シオニスト主流派と米国との関係は次第に緊密なものとなっていく。

その一方で、シオニストの間には、どうしても英国への協力を潔しとしない強硬派も存在していた。その筆頭が、アブラハム・シュテルン（図39）である。

アブラハム・シュテルンは、一九〇七年、帝政ロシア支配下のスヴァウキ（現ポーランド領）で生まれ、一九二五年にパレスチナに移住。その後、フィレンツェ大学で西洋古典学を学ぶため、一時、パレスチナを離れたが、一九二九年、ハガナーに加入した。さらに、一九三一年、より強硬な修正シオニスト系の武装組織、イルグンが発足すると、アブラハムもこれに参加する。

一九三九年、「マクドナルド白書」が発表されると、イルグン主流派が対英宥和路線を採ったことを不満として、さらに過激なレヒ（イスラエル解放戦士団。ただし、この名前が正式に採用されるのは彼の死後で、当時の英当局の呼称はシュテルン・ギャング）を組織し、パレスチナへのユダヤ系移民の入植を制限する英当局に対するテロ活動を展開した。この結果、アブラハム自身も逮捕・投獄を経験する。

さらに、一九四一年十二月、レヒの幹部、ナタン・イェリン＝モルがナチスと接触し、ドイツに協力して英国と戦う代わりに、東欧のユダヤ人を解放するための交渉を計画し、交渉場所のトルコへ向かう途中、シリアで身柄を拘束する事件が起こった。

このため、一九四二年二月十二日、英国政府はレヒを危険視し、その頭目としてのアブラハムを暗殺した。しかし、組織の壊滅には至らず、レヒは思想的指導者のイスラエル・エルダド、軍事作戦を指揮したイツハク・シャミル（後の首相）、政治的調整を担当するイェリン＝モルの三頭体制で存続することになる。

ところで、大戦の勃発後、欧州大陸が戦場になり、パレスチナと英本国との間の交通に鉄道や航空機（当時は英国＝パレスチナ間の直行便はなく、途中、給油などのため欧州大陸や地中海沿岸の都市を経由した）を利用することは不可能になったが、船舶による物流は引き続き可能であった。これは、大西洋への出入口にあたるジブラルタル（ちなみに海峡北側のスペインは中立国）と、地中海のほぼ中央に位置するマルタ島を抑えていた英国が、大戦の期間を通じて、地中海の制海権・制空権を保持し続けたことによる。

そうした事情を示しているのが、図40の郵便物である。

これは、一九四四年六月十九日、英国オックスフォードから、パレスチナのベンシェメン宛にエアメールとして差し出されたものだが、大戦により航空便の運航が不可能になったため、ジブラルタル海峡から地中海を航行する船によってパレスチナ最大

図40　第二次世界大戦中、ジブラルタル経由で英本国からパレスチナ宛に差し出された郵便物。

の港であるハイファに陸揚げされ、宛先まで届けられたものと思われる。そして、そのことを受取人から差出人に知らせてほしいと指示が入った印が押され、エアメールの表示も抹消されている。

一方、欧州のドイツ占領地から弾圧と戦禍を逃れてパレスチナへと逃れようとするユダヤ系難民もまた、船でハイファ港を目指すケースが多かった。

そうした中で、一九四一年十二月十二日、七八一人のユダヤ系難民を乗せた難民船シュトルーマ号がルーマニア（当時は親独政権下）のコンスタンツァ港を出港し、パレスチナを目指したものの、パレスチナ当局はマクドナルド白書を理由に難民船の入港を拒否。シュトルーマ号は行き場のないまま地中海を迷走し続け、一九四二年二月、ルーマニアへ戻る途中、黒海で沈没し、七百六十人以上の難民が死亡する事件が発生した。

この事件は、ユダヤ系社会に大きな衝撃を与え、英国の責任者にあたる植民地相のウォルター・モインは彼らの怨嗟の対象となる。

時あたかも、シュトルーマ号事件は、アブラハム・シュテルンの殺害とほぼ同時期の出来事であったため、レヒは事件の責任を追及するとして、モインの暗殺を計画。一九四四年十一月六日、レヒの活動家、エリヤフ・ベト＝ズリとエリヤフ・ハキムがカイロでモインを暗殺した。

これを機に、英国ではシオニスト過激派への反発と不信が決定的になった。そして、英国政府は、パレスチナ問題を収拾する意欲を喪失し、次第に、委任統治領の管理者としての責任を放棄していくようになる。

テロの防止か難民の保護か

一九四五年五月、欧州大戦はナチス・ドイツの敗戦によって終結した。その一月前の四月、米国では大統領フランクリン・ローズヴェルトが亡くなり、副大統領のハリー・トルーマン（図41）が大統領に昇格した。

図41　トルーマン。

トルーマンはカンザス・シティのビジネス・カレッジを卒業後、カンザス・シティのナショナル・バンク・オブ・コマースに窓口係として就職したのが社会人としてのキャリアのスタートだった。一九〇五年、彼は、リトアニア出身のユダヤ人移民の子で、地元の洋品店で働いていたエドワード・ヤコブセンと知り合う。その後、一九一七年に米国が第一次世界大戦に参戦すると、トルーマンとヤコブセンは徴兵され、ともに第一二九砲兵隊の酒保係に配属された。〝戦友〟となった二人は大いに意気投合し、退役後、共同事業に乗り出している。ユダヤ人差別が根強かった当時の米国では、トルーマンのように、ユダヤ人のヤコブセンとビジネス・パートナーの関係になるWASP（プロテスタントのアングロ・サクソン）は例外的な存在だった。

なお、二人の共同事業はすぐに破綻したが、個人的な友情は生涯続き、トルーマンが大統領に就任すると、ヤコブセンはホワイトハウスに出入りできる例外的な民間人の一人となった。

こうしたヤコブセンとの個人的な友情関係に加え、上院議員として実績を積み重ね、副大統領、そして大統領になった老練な政治家としてのトルーマンは、政治的な打算から、ローズヴェルトと比べると、明らかに親ユダヤ的な態度を取っていた。

パレスチナでのアラブとイスラエルの対立に関して、米国は直接の当事者ではないとの認識から、ローズヴェルトは、アラブ諸国の指導者に対して、米国としては、アラブ・ユダヤの双方と十分な協議をすることなく、パレスチナの基本的な状況を変えることはしないと約束しており、トルーマンも基本的にはこの方針を継承することを表明していた。その一方で、トルーマンは側近との会話では「米国の有権者のうち、アラブ系はいったいどのくらいいるのかね」と述べており、シオニストへの支持を隠そうとしなかった。

さらに、ドイツの敗北により、アウシュヴィッツをはじめ強制収容所の悲惨な実態が白日の下にさらされるようになると、戦勝国の大義を示すためにも、ユダヤ人犠牲者の救済は重要な課題と見なされるようになった。

こうして、一九四五年七月、トルーマンは英国政府に対して、ユダヤ人のパレスチナへの移住を制限する政策（一九三九年のマクドナルド白書で決定）を解除するよう要請。さらに、同年八月には、十万人のユダヤ系難民をパレスチナに移民として受け入れるよう、英国首相アトリー宛の書簡で要請した。

このトルーマン書簡を契機として、米英両国の代表団からなるパレスチナ問題調査委員会が設立される。委員会は、一九四六年五月、

①パレスチナはアラブ州・ユダヤ人州に分割せず、国連による暫定的な信託統治を行う
②ナチスの犠牲者となった十万人のユダヤ系難民のパレスチナ入国を認める

③パレスチナの土地譲渡制限を事実上撤廃するという報告書をまとめた。
しかし、報告書発表の直前、またしても、シュテルン・ギャングにより英国人兵士六人が殺害されるテロ事件が発生。態度を硬化させた英国は、ユダヤ人テロ組織の武装解除を優先させるよう主張し、ユダヤ系難民のパレスチナ受け入れに強い難色を示した。

こうした状況を象徴するかのような郵便物が図42である。

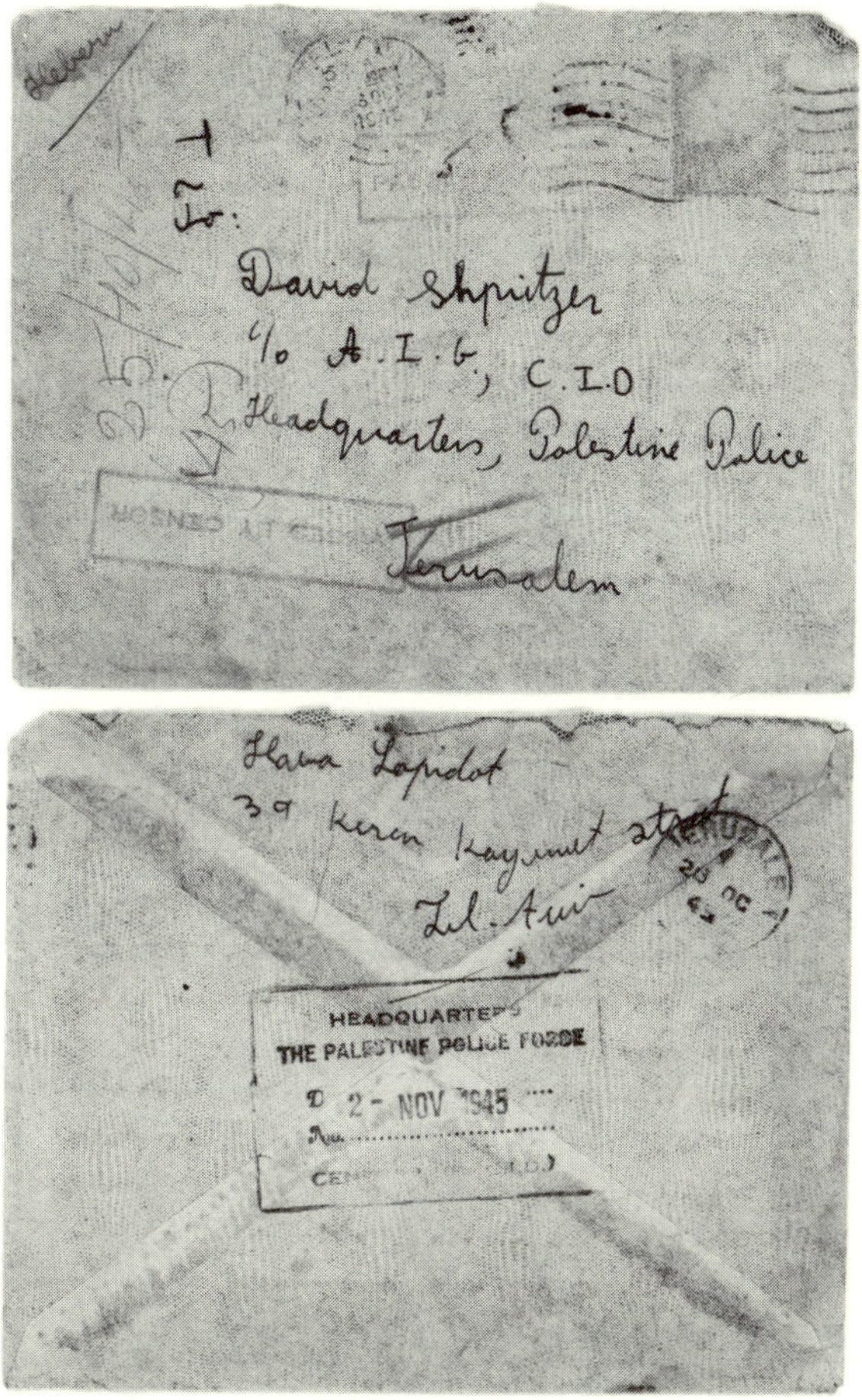

図42　シオニスト過激派の活動家宛の郵便物とその裏面。宛先の住所はエルサレムのパレスチナ警察本部気付だが、実際には、エリトリアのセンベル収容所に転送されている。

これは、一九四五年十月、テルアビブからイルグンの活動家であったダヴィド・シュプリッツァー宛に差し出された郵便物で、宛先の住所はエルサレムのパレスチナ警察本部気付になっているが、実際には、エリトリアのセンベル収容所に転送されている。

パレスチナ社会を震撼させたシュテルン・ギャングは、イルグンの対英強調路線への反発から分派した強硬派組織だったが、そのイルグン内部でも、シュトルーマ号事件を機に、対英強硬路線を主張するメヘナム・ベギンらの勢力が台頭し、過激派によるテロが行われるようになった。

その活動家であったシュプリッツァーは、一九四四年二月、ジャッファの警察署本部に対する爆弾テロを行って逮捕・収監されていた人物である。

シュプリッツァーの事件の後も、シオニスト過激派による反英テロは止むことがなく、逮捕・収監される活動家も増加していったが、それに伴い、彼らの脱獄や収監されたテロリストを奪還するための新たなテロが生じる危険性も憂慮されるようになった。

そこで、パレスチナ当局は、一九四四年十月十九日、〝スノー・ボール作戦〟を発動。まずは二百五十一人のテロリストを飛行機で極秘裏にアフリカ各地の収容所に移送し、彼らをパレスチナの地から切り離すことにした。

テロリストたちの移送先は、センベル（エリトリア）、カルタゴ（この場合は、チュニジアの首都・チュニス近郊の都市ではなく、スーダン紅海州の町）、ギルギル（ケニアの首都ナイロビ北方の町）の三ヵ所である。最終的にこの三ヵ所に分散して移送されたテロリストの数は四百三十九人で、そのうちの約六割がイルグンの活動家、三割がシュテルンの活動家、残りの一割がどちらの組織にも属さないテロリストだったという。

さて、シュプリッツァーが収監されていたセンベルの収容所は、エリトリアの首都、アスマラの近郊に位置していた。

エリトリアは、アフリカ北東部、エチオピアの北側に位置する紅海沿岸の地域で、一九九一年にエチオピアからの独立を宣言し、現在は独立国として国際的にも承認されている。第二次世界大戦以前はイタリア領であったが、一九四一年に英軍がイタリア軍を駆逐し、以後、一九五二年まで保護領としていた。

図42の郵便物に関しては、宛先表示のパレスチナ

DEPARTMENT OF POSTS AND TELEGRAPHS
Circular Letter No. 6 of 1945
Loss of Pass Cards

The following addition should be made to the list of lost entrance pass cards exhibited at Watchmen/Doorkeepers' posts .-

Name	Rank	Branch or Section	Station	Type	Number
Mr. C. Goldman	Temporary Clerk	Sorting Office	Tel Aviv	Primrose	460

Care should be taken that any person who may present the lost pass is NOT admitted to any part of Post Office premises. If the pass is presented it must be retained and the circumstances reported to the Police immediately, followed by reports to the local Post Office Security Officer and to the Deputy Postmaster General as instructed in Post Office Circular No. 553, dated 5th July, 1944.

GENERAL POST OFFICE
JERUSALEM
11th January, 1945. (I.T. 115/10/9)

図43　テロリストを警戒して郵政当局から発せられた回状。

の脇に、赤鉛筆でEの文字が書き加えられており、これにより、名宛人の移送先がエリトリア、すなわち、センベル収容所であることが関係者にはわかる仕組みである。

切手が脱落しているのは、アフリカ各地に移送されたテロリスト宛の郵便物に関しては、表には見えない切手の裏や下のスペースを使って不正な連絡がなされていないかどうかをチェックするための措置で、パレスチナ当局が、いかに彼らの動向に神経質になっていたかがうかがえる。

次いで図43は、一九四五年一月十一日付でパレスチナの郵政当局が発した回状で、入口の警備スタッフの元に備えておくべき入館証の紛失リストに、新たに、テルアビブ郵便局で郵便仕分け係をしているアルバイト職員の情報を付け加えるように求めたものである。そして、件のアルバイト職員の入館証を使おうとした人物が現れたら、絶対に入館させず、直ちに警察に報告するようにといった指示が記されている。

日本人の感覚では、郵便物の仕分けアルバイトくらいで大げさな……と思ってしまうかもしれないが、テロリストが関係者を装い、爆弾などを仕込んだ小包を持ち込んだりすれば、深刻な事態が起こりかねない。わが国でも、一九六〇年代末から一九七〇年代初めにかけて、いわゆるピース缶爆弾事件などが相次いで発生し、郵便小包に偽装した爆弾で犠牲者が出ていることをご記憶の方も多いだろう。そうしたことを思い起こしてみれば、反英テロが頻発している中で、パレスチナ当局が郵便仕分け係の入館証の管理に神経質になるのも自然なことだったのである。

こうした状況であったから、〝難民〟というだけの理由で、身元の定かではないユダヤ人を大量に流入させれば、難民に偽装したテロリストも紛れ込み、パレスチナの治安を悪化させるリスクが高まるのは当然で、英当局からすれば、パレスチナ問題調査委員会の報告書の内容は受け入れがたいものだった。

しかし、第二次世界大戦以前、ほとんど中東と接点のなかった米国をはじめ、戦勝諸国の大半は、そうしたパレスチナの事情を全く理解しようとはしなかった。

否、むしろ、侵略者の独裁国家を打倒して自由と民主主義を守ったことが、自分たちの戦争の大義であると主張する必要から、彼らは、ナチス・ドイツの蛮行、特に、ユダヤ人迫害とその犠牲を強調し、彼らが救い出した〝かわいそうなユダヤ人〟に救いの手を差し伸べなければならないと信じていた。こうした視点からすれば、パレスチナの土地を〝かわいそうなユダヤ人〟に与えることは無条件に善行であるという短絡的な結論しか生じない。

かくして、ユダヤ系難民の受け入れに慎重なパレスチナ当局の姿勢は、パレスチナの現実を知らない戦勝国の善男善女から批判を浴びただけではなく、〝大英帝国〟の一員として英国の戦争を戦ったパレスチナのユダヤ系住民のさらなる不満を醸成。シオニスト過激派による反英闘争も激化の一途をたどることになる。

国連によるパレスチナ分割案（1947年）

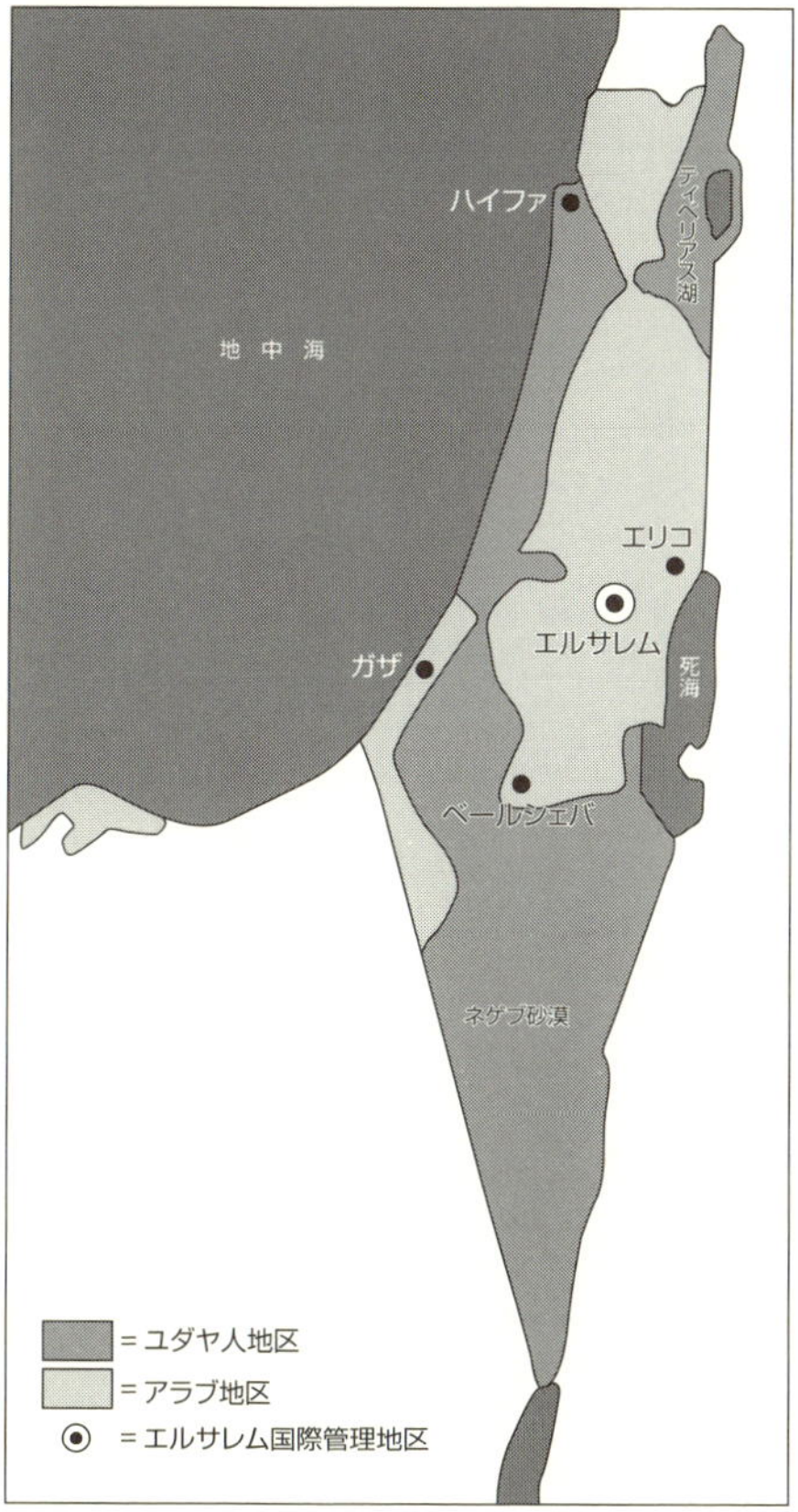

その結果、シオニストの反英テロに手を焼いたイギリスは、ついに自力でのパレスチナ問題の解決を放棄。一九四七年二月、国際連合（以下、国連）に問題の解決を一任すると一方的に宣言してしまう。

まさに、〝英委任統治領パレスチナ〟の終わりの始まりであった。

イスラエル国家は混沌の中から誕生した

一九四七年二月、英国がパレスチナ問題の解決を国連に一任すると一方的に宣言したことを受けて、同年五月、国連にパレスチナ問題特別委員会が設立された。同委員会は同年八月三十一日、パレスチナにアラブ、ユダヤの二独立国を創設し、エルサレムとその周辺は国連信託統治下に置くというパレスチナ分割案を多数派意見として発表。この分割案は、ユダヤ人国家の創設に同情的であった米国のみならず、国内のユダヤ人をパレスチナへ入植させることで中東地域に影響力を扶植しようと考えていたソ連の賛成もあり、同年十一月二十九日、国連決議第一八一号として採択された。

しかし、分割案は当時、全体の一割の土地を所有していたに過ぎないユダヤ系住民に対して、東地中海の肥沃な農耕地を含むパレスチナ全土の半分以上が与えられるというもので、アラブ系住民にとっては、とうてい承服しがたいものであった。しかも、この分割案の作成に際しては、当事者であるパレスチナのアラブ系住民の代表が意見を求められることはなかった。この結果、アラブ地域では、国連決議が採択された十一月二十九日は「服喪と圧政の日」とされ、パレスチナ全土で反シオニストの武装闘争が再開される。

こうして、アラブ系住民とシオニストとの間でテロの応酬が繰り広げられ、パレスチナ全土は事実上の内戦に突入したが、パレスチナの治安に責任を負うべきはずの英国は、英国人兵士や警官の死傷が相次いだことを理由に、一九四七年十二月、先の国連決議で決められた八月一日という日程を二ヵ月半繰り上げ、一九四八年五月十五日をもってパレスチナから撤退すると発表。委任統治国としての責任を放棄し、自らの中東政策の失敗が招いた混乱を放置してパレスチナから逃げ出すことになった。

一方、多数のアラブ系住民がパレスチナからトランスヨルダンやシリアなどへと脱出し、今日に至るまで続く〝パレスチナ難民〟の問題が発生。アラブ諸国では難民となった同胞への同情から、パレスチナへの本格的な軍事介入を求める世論が形成されていった。この結果、一九四八年一月、シリアならびにトランスヨルダンからの義勇兵がパレスチナに到着。同年二月には、エジプト、トランスヨルダン、レバノン、シリア、サウジアラビア、イラクの六ヵ国がカイロで会議を開き、パレスチナでのユダヤ人国家の建設阻止の決議を採択。義勇兵の派遣を決定する。

これに対して、同年三月、シオニストたちは、パレスチナ分割の国連決議を受けて、テルアビブにパレスチナのユダヤ人居住区を統治する臨時政府〝ユダヤ国民評議会〟を樹立し、新国家樹立に向けての具体的なスタートを切った。

これと併せて、米国では在米シオニストの意を受けたヤコブセンの説得でトルーマンがハイム・ヴァイツマン（イスラエル建国後の初代大統領）と会見。

トルーマンは、

①ユダヤ人国家建設のために尽力すること

②新国家建国の暁にはそれを直ちに承認すること

をヴァイツマンに密約した。

一方現地では、シオニストたちが、英国撤退後の軍事的空白を利用して、軍事的にパレスチナを制圧する準備を進めていく。いわゆるダレット計画（パレスチナのアラブ社会を破壊してアラブ系住民を追放し、パレスチナ全土を制圧してユダヤ人国家創設を既成事実とすることをめざす計画）である。

内戦が激しさを増していくのを目の当たりにした米国は、ようやく、事態の深刻さを認識し、国連に対してパレスチナ分割決議の再検討を要請するとともに、ユダヤ、アラブ双方に停戦を要求した。このパレスチナ休戦決議案は、一九四八年四月一日、国連の安全保障理事会で採択されるが、もはや、両者の対立を止めることはできなかった。

さらに、四月九日から十日にかけて、シオニストがアラブの村デイル・ヤーシーンを襲撃し、二百五十四人もの村民を殺害する、いわゆるデイル・ヤーシーン事件が起こる。事件の後、身の危険を感じたアラブ系住民約十万人がパレスチナから脱出。国際社会の非難をよそに、ダレット計画は結果的に大きく前進する。

こうした状況の中で、シオニスト側による建国準備は着々と進められ、一九四八年五月に入ると、ユダヤ国民評議会は、テルアビブ、ハイファ、エルサレムの各郵便局でユダヤ国民基金の義捐証紙などにヘブライ語で〝郵便〟と加刷したものを、臨時の切手として発行し、自らの支配地域内で使用させ始めた。こうした暫定切手は、五月三日（一日説もある）から英国の委任統治が終了する同月十四日（一部では十五日）まで発売され、イスラエル建国宣言後の同月二十二日まで有効とされた。また、これらの切手は、ユダヤ人地区（間）においてのみ有効で、外国郵便には無効であった。

図44は、そうした暫定切手が貼られた郵便物で、

図 44　ユダヤ国民評議会の発行した暫定切手が貼られた郵便物。

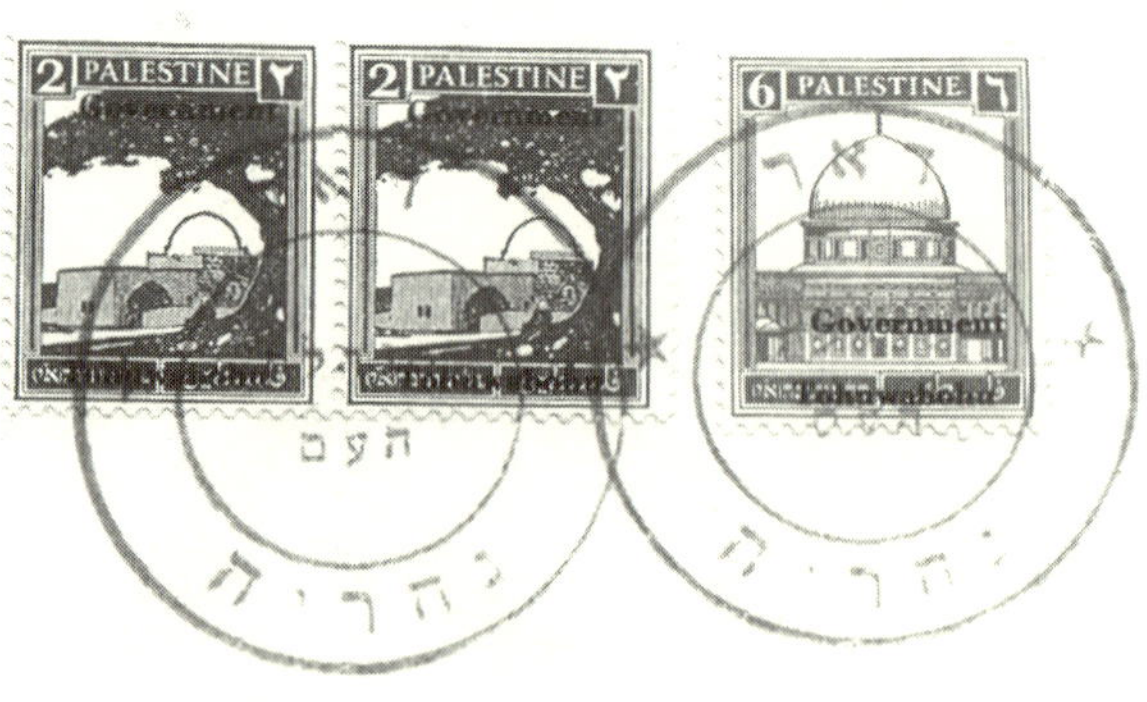

図 45　パレスチナ切手にユダヤ系ローカル加刷を施した切手の使用例。

テルアビブの切手商が（後に販売品とするために）自分宛に差し出したものである。押されている消印は、外側の円に郵便とテルアビブの文字が、中央に「暫定政府」の文字が、それぞれ入っているのみで日付は入っていない。

また、郵便物の余白には、ユダヤの象徴であるダヴィデの星をはさんで、上下にシオニズム運動の父と呼ばれるテオドール・ヘルツルの『ユダヤ人国家』の一節（一八九六年二月十四日）と、パレスチナ分割によるユダヤ人国家の創設を決めた国連決議第一八一号（一九四七年十一月二十九日）の文字が入っており、イスラエル建国直前のシオニスト側の昂揚した雰囲気が伝わってくるようだ

また、地域によっては、義捐証紙ではなく、既存のパレスチナ切手にユダヤ系ローカル政府の加刷を施した切手が使われることもあった。

たとえば、図45は、パレスチナ北部、レバノンとの国境にも近い地中海岸のナハリヤで使われた切手で、英領パレスチナ切手に〝Government Tohu wa bohu〟と加刷した切手の使用例（部分）で、消印部分は、上記のテルアビブの郵便物と同じタイプの消印が押されている。ちなみに、ナハリヤは一九三三年から建設が始まったユダヤ系移民の入植地で、ハルツーム勤務の英国将校が休暇を過ごすリゾート地でもあった。

加刷に用いられている〝Tohu wa bohu〟は『旧約聖書』の「創世記」第一章二節「地は形なく、むなしく、やみが淵の表にあり、神の霊が水のおもてをおおっていた」のうちの〝形なく、むなしく〟の部分に相当する単語で、当時の混乱した状況の中で、英領パレスチナ当局があてにならないので、加刷文字によって、ユダヤ国民評議会側が自前の政府を樹立したという意思をアピールしようとしたものといえよう。

一方、地域によっては、既存の英領パレスチナ切手をそのまま利用し、消印のみ、ユダヤ国民評議会によるヘブライ語表示のものを使うケースもあった。

図46は、その一例で、一九四八年五月にネタニヤ

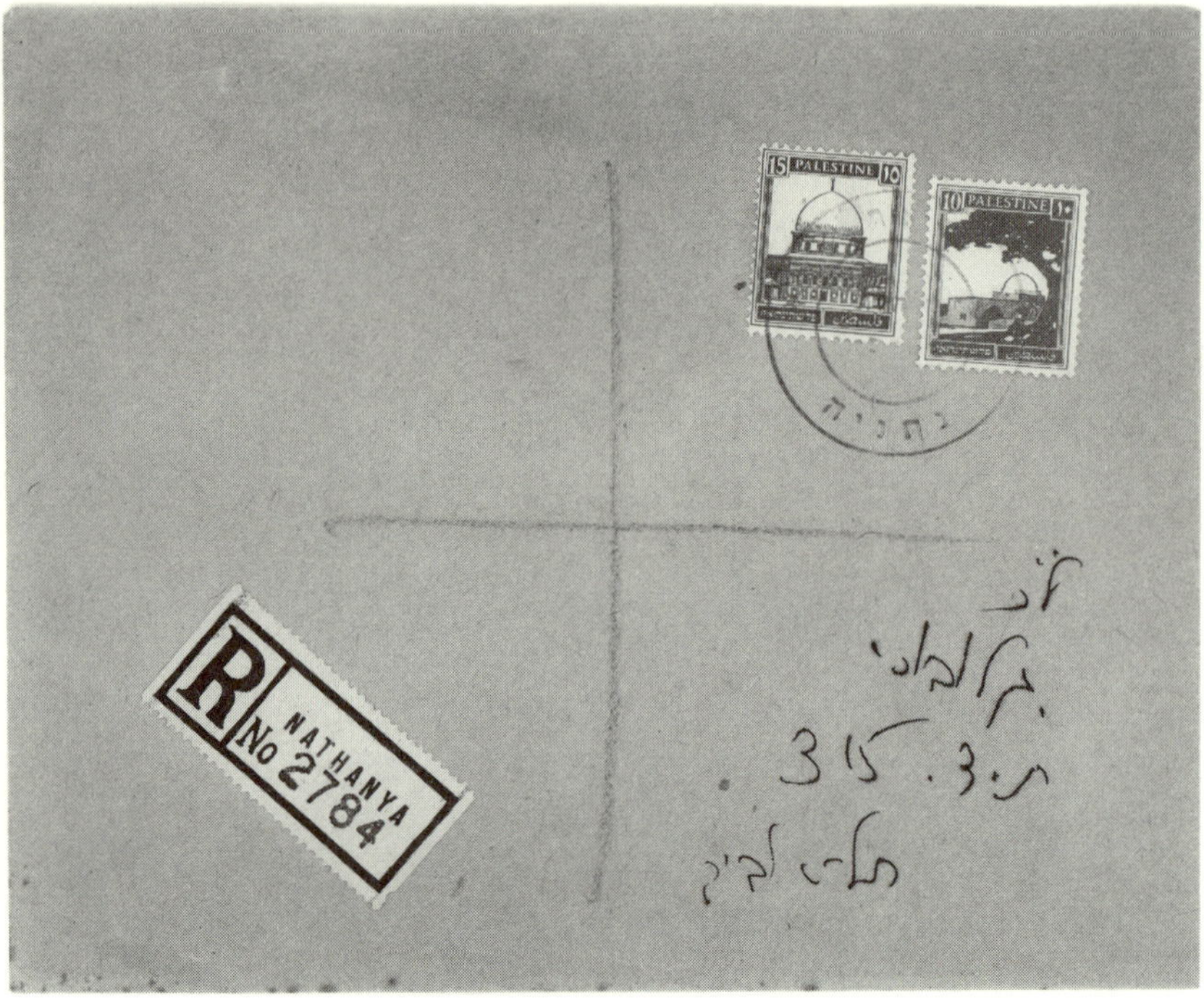

図 46　英領パレスチナの切手にユダヤ国民評議会の消印を押した過渡的な郵便物。

から差し出された書留便である。封筒には書状基本料金十ミリームと書留料十五ミリームをあわせた計二十五ミリーム分の切手が貼られているが、それぞれの内訳に相当する切手が一枚ずつ貼られているので料金計算がわかりやすい。

発信地のネタニヤは、テルアビブ北方三〇キロの地中海沿岸にあるユダヤ系移民の入植地で、地名は、イスラエルに多額の献金を行ったユダヤ系米国人のネイサン・ストラウスに由来する。

もともとは、一九二八年にブネイ・ビンヤミン協会の会員が三五〇エーカー（約一・四平方キロ）の土地を購入し、同年末に井戸が掘削されて開拓開始。一九三三年からは観光地としての開発も始まった。第二次大戦後の一九四七年には近郊のエベン・エフーダ村近くで、シオニスト武装組織のイルグンが、彼らの仲間三人が〝テロリスト〟として処刑されたことへの報復として、英国の諜報員を殺害（彼らによれば〝絞首刑〟）した兵長事件が起きたことでも知られており、イスラエルの建国後の一九四八年

図47　リション・レジオン地区で行われていた“装甲車郵便”で運ばれた郵便物。

図48　イスラエル最初の切手。

十二月三日には、イスラエル国家として最初の市に昇格したという土地柄でもある。

さらに、アラブ側との戦闘が激しく、外界との連絡が途絶する可能性のあった地域では、ユダヤ国民評議会の郵政組織とは別に、独自の特殊な郵便制度を導入して通信の確保を試みることもあった。

図47は、テルアビブ南方のリション・レジオン地区で行われていた〝装甲車郵便（アラブ側の襲撃に耐えられるよう、装甲車で郵便物を運ぶ制度）〟で運ばれた郵便物で、一九四八年五月六日、ナハト・イェフーダからテルアビブ宛に差し出されている。貼られているローカル切手に、装甲車とユダヤ兵士が描かれているのが生々しい。

こうして、騒然とした状況の中、パレスチナにおける英国の委任統治が終了する一九四八年五月十四日がやってきた。

同日午後四時六分（現地時間）、テルアビブの博物館でユダヤ国民評議会が開催され、イスラエル初代首相となったベングリオンが、「ユダヤ民族の天与の歴史的権利に基づき、国際連合の決議による」とするユダヤ人国家イスラエルの独立を宣言する。

ベングリオンの独立宣言を受けて、同日、米国のトルーマン政権は主要国の中で最初にイスラエルを承認。次いで、五月十七日にはソ連がイスラエルを承認した。

この間の五月十六日、イスラエル国家は古代の貨幣を描く建国後最初の切手（図48）を発行した。ただしこの切手には、「ヘブライ郵便」との表記はあるものの、「イスラエル」との表記は全くない。これは、切手の制作時にはまだ新国家の正式な国号が決定されていなかったことによる。

まさしく、〝Tohu wa bohu〟さながらの混沌の中で、イスラエルの独立宣言がいかに慌しい状況の下に行われたかということを、これほど雄弁に物語る証拠はあるまい。

第2章　東エルサレムとヨルダン

第一次中東戦争の勃発

一九四八年五月十四日、英国による委任統治の期限が切れるタイミングに合わせて、ユダヤ国民評議会はユダヤ人国家イスラエルの独立を宣言した。

一方、イスラエルの独立を認めない周辺のアラブ諸国（エジプト、トランスヨルダン、レバノン、シリア、イラク）は、即日、イスラエルに宣戦を布告。こうして、パレスチナの内戦は、イスラエルとアラブ諸国との第一次中東戦争へと拡大する。

図1は、イスラエル建国前後の混乱の中、一九四八年四月二十一日にニューヨークからエルサレム宛に差し出されたものの、配達不能で差出人戻しとなった郵便物である。封筒表面には、この郵便物が

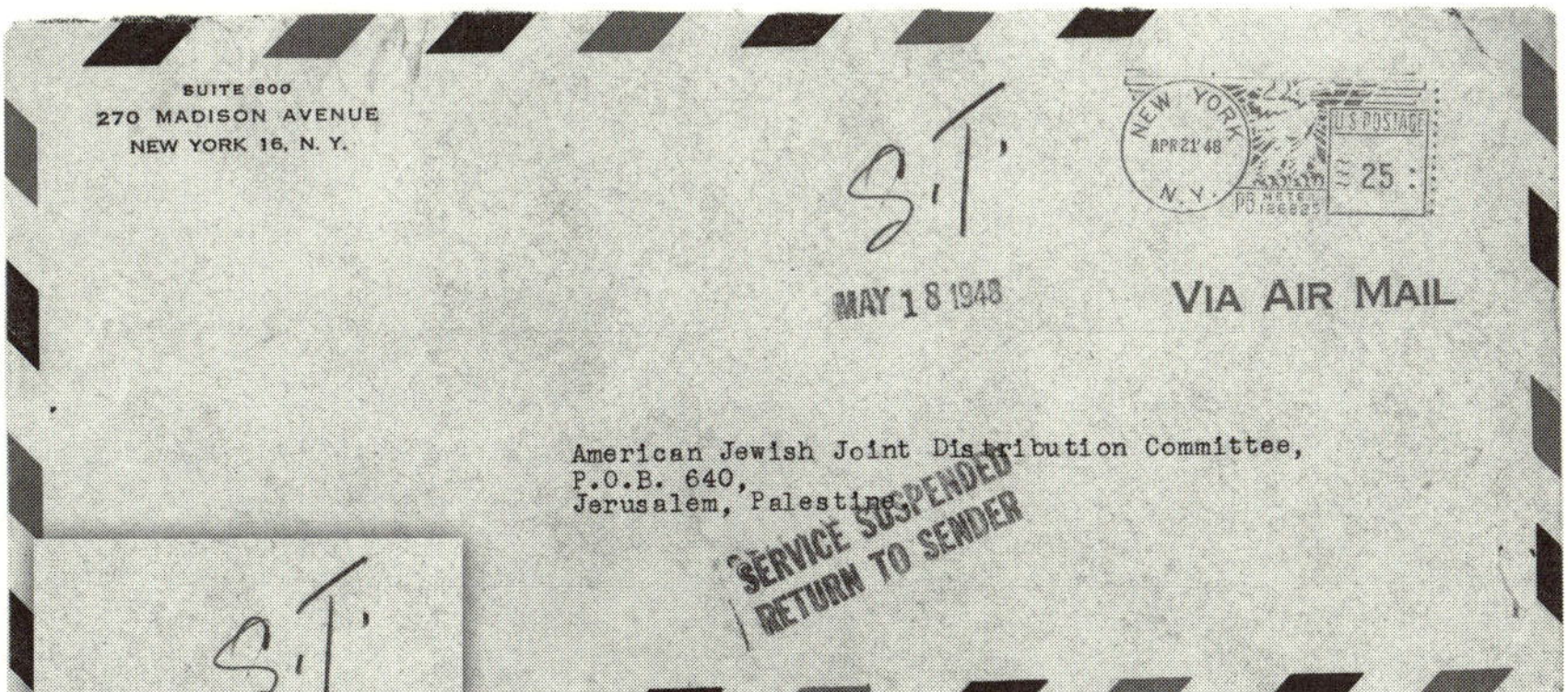

図1　第一次中東戦争の勃発に伴い、送達不能で差出人戻しとなったエルサレム宛の郵便物。

図２　エジプトが発行した“ガザ到着”の記念切手。

返戻《へんれい》されてきた際に押されたと思われる五月十八日の日付印が押されているが、エルサレム宛の郵便が取扱停止になったのは、開戦の影響によるものなのか、あるいはそれ以前から既に配達不能となっていたのか、これだけでは判然としない。ただ、いずれにせよ、第一次中東戦争勃発前後の混乱を物語る資料であることには間違いない。

開戦当時、アラブ側は兵員・装備ともにイスラエルを圧倒しており、緒戦の戦局はアラブ側有利で推移した。特に、トランスヨルダンの精鋭部隊、アラブ軍団は、イラク軍とともに、〝岩のドーム〟があるエルサレム旧市街（東エルサレム）を含むヨルダン側西岸地区を占領。終戦までこの地を保持した。一方、パレスチナに進駐したエジプト軍は、五月十五日、隣接するガザ地区を占領し、自国領に編入している（図2）。

一方、二十世紀以降に建設された新市街を中心とする西エルサレムはイスラエルが占領した。

図3は、こうした戦況の中で、イスラエルの捕虜となったアラブ側の兵士宛に差し出された郵便物である。

郵便物に切手が貼られていないのは、捕虜宛もしくは捕虜差出の郵便物（捕虜郵便と総称される）は料金無料で取り扱うことが、捕虜の待遇などを決めたジュネーヴ条約によって定められているからだ。

この郵便物は、いったんジュネーヴの赤十字社本部に送られた後（中央にはジュネーヴの赤十字本社の円形の印が押されている）、イスラエル支配下の西エルサレムの捕虜情報局へ送られた。

捕虜情報局は、捕虜の個人情報を管理する事務作業を行うセクションで、封筒右側のスタンプには、

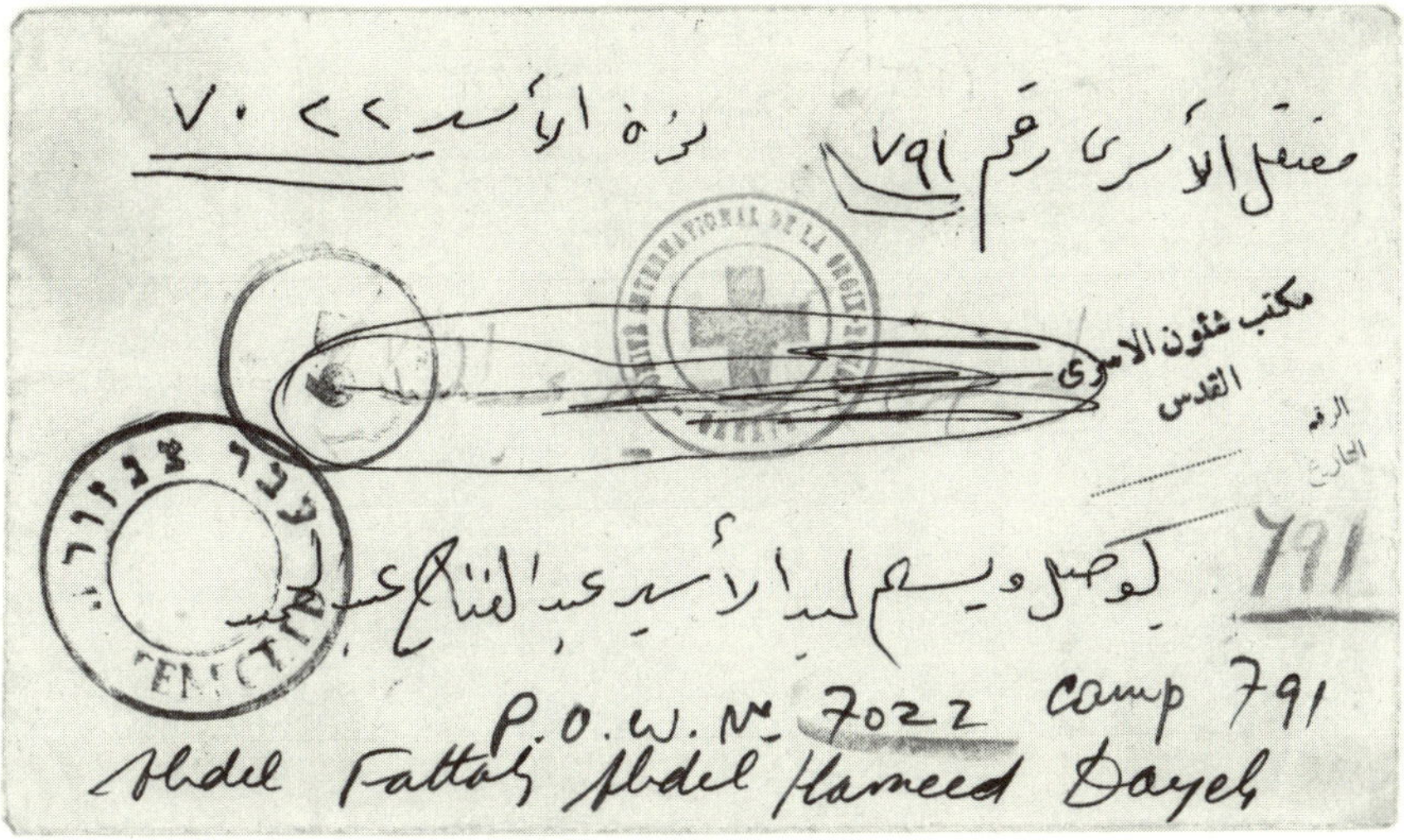

図３　第一次中東戦争時、イスラエルの捕虜となったアラブ兵宛のカバー。

アラビア語で〝捕虜情報局　エルサレム〟の表示の下、番号と日付を書き込むスペースが設けられている。情報局では、名宛人が第七九一収容所の捕虜番号七〇二二の人物であることを特定したうえで、収容所に郵便を引き渡した。そして、収容所での検閲を経て、ようやくこの郵便物は名宛人に渡された。なお、封筒の左下には、収容所で検閲を行ったことを示す円形の印（ヘブライ語と英語の二ヵ国語表記）が押されている。また、その上部に押されているD9の文字が入ったスタンプは、おそらく、収容所の所在地を示している。

さて、エルサレム旧市街を占領したトランスヨルダンは、第一次世界大戦後の旧オスマン帝国領の分割の過程で、一九二一年、英国がヨルダン川東岸地域に委任統治領として設定した区域である。トランスヨルダンという名は、もともとは〝ヨルダン川の向こう〟という意味だが、英国を基準に見ればヨルダン川東岸を意味する。

トランスヨルダンは一九四六年に英国から独立す

るが、この時点では、ヨルダン川西岸は同国の領土ではなかった。ところが、一九四七年五月三十一日、トランスヨルダンが発行した〝強制貼付切手〟には、ヨルダン川西岸、英国委任統治下にあったパレスチナ域内三ヵ所の風景が取り上げられているのが興味深い。

強制貼付切手というのは、戦争や災害などへの救済資金を集めるため、一定の期間、郵便物を差し出す際に、郵便料金用の切手とは別に貼付を義務づけるもので、日本では先例がないが、諸外国ではしばしばみられるものである。

さて、トランスヨルダンの強制貼付切手は、一九四五年に発足したアラブ連盟の提案で発行された。

アラブ諸国の地域協力組織を創設しようという具体的な動きは、もともと、第二次世界大戦中の一九四一年五月、アラブ諸国（委任統治下の自治政府等を含む）が枢軸側に就くことを避けるため、英外相アンソニー・イーデンが提案した。当時の欧州戦線はドイツ軍に有利な戦況であったことから、アラブ側は様子見の構えで静観していたが、連合国有利の戦況がほぼ確定した一九四三年二月になって英国が再提案すると、アラブ側がこれに反応し、具体化に向けて動き出した。

ただし、連盟に対するアラブ諸国の思惑はさまざまで、まさに同床異夢の状況にあった。

すなわち、アラブ随一の大国として、連盟設立の主導権を握っていたエジプトは、連盟はあくまでも国家間の緩やかな協力機構にするという意向を持っていたが、第一次世界大戦後のアラブ分割の結果として発足したトランスヨルダン、シリア、イラクの三国は、シリアからパレスチナに至る〝大シリア〟を統合したうえで、他のアラブ諸国との連合を目指そうと考えていた。このうち、ハーシム家の王朝であるトランスヨルダンとイラクは、ハーシム家による君主制の下、統制の強い国家連合を想定していたが、シリアは共和政体を主張していた。一方、キリスト教徒が人口の半数を占めるように設定されたレバノンは、アラブ諸国が統合されると、全体としてはマイノリティとなるキリスト教徒の権利が制約されることを恐れ、主権の移譲には絶対反対しており、サウジアラビアとイエメンは、そもそもアラブ連盟が実際に設立される可能性は低いと考えていた。

結局、エジプトが中心となってともかくも各国の妥協をまとめ、加盟国に対するいかなる強制力も持たない緩やかな地域協力機構として、一九四五年三月二十二日のアレキサンドリア議定書調印によって、アラブ連盟が結成された。

こうして結成されたアラブ連盟にとって、第二次世界大戦中から、シオニストとアラブの対立が激化する中で、生命・財産の危機にさらされているパレスチナの〝アラブ同胞〟を救済しようと主張することは、各国の立場の違いを超えて広く賛同を得られるものであった。このため、アラブ連盟は加盟各国に対して、パレスチナ救済のための義捐金を集めることを要請。そのための一手段として、トランスヨルダン政府は、一九四六年七月二十二日、強制貼付切手の発行を可能にする法改正を行ったうえで、パ

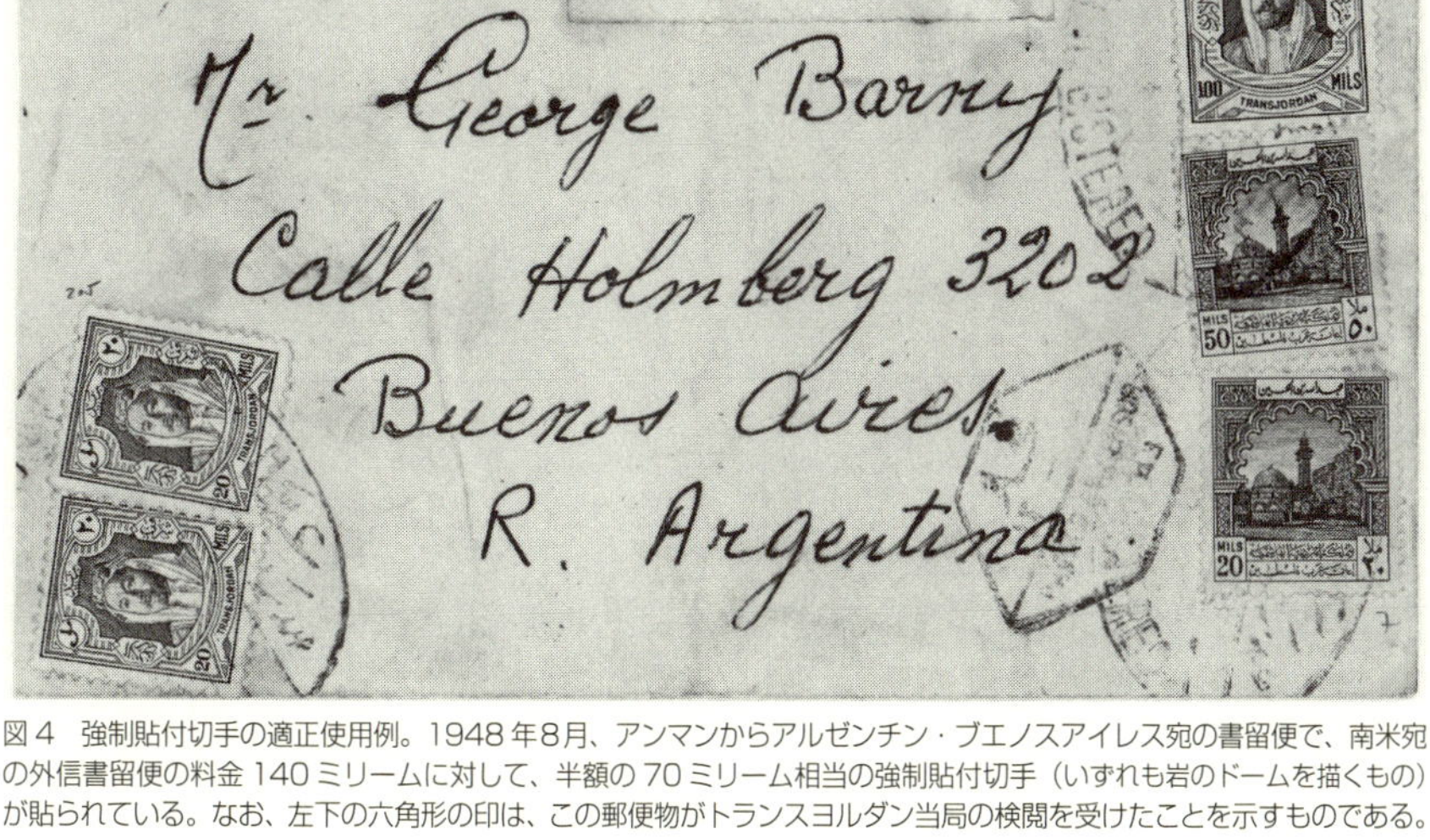

図4　強制貼付切手の適正使用例。1948年8月、アンマンからアルゼンチン・ブエノスアイレス宛の書留便で、南米宛の外信書留便の料金140ミリームに対して、半額の70ミリーム相当の強制貼付切手（いずれも岩のドームを描くもの）が貼られている。なお、左下の六角形の印は、この郵便物がトランスヨルダン当局の検閲を受けたことを示すものである。

レスチナの風景を描く強制貼付切手を発行し、郵便料金の半額相当の強制貼付切手を郵便物に貼ることを利用者に義務づけた（図4）のである。ただし、実際には郵便料金の半額以上の強制貼付切手が貼られた郵便物も少なくない。

さて、トランスヨルダンの強制貼付切手には、一ミリームから一ポンド（＝千ミリーム）までの十二額面。いずれも、英国のトマス・デ・ラ・ルー社製で、アンマン工芸学校の校長ヤークーブ・スッカルが制作した図案は、低額面の一、二、三、五ミリーム切手がヘブロンのイブラーヒーム（アブラハム）・モスク（図5）、中額面の十、十五、二十、五十ミリーム切手がエルサレムの岩のドーム（図6）、高額面の百、二百、五百ミリーム及び一ポンド切手がアッカ（アッコ）の風景（図7）である。それぞれの切手の製造数と実売数は表1の通りであった。

図5　ヘブロンのイブラーヒーム・モスクを描くトランスヨルダンの強制貼付切手。

図6　岩のドームを描くトランスヨルダンの強制貼付切手。

図7　アッカ風景を描くトランスヨルダンの強制貼付切手。

表1　トランスヨルダンの強制貼付切手

	製造数（枚）	実売数（枚）
1ミリーム	1,000,000	782,710
2ミリーム	1,000,000	825,000
3ミリーム	1,000,000	788,989
5ミリーム	5,082,500	4,182,500
10ミリーム	1,262,200	834,200
15ミリーム	2,241,100	1,863,100
20ミリーム	1,5685,00	798,208
50ミリーム	1,000,000	20,1341
100ミリーム	114,835	34,524
200ミリーム	100,000	13,759
500ミリーム	50,000	4,425
1ポンド	50,000	3,433

岩のドーム以外の切手の図案についても簡単に説明しておこう。

このうち、低額面の切手に取り上げられたモスクのあるヘブロンはヨルダン川西岸地区南端の都市で、現在はパレスチナ自治政府の統治下にある。旧約聖書の『創世記』によれば、〝(ユダヤ)民族の父母〟アブラハム、サラ、イサク、リベカ、ヤコブ、レアの六人がこの地のマクペラの洞穴に埋葬されたとされている。洞窟内には、ビザンツの支配下でキリスト教徒によって教会堂が建立されたが、後にムスリムの支配下でモスクに改修され、〝イブラーヒーム・モスク〟と命名された。切手には、そのモスクが取り上げられている。

一方、アッカはガリラヤ地方北部、地中海に面した港湾都市で、一一〇四年の第一回十字軍でボードゥアン一世が占拠して以来、二百年近くの間、十字軍の重要な拠点となっていた。十八世紀以降はオスマン帝国の支配下で港湾都市として発展し、第一次中東戦争後はイスラエル領となったが、アラブ系の住民が多数残った。

強制貼付切手に取り上げられた三ヵ所のうち、アッコを除く二ヵ所は、第一次中東戦争が勃発するや否や、トランスヨルダンのアラブ軍団が進駐し、占領している。

そもそも、第一次中東戦争に参戦したアラブ諸国の大義名分は、ユダヤ人国家イスラエルの建国を阻止し、パレスチナを解放することであった。しかし現実には、ガザ地区を占領したエジプトと同様、ヨルダン川西岸を占領したトランスヨルダンは、混乱に乗じ、パレスチナの犠牲の上に自国の権益を拡大しようという意図をもって参戦していた。

トランスヨルダンが、いつから英国撤退後のパレスチナ(の一部)を占領しようと企図していたかは定かではないが、結果的に、こうした切手が郵便物に貼られ、人々の間を流通している間に、そうした方針が固められ、戦争の勃発と同時にそれが実行に移されたことになる。

「シオニストの暴虐からパレスチナのアラブ同胞を

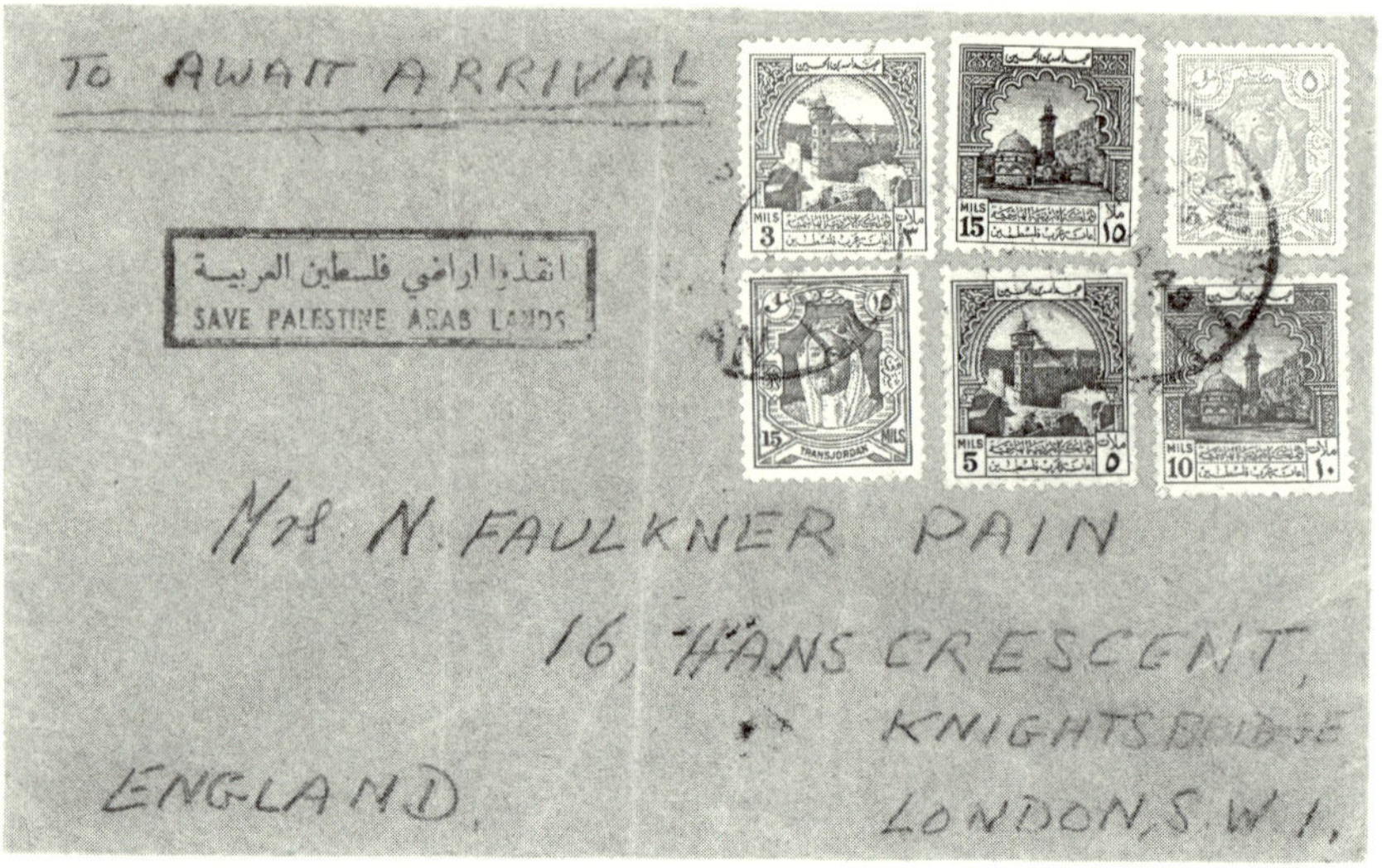

図８　“アラブの地、パレスチナを守れ”というスローガン印が押された郵便物。第一次中東戦争中の 1949 年にロンドン宛に差し出されたもので、強制貼付切手は、イブラヒーム・モスクを描く３及び５ミリーム切手、岩のドームを描く 10 及び 15 ミリーム切手が貼られている。

救え」ないしは「アラブの地、パレスチナを守れ」というスローガン（図8）は、自国の領土拡張の戦争にトランスヨルダンの国民を動員するうえで、一定以上の説得力を持つことになるだろうし、戦争の結果として、パレスチナに独自のアラブ国家が建国されなければ、トランスヨルダンが〝同胞のために〟パレスチナの占領地を管理するのは正当な行為であるというロジックも導き出されることになろう。
その意味では、トランスヨルダンの強制貼付切手は第一次中東戦争の前兆になっていたとみなすことも可能かもしれない。

トランスヨルダンからヨルダン・ハシミテ王国へ

第一次中東戦争の勃発後、緒戦のうちこそ旧パレスチナの一部を占領するなど攻勢にあったアラブ諸国だが、その優位は長くは続かなかった。開戦後間もない五月二十二日には、国連安保理が再びパレスチナ問題を議題として取り上げ、パレスチナ全域での軍事行動の即時停止の呼びかけを決議。これを受けて、国連の仲介により、六月十一日から七月八日までの四週間にわたり、第一次休戦が両軍の間で合意された。

イスラエルは、この休戦期間を最大限に利用し、五月二十八日に創設されたイスラエル国防軍を中心に態勢を建て直していった。その際、ソ連が、チェコスロヴァキアを通じてイスラエルに武器を供与し、イスラエルへの影響力を確保することに努めていたことは留意しておいてよいだろう。

一方、アラブ側では、休戦期間中に、各国の路線対立から指導部内の不協和音が表面化し始める。特に、パレスチナ地域の自国への併合をめざすトランスヨルダンに対しては、他のアラブ諸国からも大きな不満の声があがっていた。

当然、イスラエルはこうしたアラブ側の足並みの乱れに乗じて、緒戦での失地回復を目指して攻勢を展開する。この結果、第一次休戦期間後の七月十五日、国連が再び無期限の軍事行動停止とエルサレムの非軍事化を指示する決議を採択し、アラブ、イスラエルの双方がこれを受け入れて休戦合意が成立したものの、休戦合意は実質的に機能しなくなってしまう。

さらに、パレスチナ和平に尽力していたスウェーデン赤十字社のフォルケ・ベルナドッテ総裁がシュテルンの残党によって暗殺されたこともあり、国際社会はイスラエルへの制裁を求めるようになる。

しかし、イスラエル側は国際世論の非難や国連による停戦履行の勧告を無視して、十月十六日、シナイ半島のネゲブ砂漠でエジプト軍への総攻撃を開始。緒戦の失地を回復したばかりか、国境を越えてエジプト領内に侵攻した。

イスラエルが英委任統治時代の旧パレスチナの領域をも越えてしまったことで、国際社会は戦争の推移に大いなる危惧を抱くようになった。特に、イスラエルと隣接するエジプトを実質的な支配下に置いていた英国の危機感は深刻であった。こうしたことから、一九四九年一月一日、英国は、イスラエル駐在の米国大使を通じて、「イスラエル軍がエジプト領内から撤退しない場合、英国は一九三六年の英国＝エジプト条約に基づいてエジプト軍を支援する」と通告し、イスラエル軍にシナイ半島からの撤収を強く求めた。

このため、イスラエル有利の戦局が確定したこともあって、イスラエルも戦争終結に向けて譲歩の姿勢を示すようになった。

結局、一九四九年二月二十三日、エジプトがイスラエルとの休戦条約を調印したのを皮切りに、三月二十三日にはレバノンが、四月三日にはトランスヨルダンが、七月二十日にはシリアが、それぞれ、休戦条約を調印。これら各国とイスラエルとの停戦ラインが事実上の〝国境〟となり、イスラエル国家の存在が認知されるようになった。こうした流れの中で、同年五月、イスラエルは国連に加盟する。

エルサレムに関しては既に述べたように、旧市街を含む東エルサレムはトランスヨルダンの支配下に置かれ、二十世紀以降に建設された新市街の広がる

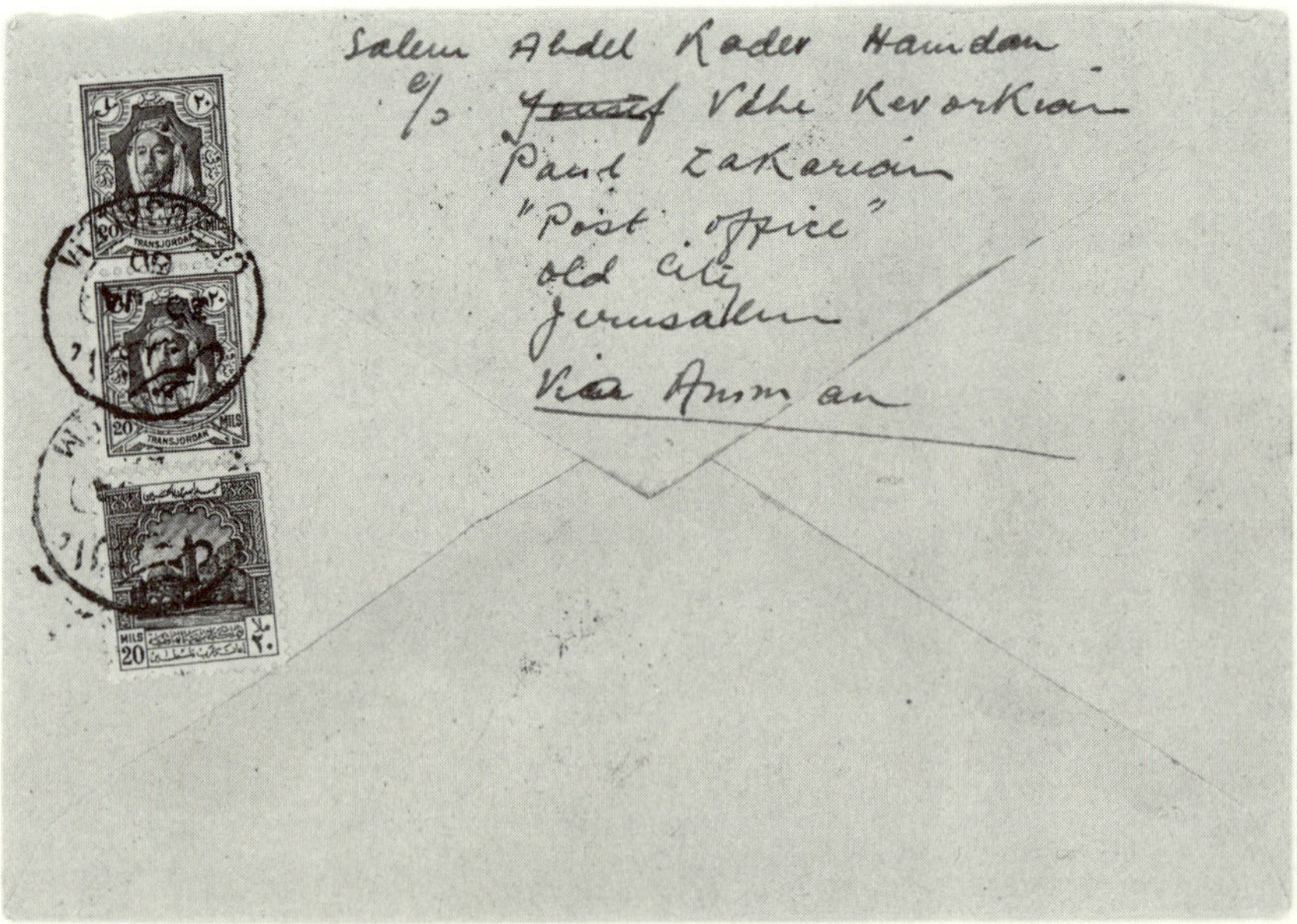

図10 〝パレスチナ〟加刷の国王肖像切手（20ミリーム切手×2）と同加刷の強制貼付切手（岩のドームを描く20ミリーム切手）を貼ってエルサレムから差し出し、アンマン経由でロンドンまで逓送された郵便物。差出人の住所表示が〝エルサレム旧市街〟となっている点にも注目したい。

西エルサレムがイスラエルの領土となった。

　既に一九四八年十二月一日、トランスヨルダンの占領下に置かれていたヨルダン川西岸地区では、現地の親ヨルダン派のパレスチナ人指導者が死海北西岸のイェリコでパレスチナ・アラブ評議会を開催し、トランスヨルダン国王アブドゥッラーを〝全パレスチナ人の王〟とし、同国王に対して西岸地区のトランスヨルダンへの併合を要請する決議を採択していた。これを受けて、同月十三日、トランスヨルダン議会はイェリコでの評議会の決議を全会一致で承認。西岸地区の併合に向けて着々と準備を進める。

　その一環として、早くも十二月二日（イェリコでの評議会の翌日）、トランスヨルダン郵政はヨルダン川西岸地区で使用するため、国王アブドゥッラーの肖像を描く普通切手ならびに強制貼付切手に英語とアラビア語で〝パレスチナ〟と加刷した切手（図9・10）を発行。エルサレム旧市街のみならず、ラマッラー、ヘブロン、イェリコ、ジェニン、トゥル

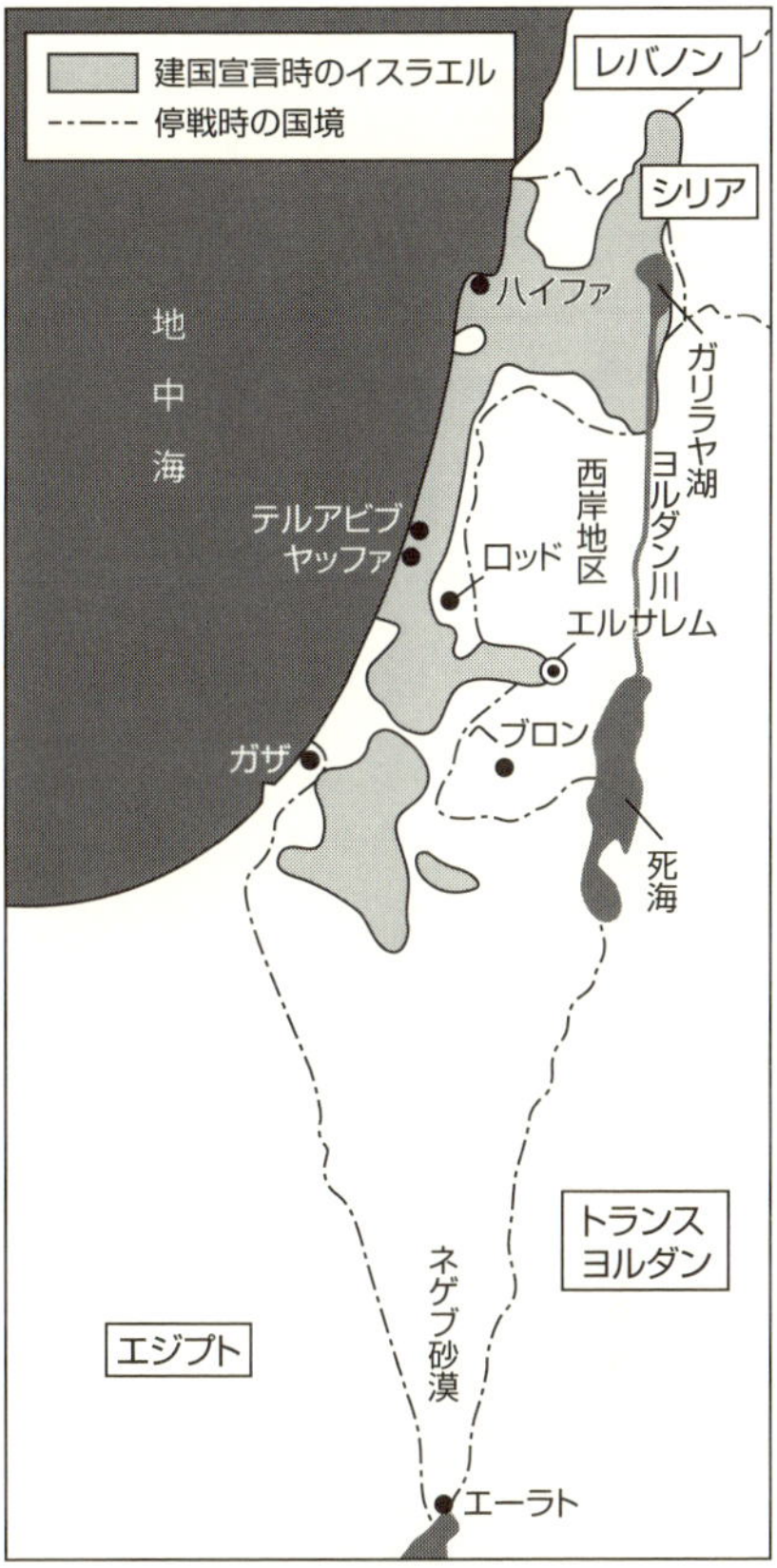

第一次中東戦争停戦後のイスラエル

図9　アブドゥッラー国王の肖像を描く“パレスチナ”加刷切手。

図11　“パレスチナ”逆加刷の切手。

カレム、ベツレヘム、ナーブルス等の主要都市とその周辺で加刷切手を使用させ、この地域が実質的には既に自国領となっていることを内外に示している。なお、〝パレスチナ〟の加刷は、当初はベイルートのカトリック新聞社で行われたが、後にはアンマンで行われた。ただし、アンマンでの加刷作業は品質管理が甘く、二重加刷や逆加刷などの〝エラー〟も多い（図11）。

　さて、イスラエルとの休戦協定成立後の一九四九年六月、トランスヨルダンはヨルダン川西岸地区と東エルサレムを併合し、新国家〝ヨルダン・ハシミテ王国〟の建国を宣言した。ヨルダン川の両岸を領有したことに伴い、〝川の向こう側（東側）〟を意味する〝トランス〟が削除されたわけで、これが現在のヨルダン国家となる。

　なお、国名変更後も、当面は従来からの〝トランスヨルダン〟名義の切手がそのまま使われていたが、一九五〇年九月十六日に発行された航空切手（図12）では国名表示が〝ヨルダン・ハシミテ王国〟に変更されている。

　トランスヨルダン郵政による航空郵便は、一九四七年十一月十二日、アンマン＝ベイルート間で創設され、一九四八年一月十五日にカイロまで延伸された。当時の料金は十グラムまでの基本料金は二十五ミリームである。当時、シリア、レバノン、エジプト、イラクの各国では航空郵便用の切手（航空切

図12　1951年に発行されたヨルダン最初の航空切手。

手）を発行していたため、トランスヨルダンでもこれに倣い、最初の航空切手が発行されることになったが、一九四八年五月に第一次中東戦争が勃発したため、実際の切手発行は一九五〇年九月十六日までずれ込んだ。

この間、トランスヨルダンはヨルダン・ハシミテ王国となったため、航空切手には新国名が表示されることになり、結果的に、この切手が〝ヨルダン・ハシミテ王国〟表示の最初の切手となった。

また、この航空切手は、額面表示がミリームからフィルスに変更された最初の切手でもある。

すなわち、英統治時代を含むトランスヨルダンの時代、この地域で流通していた通貨は英委任統治下のパレスチナと同じくパレスチナ・ポンドであった。一九四六年五月二十五日、トランスヨルダンが独立すると、独自通貨の発行が計画され、その具体的な手続きとして、一九四九年第三十五号臨時法令が制定された。同法により、ヨルダン通貨委員会が創設され、一九五〇年七月一日、新通貨としてパレスチナ・ポンドと等価のヨルダン・ディナールが創設された。これに伴い、それまでのパレスチナ・ポンドは同年九月三十日をもって廃止された。なお、ヨルダン・ディナールの補助通貨にはディルハム、ピアストル、フィルスの三種があり、一ディナール＝十ディルハム＝百ピアストル（カルシュ）＝千フィルス）である。

図13は、一九五一年六月二十五日、前年発行の航空切手を貼ってアンマンからレバノンのトリポリ宛に差し出された航空便だが、あわせて、岩のドームを描く強制貼付切手も貼られている。

この航空便に貼られている強制貼付切手は、この航空便が差し出される直前の六月四日に発行されたもので、やはり、国名表示が〝ヨルダン・ハシミテ王国〟（ただし、英語表示はなくアラビア語のみ）となっており、額面も新通貨にあわせてフィルスになっている。なお、トランスヨルダン時代に発行された強制貼付切手の風景は、当時はいずれも〝外国〟のものであったが、ヘブロンのイブラーヒー

図 13 “ヨルダン・ハシミテ王国”表示の航空切手と強制貼付切手が貼られたレバノン宛の郵便物。

ム・モスクと岩のドームはヨルダン・ハシミテ王国の領土となっていたという点も見逃せない。

　このように、トランスヨルダンがヨルダン川西岸を併合し、ヨルダン・ハシミテ王国になったことを受け、切手や郵便にもそうした変化が反映されることになり、ヨルダンの新体制は人々の生活にも浸透していった。

　しかし、パレスチナ人の中には、ヨルダンへの併合を潔しとしない者も少なくなかったうえ、戦争を通じて一人大幅に版図を拡大したヨルダンに対して周辺アラブ諸国は大いに反発。一九五一年七月二十日、国王アブドゥッラーはエルサレムのアクサー・モスク（このモスクの北側一三〇メートルの場所にあるのが〝岩のドーム〟である）で金曜礼拝の最中に暗殺され、息子のタラールが第二代国王として即位する。

図 14 “ヨルダン統一”の記念切手。

こうした混乱の余波で、新国家成立の記念切手発行も大幅に遅れ、〝ヨルダン統一〟の記念切手（図14）がようやく発行されたのは、新国家の正式な成立から二年も経過した一九五二年のことであった。

〝ヨルダン統一〟の記念切手は、ヤークーブ・スッカルが原画を制作し、ロンドンのトマス・デ・ラ・ルー社で印刷された。ヨルダン川を挟んで、新たに領土に加わった西岸のエルサレムを象徴する岩のドームと、旧トランスヨルダンを象徴するペトラの遺跡を並べて描き、中央に「ヨルダン統一記念　1950年4月24日」の記念名を配するデザインで、同図案で額面ごとに刷色を変えた九種セットの構成であった。

いずれにせよ、第一次中東戦争の結末は、その契機となった一九四七年十一月の国連決議第一八一号と比べて、パレスチナのアラブに対して、はるかに大きな犠牲を強いるものとなった。

すなわち、国連決議ではパレスチナを分割し、アラブ国家とユダヤ国家を創設することになっていたが、アラブ国家は実際には創設されず、イスラエルのみが成立した。また、エルサレムを国連の信託統治下に置くというプランも、東西エルサレムがイスラエルとヨルダンによって分割されることにより、実現されないままに終わっている。

その後、アラブとイスラエルは四次にわたる中東戦争を展開することになるが、アラブ側が掲げていた〝パレスチナ解放〟の大義を当初から踏みにじっていたのは、ほかならぬアラブ諸国の側であったことは留意しておく必要がある。

ヨルダン切手と岩のドーム

一九五一年七月二十日、ヨルダン・ハシミテ王国としての初代国王アブドゥッラーが暗殺され、息子のタラールが第二代国王として即位する。

タラールの戴冠式は九月六日に行われ、これに合わせて、彼の肖像を描く記念切手の製造がロンドンのトマス・デ・ラ・ルー社に発注された。当然のこ

図15　アブドゥッラー国王・フィルス額面加刷切手。

図17　岩のドームを描く強制貼付切手（ミリーム額面）にフィルス額面を加刷した切手。

図16　アブドゥッラー国王の肖像に“ヨルダン・ハシミテ王国”ならびにフィルス額面表示の切手。

図18　タラールの肖像を取り上げた切手は不発行に終わった。

となから、記念切手の発行は即位当日には間に合わないので、即位一周年の一九五二年九月に発行する予定だったのだろう。

このため、一九五二年二月、当面の暫定的な措置として、アブドゥッラー国王の肖像を描くトランスヨルダン時代の切手に、ベイルートのカトリック新聞社でフィルス額面を加刷したもの（図15）が同月二十六日から発売された。またこれと並行して、とりあえず、肖像部分はアブドゥッラー国王のまま、国名表示を〝ヨルダン・ハシミテ王国〟（アラビア語と英語のバイリンガル）、額面表示をフィルス表示に変更した正刷切手（図16）の製造が、ロンドンのブラッドバリー・ウィルキンソン社に発注された。

さらに、ヨルダンの支配下で、ヨルダン川西岸地区の状況が比較的落ち着いてきたこともあり、一九五一年末をもって強制貼付切手の使用は終了したが、それに伴い、在庫として残されていたパレスチナ・ポンド額面の切手に、新たにヨルダン・ディナールの額面を加刷し、普通切手に貼用することも行われた（図17）。

これらの切手は、新国王タラールの肖像を描く新切手が発行され、流通するまでの暫定的なものと考えられていたが、一九五二年八月十一日、タラールは精神疾患を理由に議会によって廃位されてしまう。このため、タラールの肖像を描く切手（図18）も発行中止となり、既に印刷済みの切手の大半は焼却処分となった。

タラールの廃位により、王位は息子のフサインによって継承されるが、すぐにはフサイン新国王の肖像切手は手配できず、当面は、引き続き暫定的な切手の使用が継続されることになった。

しかし、ヨルダン川西岸地区の併呑によって従来よりも大量の切手が必要になっていたことに加え、ブラッドバリー・ウィルキンソン社に発注された正刷切手の数は、あくまでも当座の需要を満たすためのものでしかなかったため（もっとも大量に製造された五フィルス切手でさえ、わずか八万四千百枚しか印刷されていない）、ヨルダン国内ではすぐに切手の在庫が底をついてしまった。

このため、一九五三年五～六月にかけて、郵便需要の多かった首都のアンマンとエルサレムでは、切手に代えて図19に示すような〝料金収納済み〟の印

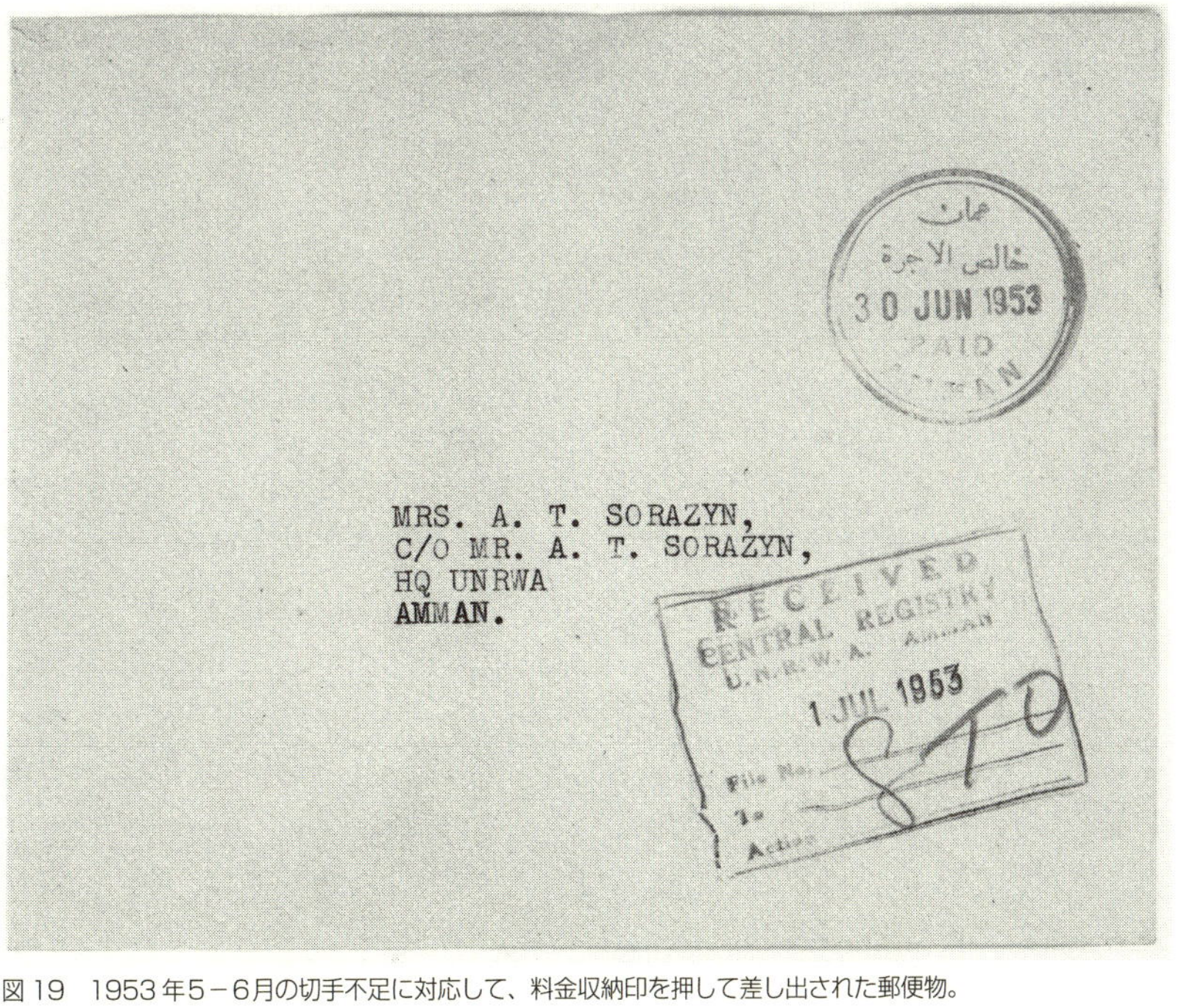

図19　1953年5－6月の切手不足に対応して、料金収納印を押して差し出された郵便物。

表2 〝ヨルダン統一〟の記念切手各額面

	製造数（枚）	実売数（枚）	売れ残り在庫（枚）
1フィス	224,071	178,687	44,876
2フィス	220,461	130,144	89,261
3フィス	235,796	99,984	134,940
4フィス	217,616	149,487	67,116
5フィス	335,296	293,928	40,596
10フィス	338,436	311,615	24,261
20フィス	330,486	291,694	38,136
100フィス	131,172	19,682	110,622
200フィス	93,603	8,709	83,903

図20 “ヨルダン統一”の記念切手の記念銘を防戦で抹消して普通切手に転用したもの。

図22 1954年から発行された普通切手のうち、岩のドームを描く10フィルス切手。

図21 岩のドームを描く強制貼付切手に“郵便”の文字を加刷した暫定切手。

を郵便物に押すことで対応していた。

さらに、これと並行して、一九五二年四月一日に発行されたものの、比較的在庫が残っていた〝ヨルダン統一〟の記念切手の記念銘を棒線で抹消して、一九五三年五月十八日以降、普通切手として流通させることも行われた（図20）。

ちなみに、〝ヨルダン統一〟の記念切手各額面の①製造枚数、②実売数、③売れ残り在庫のうち、記念名を抹消して普通切手として発売された枚数は表2の通りであった。

さらに、これでも切手の不足を解消することができなかったため、一九五三年六月には、一九四七年に発行された強制貼付切手に、アラビア語と英語で〝郵便〟を意味する加刷を施し、普通切手として再発行することも行われた（図

21)。

このように、過去に発行された切手の在庫をかき集め、各種の加刷を施すことで急場をしのぐという状況は、一九五四年二月九日から、ブラッドバリー・ウィルキンソン社製の新たな普通切手が発行されるまで続いた。

さて、一九五四年から発行された新普通切手は一フィルスから一ディナールまでの全十三種セットで、国王の肖像やヨルダン国内の名所旧跡などが取り上げられているが、このうちの十フィルス、十五フィルス、二十フィルスの各額面には岩のドームが描かれている（図22）。

このように、トランスヨルダンからヨルダン・ハシミテ王国への体制変革に伴う一連の混乱の時代を通じて、ヨルダンの切手には、岩のドームが頻繁に登場している。

エルサレム旧市街を含むヨルダン川西岸を版図に加えることによって成立したヨルダン・ハシミテ王国にとって、西岸地区の象徴として、切手という国家のメディアにおいて全世界に発信するための素材としては、やはり、岩のドームに勝るものはなかったということなのだろう。

教皇の聖地訪問

一九五六年のナセルによるスエズ運河の国有化宣言とそれに続く第二次中東戦争（スエズ動乱）の結果、英仏軍の攻撃をしのぎ切ったエジプトのナセル政権とそのイデオロギーであるアラブ民族主義はピークに達し、ナセル政権を支援してきたソ連に対するアラブ諸国（特に、民族主義政権）の親近感は急速に増大していった。

こうした事態を憂慮した米国のアイゼンハワー政権は、一九五七年一月、議会に対して中東基本政策（アイゼンハワー・ドクトリン）を提出する。

アイゼンハワー・ドクトリンは、「中東の聖地が無神論的唯物主義を讃える支配の下に屈するのを座視することはできない」としたうえで、

①国家の独立を支える経済力を確立させるため、中東のいかなる国にも援助を与える
②希望する国に対しては軍事援助のための計画を立案する
③国際共産主義に支配されている国々からの武力による侵略に対して、支援を求める国に米軍を派遣する
④経済的・軍事的援助供与のための大統領の権限を強化する

ことを主要なポイントとしていた。

はたして、アイゼンハワー・ドクトリンの発表から間もない一九五七年四月、まさに聖地エルサレム（旧市街）を支配下に置くヨルダンで、政府軍の一部による反国王の反乱が発生する。

この時の反乱は、シリアのアラブ民族主義政権がヨルダンの王制転覆をねらって企画したものだった。アラブ民族主義の究極の目標は、西洋列強によって分断された現在のアラブ諸国を再統合し、イスラエルを解体してアラブの統一国家を建国することにあったが、そのためには、既存の（アラブ世界の）国際秩序を受け入れている親西側政権を打倒しなければならないというロジックが導き出される。この文脈においては、英国による中東分割の過程で誕生したヨルダンの親英王制は、まさしく格好の標的であった。

これに対して、国王フサインは反王制クーデターを国際共産主義による介入として米国に支援を要請。冷戦思考の只中にあった米国は、ヨルダンからの要請に何ら疑念を差しはさむことなく、アイゼンハワー・ドクトリンを発動し、地中海の第六艦隊を派遣。さらに、サウジアラビア（アイゼンハワー・ドクトリンを支持し、米国の軍事援助を受け入れていた）もヨルダンを支援し、反乱は間もなく鎮圧され、ヨルダンは〝中東の聖地〟の管理者として、西側社会からのお墨付きを得ることに成功する。

こうした経緯を踏まえて、一九六四年一月四日、ローマ教皇パウロ六世が、エルサレム旧市街、ベツレヘム（以上、ヨルダン領）、ナゼレ（イスラエル

図23　教皇の訪問を記念して、訪問当日、アンマン＝ローマ間のエアメールで運ばれた郵便物。封筒には空港での教皇を撮影した写真が印刷されており、ヨルダン発行の岩のドームの切手が貼られている。

領）の三聖地を訪問した。現地滞在時間はわずか十一時間だったが、教皇自身による聖地訪問は、史上初のことである。さらにいえば、教皇がその在位の期間中にイタリアを離れたのも、さらには、飛行機に乗ったのも、この時が初めてのことであった（図23）。

パウロ六世（本名ジョヴァンニ・バッティスタ・モンティーニ）は、一八九七年、北イタリアのサレッツォ生まれ。一九二〇年に司祭となり、第二次世界大戦中は、ヴァチカン国務長官ルイジ・マリオーネ枢機卿の下、イタリアのファシスト党やナチス・ドイツとの交渉などを担当する一方で、一九四四年にマリオーネ枢機卿が亡くなると、国務長官の代行としてレジスタンスの保護にも尽力。一九五三年にミラノの大司教に、一九五八年に枢機卿に任じられ、一九六三年、教皇ヨハネ二十三世の死去により教皇に選出された。

ヨハネ二十三世は、一九六二年からカトリック教会の近代化と刷新のため、第二ヴァチカン公会議を開催。公会議は、第一会期（一九六二年十月十一日―十二月八日）、第二会期（一九六三年九月二十九日―十二月四日）、第三会期（一九六四年九月十四日―十一月二十一日）、第四会期（一九六五年九月十四日―十二月八日）に分けて行われたが、ヨハネ二十三世は一九六三年六月に亡くなったため、第二会期以降は、後を継いだパウロ六世が取り仕切っている。

教皇の聖地訪問は、公会議の第二会期が終わった直後の一九六四年十二月、″純然たる個人の巡礼″として電撃的に発表されたが、実際には、当時はヴァチカンとの間に正式の国交がなかったヨルダン、イスラエル両国（ちなみに、ヴァチカンとイスラエルの国交樹立は一九九三年、ヨルダンとの国交樹立は一九九四年である）との間で、教皇の即位直後から入念に準備が進められていたはずだ。

事前に周到な準備が行われていたことをうかがわせるのが、一九六四年一月四日の教皇の聖地訪問当日にヨルダンが発行した四種の記念切手である。

図24　教皇の聖地訪問に際してヨルダンが発行した記念切手のうち、岩のドームを取り上げた35フィルス切手。

切手は四種セットで、左に教皇、右にヨルダン国王のフサイン一世の肖像を配するというフォーマットは各種共通だが、中央に取り上げられている風景はそれぞれ異なっている。具体的には、十五フィルス切手がアクサー・モスク、三十五フィルス切手が岩のドーム、五十フィルス切手が聖墳墓教会、そして八十フィルスがベツレヘムの聖誕教会である（図24）。エルサレムの聖地のうち、ユダヤ教の聖地である「嘆きの壁」は取り上げられていないが、これは、アラブ国家としてのヨルダンが″ユダヤ人国家″のイスラエルと敵対している以上、やむを得まい。

いずれにせよ、当時のヨルダンでは切手の製造は英国の印刷会社に委託されており、数ヵ月の準備期間が必要なことから考えると、教皇の訪問当日に記念切手を発行するためには、公会議の第二会期が始まった一九六三年九月の時点で、ヨルダン政府は教皇の聖地訪問を受け入れることを決定し、その準備に取り掛かっていたと考えるのが自然であろう。

ところで、教皇がこのタイミングでエルサレムを訪問したのは、もちろん、〝純然たる個人の巡礼〟ではなく、東方正教会の最大の権威であるコンスタンティノープル総主教（全地総主教）のアシナゴラスと会談することにあった。

アシナゴラスは、一八八六年、ギリシャ北西部のイピロス地方のヴァシリコ生まれ。一九一〇年に輔祭（主教・司祭の助手）になり聖職者としてのキャリアをスタートさせ、コルフ主教、南北アメリカ大主教を歴任し、一九四八年にコンスタンティノープル総主教に就任。以後、キリスト教の宗派を超えた結束を目指すエキュメニズムに積極的に取り組んだことで知られる。

エキュメニズムは、もともとはプロテスタントにおいて始まった運動だが、一九三七年、この運動を促進するための組織として、正教会を含む世界教会協議会設立の合意が成立した。ただし、カトリックは世界教会協議会には参加せず、第二次世界大戦の勃発もあり、協議会の成立は戦後に持ち越されることになった。

ところが、一九四七年末に国連でパレスチナ分割決議が可決されたのを機に、パレスチナが内戦状態に陥り、一九四八年五月にはイスラエルが建国を宣言して第一次中東戦争が勃発。キリスト教にとっての聖地も紛争の直接的な危機にさらされることになったこともあり、一九四八年八月二十三日、協議会は急ぎ設立されることになった。ちなみに「一九四八年のイスラエル建国以来、聖地の平和のために努力してきた」というのが協議会の自己認識である。

一方、当初エキュメニズムとは距離を置いてきたカトリックだが、一九五八年に教皇に就任したヨハネ二十三世は、エキュメニズムに熱心に取り組んだ。

すなわち、ヨハネ二十三世は、一五〇〇年代以来、初めて英国教会大主教をヴァチカンに迎え、正教会へも公式メッセージを送ったほか、東西冷戦の解決を模索し、一九六二年のキューバ危機においても米ソ双方の仲介に尽力している。カトリック教会の近代化をめざして、第二ヴァチカン公会議を開催したのも、こうした流れに沿ったものであった。

ヨハネ二十三世の後を継いだパウロ六世は、前教皇の遺志を継いでエキュメニズムにも取り組み、一九六三年の就任後ほどなくして、アシナゴラスに親書を送っている。何でもないことのようだが、ローマ教皇がコンスタンティノープル総主教に親書を送ったのは、実に一五八四年、教皇グレゴリオ十三世がイェレミアス二世に対して、グレゴリオ暦の採用に関しての書簡を送って以来、約三百八十年ぶりのことである。

その後、ヴァチカンとコンスタンティノープル総主教庁との水面下での接触は頻繁に行われるようになり、一九六三年末、パウロ六世の聖地訪問が発表されると、これに呼応する形でアシナゴラスがエルサレムを訪問し、旧市街の東に位置するオリーブ山での歴史的な直接会談が実現。パウロ六世とアシナゴラスとの会談では、一〇五四年の相互破門（総主教ミハイル一世と教皇レオ九世が互いに相手を破門したとされる事件）の解消が宣言された。

もちろん、教皇と総主教が相互破門の解消を宣言したところで、長年にわたるカトリックと正教会の溝が直ちに埋まることはなく（実際、正教会内の保守派はこの点に関してアシナゴラスを厳しく批判している）、あくまでも儀礼的なものではあったが、キリスト教史に残る事件であることには違いない。

教皇と総主教の会談を受け、ヨルダン郵政は急遽、会談の成功を記念する切手の制作を開始し、九月十八日、十フィルス、十五フィルス、二十五フィルス、五十フィルス、八十フィルスの五種類セットを発行した（図25）。

切手のデザインは全て共通で（ただし額面によっ

図 25　ローマ教皇とコンスタンティノープル総主教の会談【成功】を記念してヨルダンが発行した記念切手。

て色が違う）、オリーブ山から眺めたエルサレムの旧市街を背景に、左から、パウロ六世、フサイン国王、アシナゴラスの三人の肖像を配している。パウロ六世とフサインの間にはアクサー・モスクが、フサインをアシナゴラスの間には岩のドームが描かれているのがミソだ。

イスラム世界では、二大聖地であるメッカ・メディナの管理者として、毎年イスラム歴十二月のメッカ大巡礼を無事に取り仕切ることができる者こそが〝イスラムの盟主〟と見なされている。かつてのアッバース朝しかり、オスマン帝国しかり、さらに、現在のサウジアラビアしかり、である。

こうした思考回路に基づくのなら、〝巡礼者〟としてエルサレムにやってきた教皇を受け入れ、無事に帰還せしめたヨルダン政府は、そのことによって、自分たちが聖地エルサレムの正統な管理者であることを証明したことになる。

当然のことながら、ヨルダン政府としては、そのことを広く内外にアピールするための手段として、

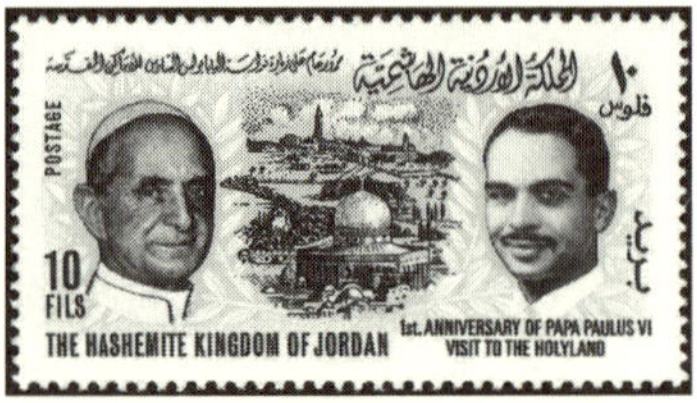

図26　ローマ教皇の聖地訪問1周年を記念してヨルダンが発行した記念切手。

国家のメディアである切手を最大限に活用する。その際、イスラム教徒が国民の多数を占めるという環境を考えれば、聖地エルサレムのアイコンとして、〝岩のドーム〟が優先的に選ばれるのは自然な成り行きといえよう。

ちなみに、教皇の聖地訪問一周年を記念して一九六五年に発行された記念切手（図26）にもまた、岩のドームを挟んで微笑むパウロ六世とフサインの肖像が描かれている。

第三次中東戦争前夜

ところで、ローマ教皇パウロ六世のエルサレム訪問は一九六四年一月四日のことだったが、その直後の一月十三日、カイロではアラブ連盟首脳会議が開催された。

会議の結果、連盟として対イスラエル闘争の統一司令部を設置するという方針が決定され、この方針に従って、同年五月、ナセルの肝入りによりヨルダン統治下の東エルサレムで第一回パレスチナ民族評議会が開催され、パレスチナ解放機構（ＰＬＯ）の結成が宣言された。

一九五六年の第二次中東戦争（スエズ動乱）は、英仏の侵攻に屈せず耐え抜いたという点で、エジプトは政治的に勝利を収め、ナセルの権威は絶頂に達した。しかし、純粋に軍事的な見地から見ると、英仏との密約によりエジプト領内に侵攻したイスラエル軍は、いともたやすくシナイ半島を横断してスエズ運河地帯まで進軍し、エジプト軍はそれを阻止することができず、惨敗に等しい状況だった。当然のことながら、イスラエルとの全面戦争になればエジプトには勝ち目はないことをナセルも思い知り、イスラエル打倒の勇ましいスローガンとは裏腹に、本音では、イスラエルとの戦争を回避しなければならないと考えるようになる。

さらに、アラブ民族主義の理想を体現するものとして華々しく行われた一九五八年のエジプト・シリアの合邦は一九六一年九月にはシリアの離反であっけなく崩壊した。

また、一九六二年にイエメンで民族主義革命が発生。革命政権がエジプトに支援を求めると、王党派はサウジアラビアに支援を要請し、〝内戦〟という名の代理戦争に発展し、戦況は一進一退の状況が続き、エジプト経済も疲弊していった。

PLOの創設は、こうした状況の中で、追い詰められつつあったナセルが起死回生の切り札として持ち出したものだった。

すなわちアラブ諸国としては、さまざまな立場の違いはあっても、「イスラエル国家を打倒してパレスチナを解放する」という原則論には反対できない。したがって、曲がりなりにも、アラブの盟主ということになっているエジプトが、対イスラエル闘争の統一司令部を作るということになれば、他のアラブ諸国は（少なくとも表面上は）賛同・協力せざるを得ない。したがって、PLOの創設は、ナセルにとっては、シリアとの合邦失敗やイエメン内戦への介入などで傷ついた自らの権威を回復する格好の機会であった。

また、統一司令部の傘下にパレスチナ人の武装組織を組み込んでコントロールできれば、強硬派の暴走を抑え、イスラエルを決して本気で怒らせない（＝全面戦争には突入しない）程度に〝抵抗運動〟を継続して、アラブ世論のガス抜きをするという、微妙な調整も可能になるはずだから、まさに、一石二鳥であるというのが、ナセルの本音である。

ところで、PLOが東エルサレムで産声を上げた頃、岩のドームでは、外壁の修復作業がほぼ大詰めを迎えていた。

岩のドームの外壁には、一五六一―六二年、オスマン帝国のスルターン、スレイマン一世によってタイル装飾が施されたが、傷みが激しくなったため、新たにエルサレムの管理者となったヨルダン政府は、一九五五年以降、アラブ諸国ならびにトルコからの資金援助を得て、大規模な修復作業を行っていた。そのメインの工事にあたる外壁の修復は一九六四年八月に完成。続いて、ドーム屋根部分の改修工事が行われ、一九六五年には、オリジナルの屋根を覆うように、イタリア製の銅アルミニウム合金の覆いがかぶせられ、一連の修復工事は完了した。

図27は、岩のドームの修復工事が完了し、一般公開が再開されたのに合わせて、一九六五年十一月二十日、ヨルダンが発行した記念切手で、岩のドームの全景を大きく描き、国王フサインの肖像を左側に配している。エルサレムがヨルダンの支配下にあり、それゆえ、ヨルダン国王が岩のドーム修復を行ったことを誇示するようなデザインである。

図27　岩のドーム修復完成を記念してヨルダンが発行した切手。

さて、パレスチナ人武装勢力を取り込んで暴発を防ぐためにＰＬＯを結成したナセルだったが、武装勢力の中には、ナセルの微温的な姿勢を拒否して、ＰＬＯには参加せず、イスラエル領内での武装闘争をエスカレートさせるものも少なくなかった。その代表的な存在が、ヤーセル・アラファート（以下、アラファト）率いるファタハである。

アラファトは、本人の語るところによれば、一九二九年八月四日、エルサレムで生まれた。カイロとエルサレムを往来する少年時代を過ごした後、カイロ大学工学部を卒業。一九五六年の第二次中東戦争では、エジプト軍の工兵大尉として従軍。戦後は、技師としてクウェートで働きながら、一九五七年にパレスチナ解放闘争の運動組織としてファタハを創設し、反イスラエルの武装闘争（イスラエル側から見ればテロ活動）を展開した。

一九六三年、アラファトとファタハはシリアに迎えられる。

当時のシリアは、エジプトとの合邦を解消して間もない時期で政治状況が安定せず、クーデターが頻発していたが、いずれの政権も国民の支持を得るため、イスラエルとの対決姿勢を鮮明にし、イスラエル領への砲撃を繰り返していた。もっとも、シリア政府も、単独ではイスラエル軍に対して圧倒的な劣勢にあることを十分に認識していたから、イスラエルとの戦争が勃発した場合には、〝アラブの大義〟に照らして、アラブ諸国はシリアを孤立させずに支援すべきだと主張していた。したがって、シリアにしてみれば、自分たちに代わってファタハがイスラエルを攻撃してくれれば好都合であり、ファタハを支援する代わりに、最悪の場合は、ファタハに責任を押し付けて、イスラエルとの直接対決を回避したいというのが本音であった。

これに対して、あくまでもパレスチナの解放とパレスチナ難民の帰還を目標としていたファタハは、ナセルらの微温的なPLO構想を拒否。イスラエルに対するテロ活動をエスカレートさせていく。

当時のアラファトは、テロ活動をエスカレートさせてイスラエルの報復攻撃を引き出せば、アラブ諸国も対イスラエル全面戦争に参加せざるを得なくなると考えていた。このため、ファタハはソ連、東欧はもとより、中国を含む反西側諸国から武器を調達し、シリアの庇護下で戦闘能力を強化していった。

かくして、イスラエル国内の世論は次第に〝パレスチナ・ゲリラ〟への報復を求める強硬論へと傾いていく。イスラエルの政府と国民にしてみれば、PLO傘下の団体であろうとなかろうと、国内の治安を乱すテロリストは駆逐すべき存在である。

ナセルをはじめ、アラブ諸国の指導者たちは、反イスラエル闘争が自分たちの思惑を超えて動き始めたことに困惑を隠せなかったが、そこに、米ソの冷戦がさらなる影を落とす。

すなわち、エジプトやシリアの民族主義政権は、手持ちの外貨が乏しいこともあって、ソ連からバーター取引で武器を購入していたが、イスラエルからの要請を受けた米国は、一九六五年以降、イスラエルに大量の戦闘機や戦車を売却。イスラエルの軍事的保護者としての立場を鮮明にしていった。

ちなみに、イスラエルの奇襲攻撃によって第三次中東戦争が勃発するのは一九六七年六月五日。岩のドームの改修工事が終わって、善男善女の参詣が再開されてから、およそ一年半後のことである。

第三次中東戦争

ファタハによるイスラエル領内でのテロ活動もあり、シリア＝イスラエル国境で緊張が高まっていた一九六七年四月、シリア、イスラエル両国の空軍が空中戦を展開し、シリアのミグ戦闘機六機が撃墜される事件が発生した。これを機に、軍事的緊張は一挙に高まり、〝アラブ世界の盟主〟ナセルにイスラエルへの実力行使を求めるアラブ諸国の世論が沸騰する。

当初、慎重姿勢を保っていたナセルだが、同年五月十四日、アラブ諸国からの要請を拒否しきれずに、シナイ半島に兵力を進駐させ、第二次中東戦争の終結以来駐留を続けていた国連緊急軍に撤兵を要求。同月二十二日、チラン海峡を封鎖した。

アラブ諸国はナセルの決断を歓迎し、五月三十日にはヨルダンとエジプトとの間で相互防衛条約が調印されたほか、エジプトとシリア、ヨルダンの間では軍事同盟が結成された。さらに、イラク、クウェート、スーダン、アルジェリアの各国も有事の際の派兵を約束。イスラエルは周囲を完全に包囲された。

このため、イスラエルはアラブ諸国軍に対する戦闘準備を急ぎ、先制攻撃を計画する。

これに対して、米国は当初イスラエルの先制攻撃に反対し、問題の政治的解決を求めたが、最終的には、和平解決のための具体的行動をとる用意がないことをイスラエルに通告。これを受けて、一九六七年六月五日、イスラエルはアラブ諸国軍に対する先制攻撃を開始した。

いわゆる第三次中東戦争の勃発である。

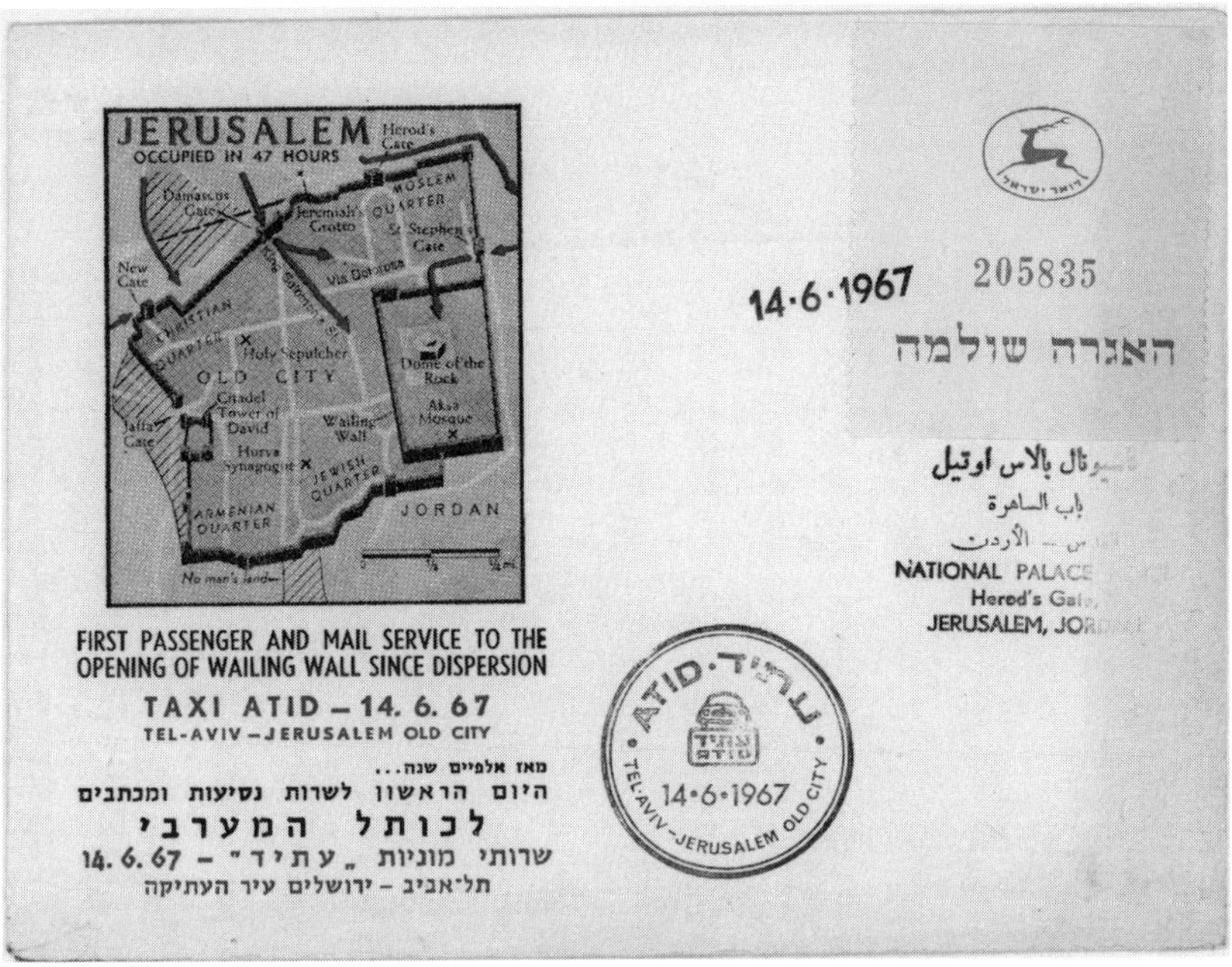

図28　第三次中東戦争の停戦直後、テルアビブ＝東エルサレム間をタクシーで運んだ郵便物。

第三次中東戦争の勝敗は、開戦早々、イスラエル空軍が、エジプト、ヨルダン、シリア、イラク各国の空軍基地を壊滅状態に追い込んだことによって、早々に決せられた。イスラエル軍は早くも六月七日には東エルサレムを占領し、同月十日にはゴラン高原のシリア軍が潰滅。この間、六月八日には国連安保理の勧告を受けて、エジプトが無条件停戦に応じ、シリアも十日には停戦に応じた。

イスラエル側が、この戦争を誇らしげに〝六日戦争〟と呼ぶ所以である。

図28は停戦直後の六月十四日、戦闘によって途絶していたテルアビブ＝東エルサレム間の郵便がタクシーを使って再開された際の記念の第一便で、封筒の余白には、東エルサレム中心部への輸送ルートを示す地図（岩のドームの場所もしっかり記されている）とともに、イスラエル軍がヨルダン支配下にあった東エルサレムをわずか四十七時間で占領したことを誇示する文言が印刷されている。

ちなみに、東エルサレムを占領したイスラエルがヨルダン郵政の郵便局を接収し、自前の郵便局を開設して、イスラエル郵政としてこの地で郵便サービスを開始したのは、七月五日のことであった。

第三次中東戦争の結果、イスラエルの占領地は一挙に戦前の三倍に拡大。昂揚した雰囲気の中で、戦争終結後の八月十六日、イスラエル郵政は戦勝の記念切手を発行する。

この時発行されたのは、

①ダビデの星を背景にオリーブの枝と剣を描く十五アゴロット切手（イスラエル軍の勝利を示す）

②チラン海峡を航行するイスラエル船を描く四十アゴロット切手（アカバ湾の航行権確保を示す）

③「嘆きの壁」を描く八十アゴロット切手（東エルサレムの占領を示す）

の三種である。

しかし、〝六日戦争〟がイスラエル側の先制攻撃で始まったことから、イスラエルによる占領地拡大の正統性については、アラブ諸国はもとより、社会主義諸国や中立諸国なども懐疑的で、一九六七年十一月の国連安保理では、占領地域からのイスラエル軍の撤退を要求する決議が採択された。

図29は、上述の記念切手三種を貼って、一九六八年七月、テルアビブからライプツィヒ（当時は東ド

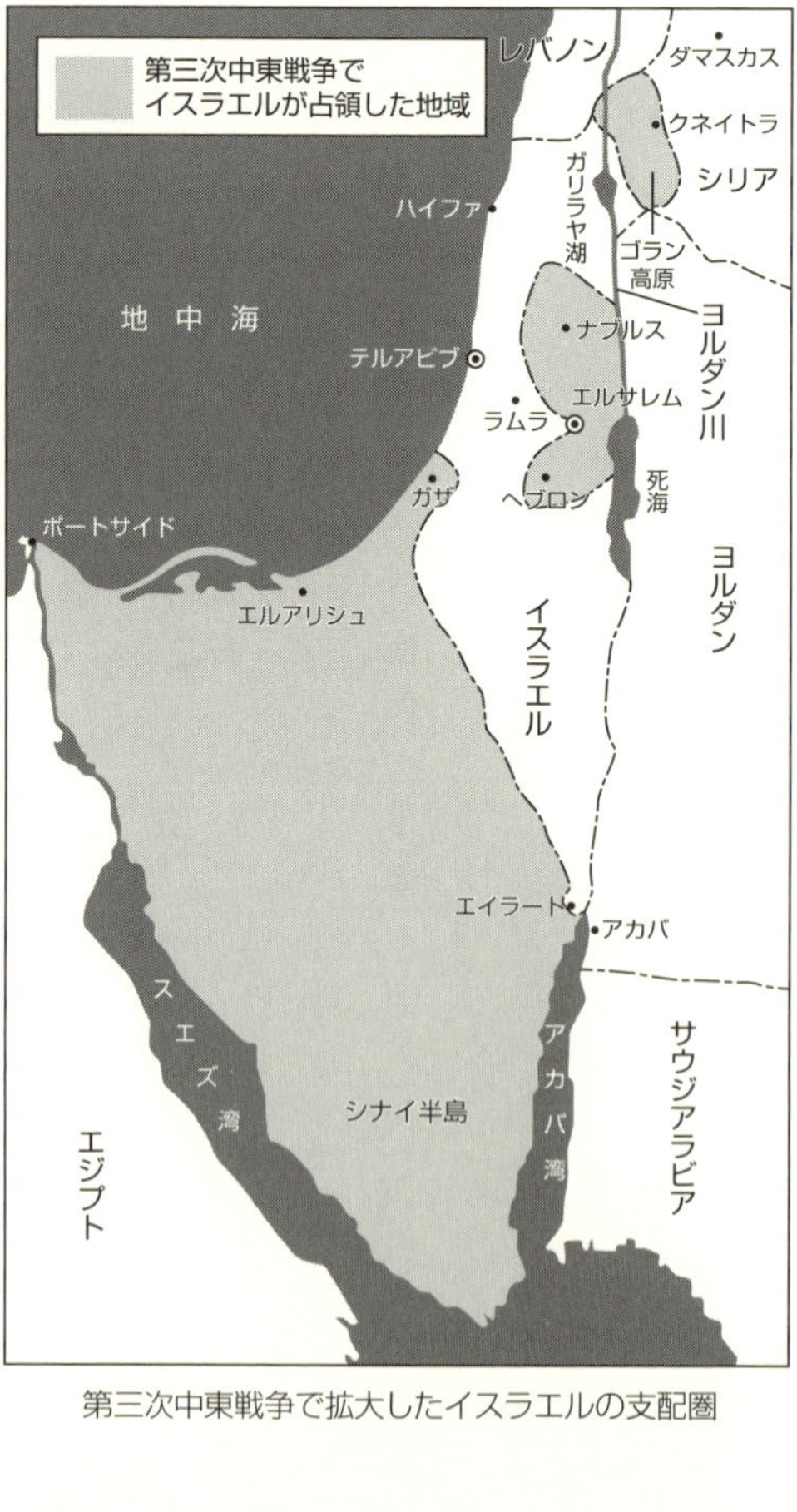

第三次中東戦争で拡大したイスラエルの支配圏

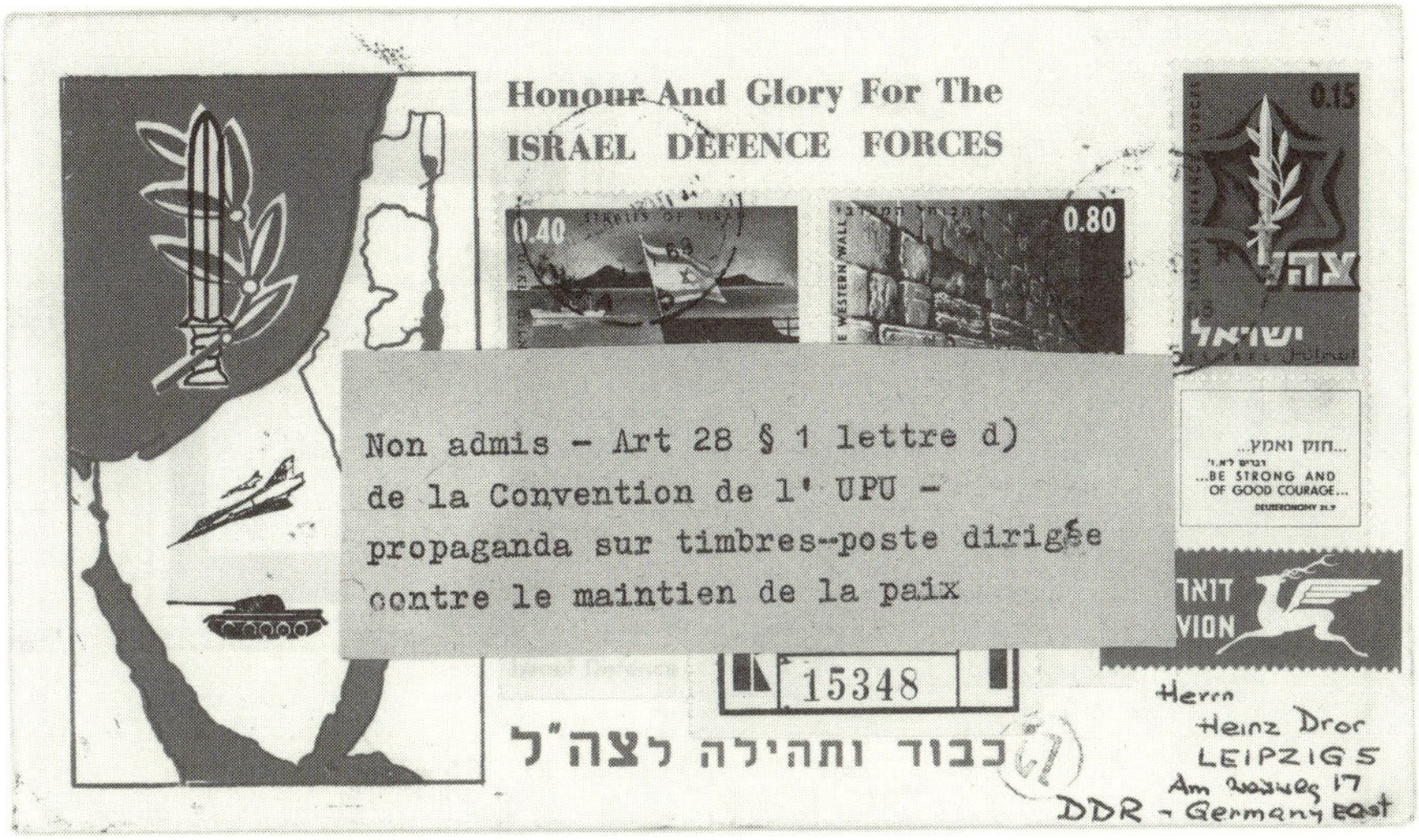

図29 “6日戦争”勝利の記念切手を貼って東ドイツ宛に差し出されたものの、“平和維持に反する切手”が貼られているとして、差出人に返送された郵便物。

イツ）宛に差し出されたものの、一九六七年の安保理決議を踏まえ、〝平和維持に反する意図をもつ切手〟が貼られているとして、差出人に返送された郵便物である。切手もさることながら、封筒の余白には、戦前の三倍に拡大したイスラエル領土の地図も描かれており、国際社会からすれば、かなり挑発的な郵便物と言ってよいだろう。なお、付箋の文章がフランス語で印刷されているのは、万国郵便連合の公用語がフランス語であることによる。

また、東エルサレムの占領は、シオニスト国家イスラエルにとって極めて重要な意味を持っていたため、イスラエル郵政は、終戦からほぼ一年後の一九六八年八月、エルサレム旧市街の名所を描く切手を発行。そのうちの十二アゴロット切手には、エルサレムにおけるイスラムの聖地、〝岩のドーム〟を取り上げ、自らが聖都の新たな支配者であることを国家のメディアである切手を用いて内外に誇示した。

図30は、そのエルサレム旧市街を描く切手五種が貼られた郵便物で、ポーランド宛に差し出されたも

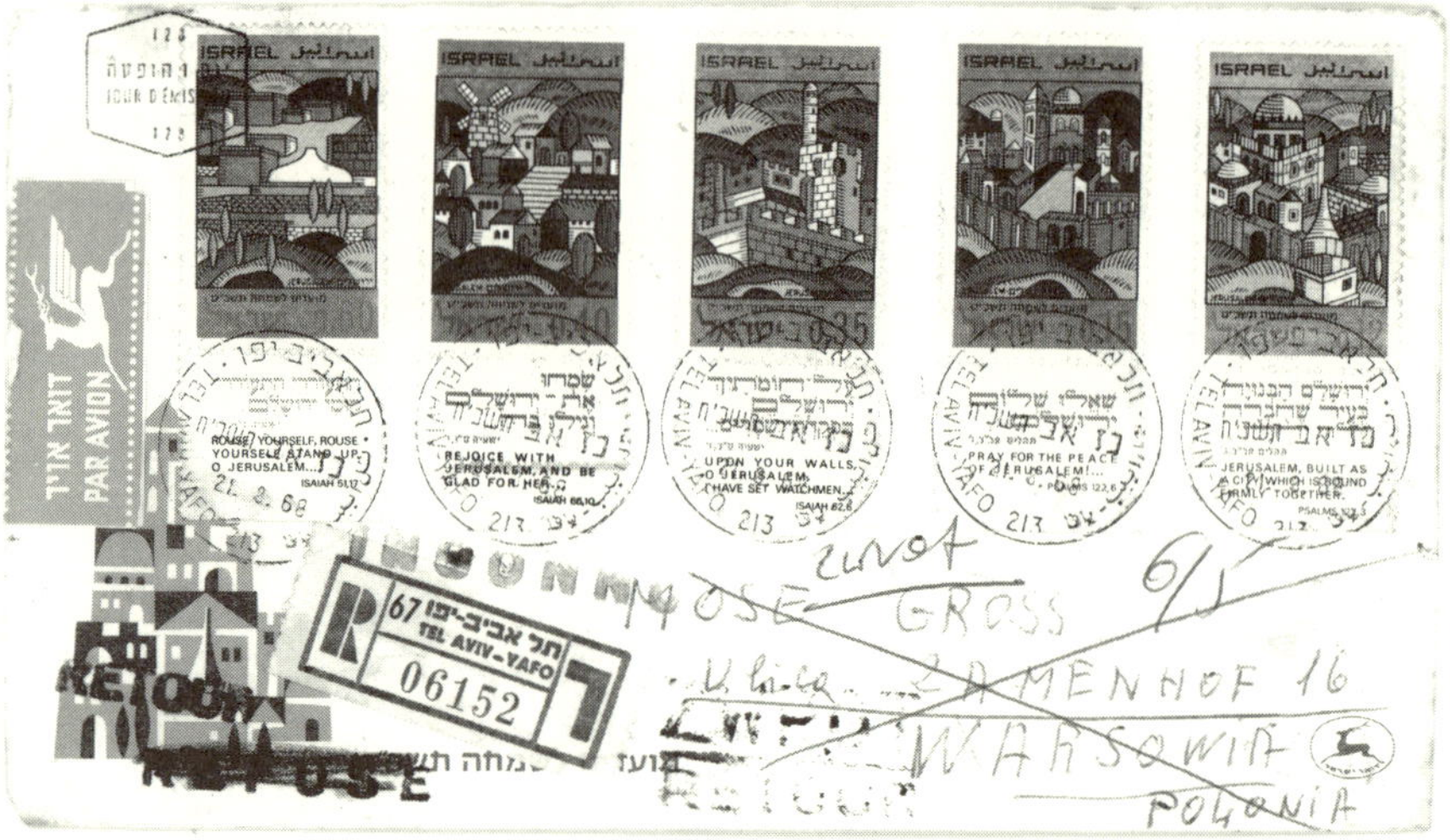

図 30　1968 年にイスラエルが発行した"エルサレム（旧市街）"の切手を貼ってポーランド宛に差し出されたものの、差出人戻しとなった郵便物。

のの、名宛人不明で差出人戻しとされている。あるいは、前述のものと同様、第三次中東戦争に際してイスラエルによる軍事占領に抗議するため、宛先国であるポーランド（当時は共産主義国）が受取を拒絶したものかもしれない（カバー左下には拒絶を示す REFUSE の印が押されているが、これは取り消されている）が、カバー上からそのように断定することは困難である。

一方、アラブ世界は、第三次中東戦争の惨敗により、イスラエルとの圧倒的な戦力差を見せつけられ、パレスチナ解放＝イスラエル国家の解体という政治目標は全く現実味のないものであることを改めて思い知られた。

この結果、エジプトやシリア、イラクなどの国家イデオロギーであったアラブ民族主義の権威は地に堕ち、アラブ民族主義の象徴的な存在であったナセルは辞意を表明する。結局、ナセルはエジプト国民の支持により辞意を撤回するが、もはや、彼の掲げるアラブ統一の夢は完全に封印されてしまった。

皮肉にも、第三次中東戦争の帰趨が決した後の一九六七年六月二十二日、エジプト郵政は、開戦以前の昂揚した雰囲気の中で制作準備が開始された「パレスチナ防衛のためのアラブの団結」を訴えるため、ナセルの肖像が入ったプロパガンダ切手を発行した（図31）。

切手に表現されている理念は、第三次中東戦争の惨敗により既に空文化していたが、それでも、こうした切手が発行されたのは、依然としてナセルが体現してきた〝夢〟を信じたいという空気が当時のエジプト国内に充満していたからなのだろうか。

図31　エジプトが発行した〝パレスチナ防衛のためのアラブの団結〟のプロパガンダ切手。

また、図32は、一九六七年八月、第三次中東戦争時にイスラエル側の捕虜となったエジプト兵が差し出した郵便物で、ジュネーヴの国際赤十字社及びカイロの赤三日月社（イスラム圏で赤十字社に相当する機関）を経て、宛先地であるカンタラに届けられた。なお、カンタラはスエズ運河沿いの都市で、この戦争によりイスラエルの占領下に置かれている。

ご注目いただきたいのは、経由地のイスマイーリーヤで押されたフラップの標語印（矢印）で、これはアラビア語で「アラブ民族主義は平和と文明の使命である」との意味だ。

この期に及んで、〝アラブ民族主義〟を鼓舞するような標語印を使わざるを得なかったエジプト郵政の姿には、もはや滑稽さを通り越して、痛ましさしか感じられない。

なお、光彩を失ったアラブ民族主義に代わり、アラブ世界では、徐々にイスラム原理主義の伏流が形

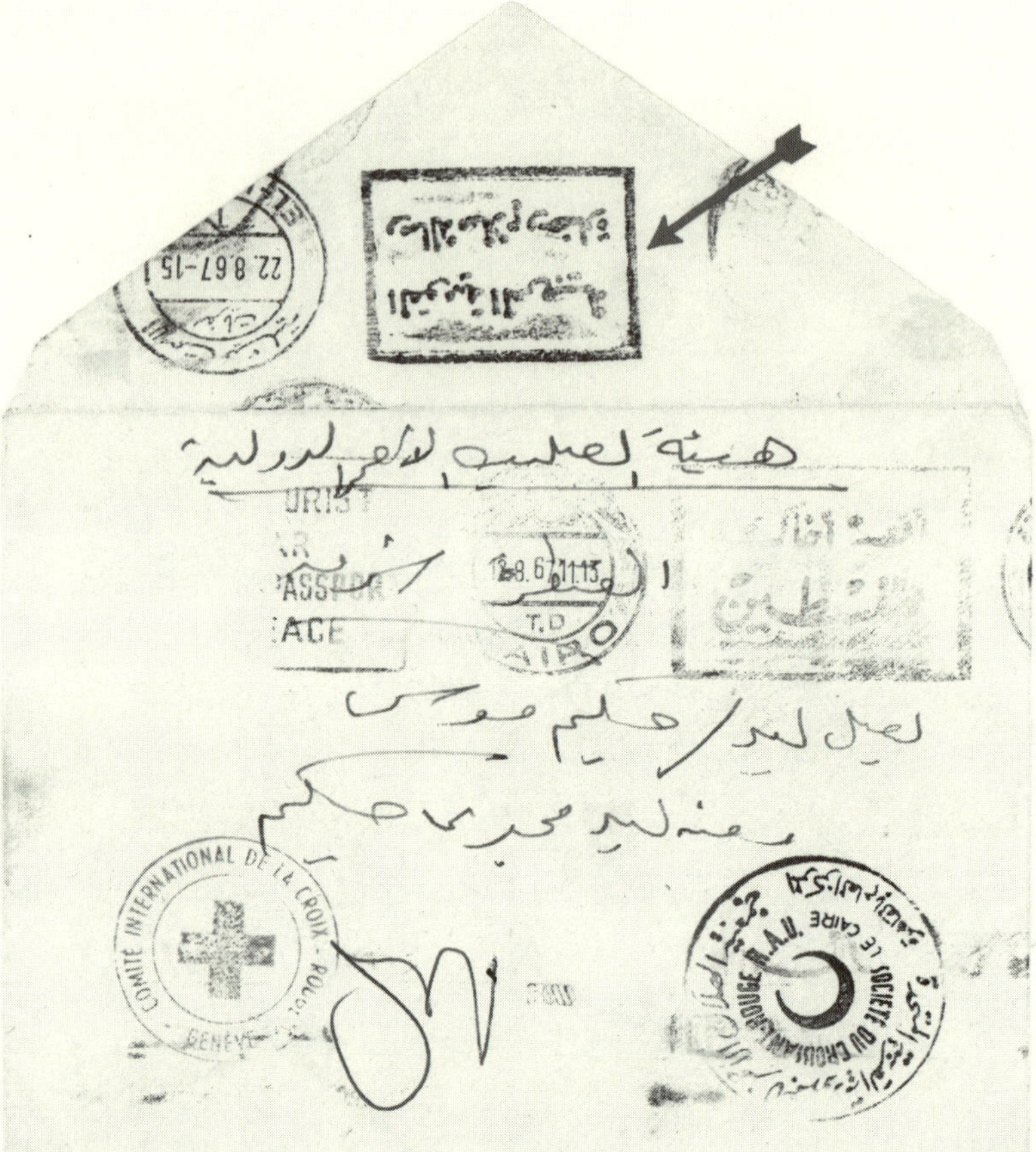

図 32　第三次中東戦争時にイスラエルの捕虜となったエジプト兵が差し出した捕虜郵便。

成されていくことになる。第三次中東戦争がアラブ世界の近代と現代の分水嶺と言われているのはそのためであることは、いまさら多言を要すまい。

第3章　占領された聖地

三不政策とファタハの台頭

　第三次中東戦争で完敗を喫したアラブ諸国は、一九六七年九月、スーダンの首都ハルトゥームでアラブ首脳会議を開催し、「(イスラエルを)承認せず、(イスラエルとは)交渉せず、講和せず」の三不政策を基本方針として確認した。しかし、両者の力の差はいまや歴然としていたため、以後アラブ諸国は、イスラエルに占領された失地の回復を主要な政治課題と考えるようになり、イスラエル国家の解体(すなわち、パレスチナの解放)は非現実的な題目となってしまった。

　一方、パレスチナの活動家にしてみれば、アラブ諸国のこうした方針転換にはとうてい納得できず、祖国解放のために対イスラエルのテロ活動を放棄することなど受け入れられるものではない。

　早くも第三次中東戦争の休戦から一週間後、アラファトはイスラエル占領下のヨルダン川西岸に潜入し、ヘブロン、エルサレム、ナーブルスで反イスラエル闘争の活動家をリクルートし、闘争資金を集めるための組織づくりを始めていた。

　これを受けて、ナセルは自らの政治顧問だったムハンマド・ヘイカルを通じてアラファトと接触。アラファトを〝パレスチナ人の指導者〟に指名する。そして一九六七年十二月二十四日、PLO議長のアフマド・シュカイリーが辞任し、後任議長となったヤフヤー・ハンムーダの招請に応じるという形でアラファトがPLOに加わり、ファタハ(アラファ

図１　岩のドームを背景にしたファタハの戦闘員を取り上げた絵葉書。

ト派）はＰＬＯ執行委員会の百五議席中、三十三議席を割り当てられた。また、この時の議席配分では、ＰＬＯ以外にも、ジョージ・ハバシュのアラブ民族主義運動など、イスラエルに対する武装闘争路線を主張する強硬派・過激派グループに対して計五十七議席が割り当てられており、ＰＬＯは強硬路線へと大きく舵を切ることになった。

図１はこうした状況の下、一九六七年にファタハが制作した絵葉書で、イスラエル占領下のエルサレム旧市街（遠くに岩のドームも見える）を背景にした〝パレスチナ・ゲリラ〟の姿を取り上げている。

もちろん、実際に岩のドームを臨む旧市街で、銃を持った戦闘員が写真撮影などを行っていれば、すぐさまイスラエル側の官憲がやってきて関係者を拘束することは確実で、この葉書の写真も合成であることは一目瞭然である。しかし、第三次中東戦争により、イスラエルとの絶望的な戦力差が明らかになった後でも（否、国家間の正規戦では絶対にイスラエルにかなわないことが明らかになったからこそ、レジスタンスとしてのゲリラ戦を継続していこうという)、ファタハの意志がこの葉書にはよく表れている。

もっとも、そうした〝パレスチナ・ゲリラ〟の存在は、パレスチナ解放の大義と、それが絶対に実現不可能であるという現実のはざまで、多くのアラブ諸国にとって（本音では）重荷になっていく。

こうした状況の下、もっとも苦しい立場に追い込まれたのはヨルダンだった。

図２　1969年にエジプトが発行した〝パレスチナ難民救済〟の寄附金付切手。難民女性の背後、鉄条網越しに岩のドームを含むエルサレム旧市街の町並みが見えており、彼女たちがヨルダン川を渡った東岸のヨルダン領内にいることが含意されている。

第三次中東戦争以前、ヨルダン川西岸地区はヨルダンの支配下にあったが、戦争によってイスラエルが占領した。このため、イスラエルによる占領を忌避して逃れてきた難民たちは、面積が大幅に縮小したヨルダン領内に集中することになり、ヨルダンにおける〝パレスチナ出身者〟の人口密度は急増する（図２）。

もちろん、ヨルダン政府は自分たちこそがエルサレムを含むヨルダン川西岸の正統な支配者であると主張し、イスラエルによる西岸地区の占領は無効であると国際社会に訴え続け、国際社会も少なからずそうした主張に理解を示していた。

たとえば、第三次中東戦争以前に発行された岩のドームのヨルダン切手は、岩のドームを含むエルサレム旧市街がイスラエルの占領下に置かれた後も、イスラエルによる占領の違法性を広く内外に訴えるという意図を込めて、従来通り、郵便に使用され続けた（図３）。

また、図４の郵便物は、一九六八年にデンマークから占領後間もない時期のエルサレム宛に差し出さ

図３　岩のドームを描く 20 ミリーム切手３枚を貼り、第三次中東戦争後の 1968 年にアンマンからベルギー宛に差し出された郵便物。

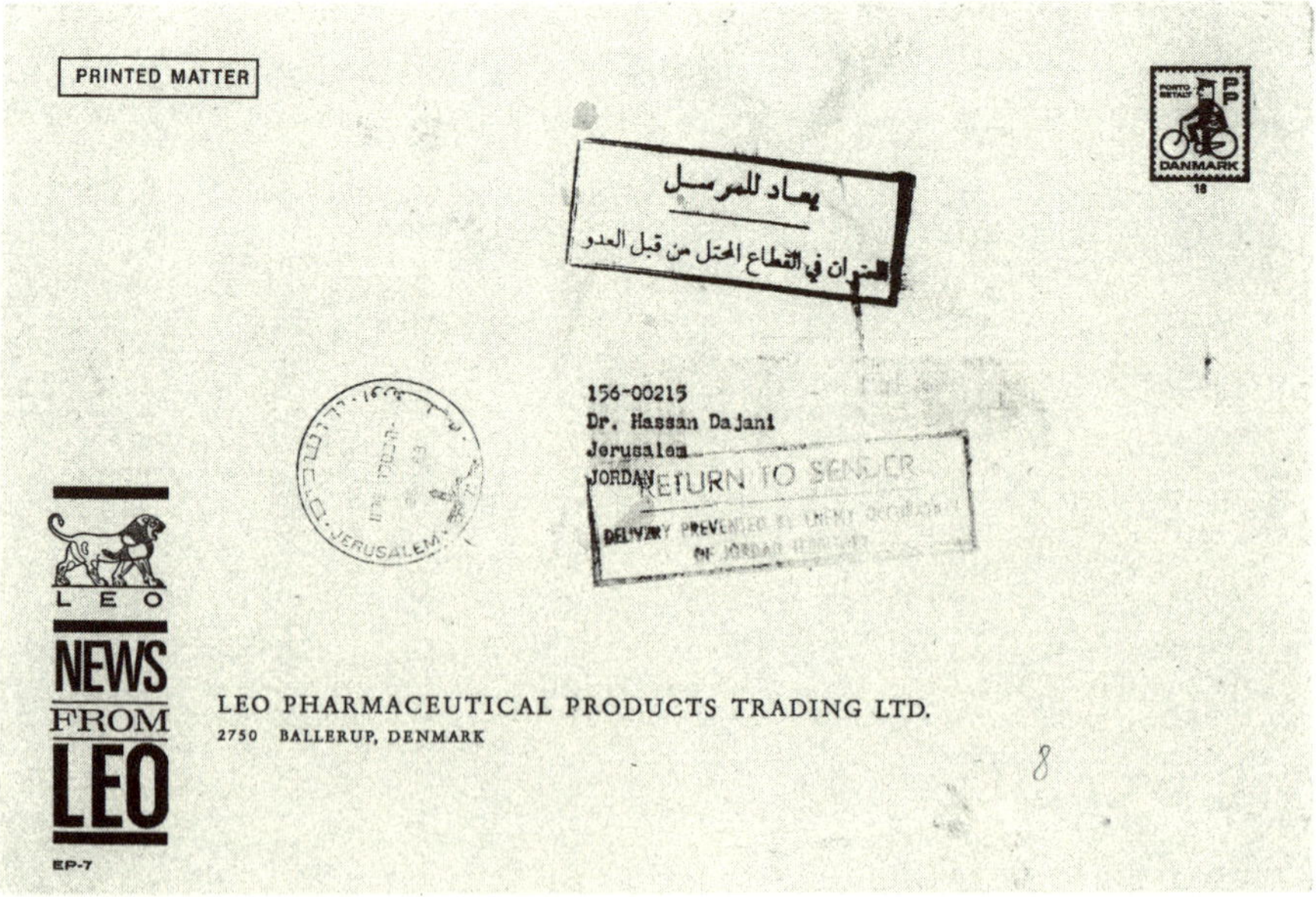

図４　第三次中東戦争後間もない 1968 年、“ヨルダンのエルサレム宛”に差し出されたため、大幅な迂回ルートで逓送された郵便物。

れたものの、対イスラエル三不政策を採るヨルダン当局によって「敵国占領地域への配達は不能」という理由で差し戻された後、改めて別ルートでエルサレムまで運ばれている。角形のアラビア語の印および英語の印は、いずれもヨルダン当局が差し戻しの理由を説明するために押したものだが、左側の円形の印は、エルサレム到着後、イスラエル当局によって押されたもので、このカバーがたどった複雑な道のりがしのばれる。なお、差出人は宛先の住所を〝ヨルダンのエルサレム〟と記しており、イスラエルによるエルサレム占領を快く思っていなかったことが伺える。

ところで、ヨルダンを含むアラブ諸国がイスラエルに対して三不政策を採り続ける限りにおいて、アラブ諸国とイスラエルとの郵便交換は不可能となるわけだが、現実の問題としては、第三次中東戦争後もパレスチナには多数のアラブ系住民（パレスチナ人）が生活しており、彼らとイスラエル国外に亡命した親類・知人の間では郵便物をやり取りする必要があった。

そこで便法として考えられたのが、アラブ諸国からパレスチナ宛の郵便物を、いったんキプロスの〝ニコシア郵便局長〟宛に送り、そこからパレスチナ宛に転送するという方法である。

東地中海に浮かぶキプロス島は、一八七八年に英国の支配下に置かれ、当初は、英国が同島をオスマン帝国から賃借するという形式が取られていたが、一九二五年に英国の直轄統治領になり、一九六〇年八月十六日にキプロス共和国として独立が承認された。外交的には、アラブ諸国と友好関係を保ちながら、住民はアラブ系ではないためイスラエルとも国交を有しており、アラブ＝イスラエルの中継地点としては絶好のポジションにあった。

図5は、一九六九年十一月二十六日、アンマンの大学構内の郵便局から、岩のドームの十フィルス切手と一九四八年末に発行された世界人権宣言二十年の記念切手を貼って〝ニコシア郵便局長〟宛に差し出された郵便物で、封筒にはパレスチナ宛の手紙が

図５　ヨルダンから“ニコシア郵便局長”宛の郵便物。

同封されていたものと思われる。

こうした〝ニコシア郵便局長〟宛の郵便物は、イスラエル占領地域との〝離散家族〟を抱えていたヨルダンのみならず、パレスチナ出身の出稼ぎ労働者が働いていた湾岸諸国からも多数差し出されており、中身の手紙を宛先に転送した後、外側の封筒は切手商などに払い下げられ、市場に放出されたのである。

カラメの戦い

いずれにせよ、イスラエルが停戦協定を無視してヨルダン川西岸に居座り続ける中、占領地宛の郵便物さえ自力では満足に逓送できないヨルダンが、実力でイスラエル軍を排除するなどできはしないこともまた冷徹な現実であった。

そうした現実を十分に認識していながらも、パレスチナ難民を多数抱えているというもう一つの現実にも向き合わなければならなかったヨルダンとしては、ＰＬＯ、特に強硬派のファタハが続ける闘争

（＝テロ）の〝大義〟を非現実的と切って捨てることは国内情勢の不安を招きかねない。

こうしたこともあって、第三次中東戦争の直後、しばらくの間、ヨルダン政府は（少なくとも表面上は）ファタハに対して好意的であり、一九六八年のカラメの戦いに際しては、ファタハを積極的に支援した。

第三次中東戦争後のファタハはパレスチナに隣接するヨルダンを活動の拠点にしていたが、ヨルダン川を渡ってイスラエル占領下の西岸地区に越境攻撃を仕掛けるための前進基地の一つが、ヨルダン川東岸の寒村、カラメだった。

一九六八年三月十八日、ヨルダン川西岸北部のアラバ地区でスクールバスがファタハの仕掛けた地雷に触れて大破し、大人二人が死亡、児童十人が負傷するテロ事件が発生。このため、三月二十一日、イスラエル軍は報復のためヨルダン川を渡ってヨルダン領内に侵入し、カラメにあったファタハの軍事拠点を襲撃した。

これに対して、ファタハはヨルダン正規軍の支援を得て応戦。イスラエル側は死者二十九人、負傷者九十人を出し、戦車・装甲車など八台を破壊され、撤退を余儀なくされたという。

純粋に軍事的な見地から見れば、カラメの戦いはパレスチナ・ゲリラが一局地戦で小さな勝利を収めただけに過ぎず、ファタハは死者九十七人、ヨルダン軍は同二百七人を出すなど犠牲も大きかった。したがって、一部でいわれているように、アラブ側の大勝ではなく、辛勝というのが実態であったが、前年の第三次中東戦争での惨敗の衝撃が大きかっただけに、パレスチナ側がイスラエルに対して一矢を報いたことには政治的に大きな意味があった。

カラメの戦いの後、ファタハは自らの勝利を喧伝し、その存在を広くアピールするための手段として、〝ファタハ〟ならびに〝パレスチナ人の抵抗〟を示す文字とともに、さまざまなデザインの切手状のラベルを作成した。その中には、カラメでの勝利をアピールするもの（図6）、岩のドームを中心としたエルサレム旧市街を図案化したもの（図7）、覆面のゲリラ兵士を描くもの（図8）などもある。このうち、図8のラベルに取り上げられたゲリラ兵士の写真は、図1の葉書の兵士の写真を反転させたものだが、服の前合わせからすると、葉書に使われている写真がオリジナルのモノと判断できる。ただし、岩のドームが見える図1の葉書の背景が明らかな合成であることから、オリジナルの写真は図8のラベルに見られるような場所で撮影されたのであろう。

なお、当時のファタハやその親組織であるPLOは国際社会から認知された正式な政府機関ではないから、彼らのラベルには郵便料金前納の証紙としての効力はない。しかし、彼らの関係者や支援者たちが自ら差し出す郵便物にそうしたラベルを貼って差し出せば（図9）、郵便物が名宛人の元に届くまでに多くの人々の目に触れ、彼らの存在や主義主張をアピールすることができるというわけだ。もちろん、彼らは支持者たちにラベルを販売することで、なに

ファタハの制作した宣伝ラベルのうち、図6（上）カメラの戦いでの勝利をアピールしたもの。図7（中）岩のドームを中心とするエルサレム旧市街を描くもの。図8（下）同ゲリラの戦闘員を描くもの。

図９　ファタハの宣伝ラベルを張って差し出された郵便物。料金はレバノン切手で納付されている。

がしかの資金を獲得することもできる。

カラメの戦いを〝勝利〟に導いた功績により、一九六九年二月、アラファトはＰＬＯ執行部の議長に選出され、アラファトとファタハのアラブ域内での権威は高まることになった。

しかし、当時のＰＬＯが掲げていたアラブ民族主義路線は、その本質において、いずれは既存のアラブ諸国と対立せざるを得ない。

すなわち、アラブ民族主義強硬派の理解によれば、〝アラブの大義〟としてのイスラエル国家の解体＝パレスチナの解放を実現するには、全アラブが大同団結して統一アラブ政府を樹立することが不可欠である。しかし、現状がそうなっていないのは、第一次世界大戦後、オスマン帝国が解体される過程で、英仏がアラブの意向を無視して勝手に〝国境〟を引き、アラブを分断したためである。したがって、アラブの（再）統合を実現するためには、列強の押し付けた〝国際秩序〟を唯々諾々として受け入れている既存の政府（特に王朝）を打倒し、民族主義の革命政権を樹立しなければならない……。

ＰＬＯがこうした世界観に立つ限り、彼らが拠点としているヨルダンは、まさに、親西側のハーシム家が支配する体制であり、大義を実現するためには、真っ先に打倒すべき対象ということになる。

ところが、ヨルダンにしてみれば、イスラエルが占領している西岸地区は、あくまでも、一九四八年の第一次中東戦争で彼ら自身がイスラエルと戦い、その血の代償として獲得したものであり、イスラエルが解体された暁には、自分たちが西岸地区の支配権を回復するのが当然との認識である。

このため、時間の経過とともに、ヨルダン政府とＰＬＯの亀裂が徐々に表面化していくことになる。

イラク・バアス党政権の発足

第三次中東戦争後の一九六八年七月十七日、イラクではクーデターが発生し、アフマド・ハサン・バクルを大統領とするバアス党政権が発足した。

バアス党の党名は、日本語に訳すと、アラブ社会主義復興党となる。アラブ社会主義（極めて単純化してしまえば、金融を含む重要産業の国有化と計画経済による開発独裁体制のことだが、いわゆるマルクス・レーニン主義のように、宗教を〝民衆のアヘン〟として排斥するわけではない）と、アラブ世界における既存の国境を解体してアラブの再統合を図るというアラブ民族主義を基本綱領として掲げており、その意味では、エジプトのナセルと基本路線に大きな相違はない。

そのルーツは二十世紀初頭にも遡るとされるが、制度的には、一九四〇年十二月、シリアの民族主義者（宗教的にはアラウィー派）のザキー・アルスィーズィーらがダマスカスで秘密結社として組織した〝アラブ・バアス党〟がその源流となっている。そして、シリア独立後の一九四七年四月七日、同党はダマスカスで公式の結党大会を行い、公然組織となった。その後、シリアを本部として、イラク、レバノン、ヨルダン、イエメンに支部を拡大する。

一九五八年にエジプトとシリアの合邦により発足したアラブ連合共和国は、一九六一年、シリアの離反によって破綻した。その後もナセルは〝アラブ連合〟の大義名分を放棄せず、アラブ諸国の再統合を水面下で模索し続けたが、その際、自分に代わって各国のバアス党が連携して国家統合を進めることには警戒感を抱いていた。

こうした背景の下、イラクでは、一九六三年二月にバアス党も加わったラマダーン革命が発生。しかし、革命後の同年十一月、非バアス党員でナセル主義者のアブドゥッサラーム・アーリフはバアス党を政権から追放し、革命の果実を独占した。

アブドゥッサラーム・アーリフは、一九六六年四月十三日の飛行機事故で亡くなり、その後は、アブドゥッラフマーン・バッザースによる三日間の暫定大統領を経て、アブドゥッサラームの兄、アブドゥッラフマーン・アーリフが大統領職を継承した。アーリフ兄弟はいずれもエジプトとの連携を強化し、一九六七年の第三次中東戦争にも参戦したが、結果として敗北。翌一九六八年のバアス党のクーデターでアブドゥッラフマーンは失脚し、トルコへ亡命した。

ところで、アーリフ政権時代の一九六六年、シリアでは大統領のアミーン・ハーフィズに対して、ハーフィズ・アサドとサラーフ・ジャディードがクーデターを起こし、バアス党内の実権を掌握する。これに伴い、バアス党の創設者の一人にして、その代表的なイデオローグであり、クーデター発生時のシリア・バアス党の委員長だったミシェル・アフラクが失脚した。

この結果、アフラクの権威を否定するシリア・バアス党と、従来通りアフラクをバアス党の理論的支柱とみなすイラク・バアス党の間で対立が生じることになる。

一九六六年のシリアでのクーデター直後、ダマスカスで開催された第九回バース党大会はアフラクとその支持者を追放したが、これを受けて、イラク・バアス党は直ちにベイルートで〝真の〟第九回党大会を開き、アフラクを民族指導部事務総長として迎え入れた。

以後、アラブ世界各地のバアス党運動はシリア派とイラク派に分裂し、両者は対立するようになる。

こうした経緯を経て、一九六八年に発足したバクル率いるイラク・バアス党政権は、一九七〇年四月七日、バアス党創設二十三周年の記念切手（図10）を発行し、アフラクを迎えた自分たちこそがバアス党の本流であることを誇示しようとした。

すなわち切手は一九四七年、アフラクも参加してダマスカスで行われたバアス党結党大会から起算して発行されたもので、「社会主義」「自由」「統一」というバアス党のスローガンが掲げられ、アラブの連帯の象徴としてパレスチナの地図と岩のドームも描かれている。その一方で、〝シリア〟をイメージさせる要素は一切なく、あたかもイラク・バアス党が一九四七年以来、バアス党運動の中軸を担ってきたかのような印象操作が行われている。

図 10　イラクが 1970 年に発行したバアス党 23 周年の記念切手。

イスラム諸国会議機構

第三次中東戦争を経て、東エルサレムがイスラエルの占領下に置かれるようになった後も、岩のドームのある〝神殿の丘（ハラム・シャリーフ）〟は歴史的にワクフが設定されていることから、ヨルダン宗教省が引き続きその管理を行い、原則として、ユダヤ教徒とキリスト教徒による宗教儀式は禁じられているという変則的な状況となっていた。

ちなみに、ワクフというのはイスラム独特の財産寄進制度で、なんらかの収益を生む私有財産の所有者が、そこから得られる収益を特定の慈善目的に永久に充てるため、その財産の所有権を放棄すること、またはその対象の財産やそれを運営する組織を意味する。一度、ワクフとして設定された財産については一切の所有権の移動(売買・譲渡・分割など)が認められない。パレスチナ、特に、ハラム・シャリーフがワクフであるとの根拠は、六三八年、第二代カリフのウマルが、エルサレムの無血開城に際してギリシャ正教会総主教と結んだ盟約にあるとされている。

ところが、一九六九年八月二十一日、オーストラリア出身の狂信的な福音派キリスト教徒のデニス・マイケル・ローハンが、岩のドームに隣接するアクサー・モスクに放火し、大きな被害が生じる事件が発生。逮捕されたローハンは、犯行の動機について「ユダヤ人がエルサレムの神殿を再建し、それによって、イエス・キリストの再臨を早めるため、モスクを破壊せよという神の声を聴いた」などと語っており、最終的に、心神喪失で刑事責任は免責される代わりに、強制入院とされた。

事情はどうあれ、ワクフの寄進財産としてムスリムが管理責任を負っていた神殿の丘が異教徒によって攻撃され、大きな被害を受けたことは、イスラム世界に大きな衝撃を与え、各地で抗議活動が盛り上がった。

この機会をとらえて、(現状の国際秩序を尊重するという意味での)穏健派としてのモロッコとサウジアラビアは、イスラムの旗の下にアラブ・イスラム諸国を糾合するという名分の下、エジプトを旗頭とする急進民族主義諸国との和解を模索するようになる。

その結果として、同年九月二十五日、モロッコのラバトに二十五ヵ国の首脳を集めて第一回イスラム首脳会議が開催され、イスラム諸国会議機構の設立が決定された。第三次中東戦争の敗北を経て、現実主義化せざるを得なくなっていたエジプトもこれに賛同し、〝反動勢力の策動〟を批難することはなかった。

　かくして「イスラエルと戦うために腐敗・堕落した王制を倒せ」と主張するナセル流の〝アラブ民族主義〟はこの時点で実態を失い、〝アラブの大義〟はイスラエルと戦うためには共和制国家も君主国も団結すべきというロジックに読み替えられることになる。

図11　1969年にヨルダンが発行した岩のドームの切手。

　こうした状況の下、一九六九年十月九日、ヨルダンは岩のドームを描く四種セットの切手（図11）を発行した。四種のうち、十フィルス及び二十フィルス切手はフサイン国王と岩のドーム、二十フィルス及び四十五フィルス切手は、太陽を中心に左側にメッカのカアバ神殿、右側に国王と岩のドームを配したデザインである。

　これらの切手が、一義的には、イスラエルによる占領の正統性を否定し、自分たちこそが東エルサレムの正統な主権者であることを誇示するためのものであることはいうまでもない。特に、カアバ神殿と岩のドームを並置した高額切手は、両者がともにイスラムの重要な聖地であり、それゆえ、ヨルダン宗教省はムスリムを代表してワクフ財産としての岩のドーム（を含む神殿の丘）を管理する権限を有する

図12　ヨルダンが発行した“難民の悲劇と窮状”の切手の１枚。

図13　ヨルダンが発行した“聖地の悲劇”の切手のうち、瓦礫越しの岩のドームを描く１枚。

という、彼らの主張を表現したものとみるのが妥当と思われる。

発行日のタイミングからして、これらの切手は、八月二十一日のアクサー・モスク放火事件の発生以前から制作作業が進められていたと考えられるが、放火事件を経て、改めてそうした主張の意義を強く訴えるものとなったといえよう。

さらに、一九六九年十二月十日、ヨルダンは〝難民の悲劇と窮状〟（図12）及び〝聖地の悲劇〟（図13）と題して、第三次中東戦争の戦禍を訴える切手六十種を一挙に発行した。その一枚には、戦闘で破壊された市街地の瓦礫越しに聳える岩のドームを描くものも含まれている。

これらの切手もまた、一義的には〝イスラエルの蛮行〟を批難するものであったが、その内容を注意深く見てみると、その中には、イスラエルに対して抵抗する人々の姿は一切取り上げられていない。このことは、戦争の惨禍を繰り返してはならないとする主張の裏に、安易かつ不用意なゲリラ戦ないしはテロ活動はイスラエル側の攻撃を招き、さらなる悲劇をもたらしかねないとの懸念が込められていたためとみることも可能かもしれない。実際、一九六七年の第三次中東戦争の一因は、ＰＬＯ参加以前のファタハがイスラエルに対する挑発テロを繰り返してきたことにあり、カラメの戦いでも多くの兵士が犠牲になったヨルダン政府としては、次第に、ＰＬＯの武装闘争路線を無批判に支持するわけにはいかなくなる。

ブラック・セプテンバー

これに対して、依然として武力によるアラブ世界全体の再編成を主張する民族主義強硬派のＰＬＯは、

図14　クウェートが発行したパレスチナの闘士を称揚する切手。

安定化の方向に向かおうとする各国首脳の動きには不満を抱いており、イスラエルに対するテロ活動を止めようとはしなかった。そして直接、パレスチナの地と接していない（＝イスラエルとの直接戦闘の可能性がほとんどない）アラブ諸国の中には彼らのゲリラ活動を好意的に見ている国も少なくなかった。

たとえば、図14は、一九七〇年三月六日、クウェートがパレスチナの〝抵抗運動〟を称えるために発行した切手で、いずれも、岩のドームを背景にしたゲリラの姿が描かれている。パレスチナから遠く離れたペルシャ湾岸のクウェートでは、〝パレスチナ解放〟の問題も対岸の火事でしかなかったから、（あくまでも他人事として）それが実現できるのなら大変に結構なことだという程度の認識しかなかったのかもしれない。

しかし、この切手が発行されてから半年後の一九七〇年九月、当時ファタハに次ぐ勢力を誇っていた武装組織、パレスチナ解放人民戦線（ＰＥＬＰ：Popular Front for the Liberation of Palestine）がアラブ諸国とイスラエルとの和平交渉を妨害するために欧米系航空会社の旅客機をハイジャックし、ヨルダンの空港で炎上させる事件が発生した。

ＰＥＬＰは、一九五三年、パレスチナ難民のギリシャ正教徒で、ベイルートのアメリカン大学を卒業したジョージ・ハバシュが設立した民族主義組織〝アラブ民族主義運動〟（ＡＮＭ：Arab Nationalist Movement）がその源流である。ＡＮＭはアラブ世界の後進性を批判し、政教分離の世俗主義と社会主義的経済政策を主張。アラブ諸国に非合法の支部を組織し、一九六六年には軍事部門を設けて武装闘争を開始した。

第三次中東戦争後の一九六七年八月、ＡＮＭは、シリアの支援を受けてアフマド・ジブリールが組織したパレスチナ解放戦線（ＰＬＦ：Palestine Liberation Front）と合同して、マルクス・レーニン主義を掲げるＰＥＬＰが誕生する

ＰＥＬＰは、国際社会の耳目をパレスチナに集めるためにはテロをも辞さずとの立場から、一九六八

年七月二十三日にはローマ発イスラエル行きのエル・アル航空（イスラエルの国営航空会社）をハイジャックしたほか、同年十二月二十六日にはアテネ空港でイスラエル航空機に手榴弾を投げ、銃撃するテロを起こしている。

この時点では、ヨルダン政府はＰＥＬＰによるハイジャックやテロを内心苦々しく思いつつも、そのターゲットがイスラエルの航空会社であったことから、国内の反イスラエル感情を考慮して、事実上、これを黙認。ＰＥＬＰは、首都アンマンの北東に位置するザルカ（一九四〇年代以降、パレスチナ難民の流入により急激に拡大した都市で、第三次中東戦争後はヨルダン川西岸地区から逃れてきた難民が人口の半数以上を占めていた）近郊の砂漠地帯を事実上の支配下に置き、ヨルダン政府及び国軍の統制が届かない〝解放区〟としていた。

そして、一九七〇年九月六日、ＰＥＬＰはヨーロッパ各都市からニューヨークに向かった四機の旅客機（エル・アル航空機、米国のトランス・ワールド航空機、スイスのスイス航空機、米国のパンアメリカン航空機）を同時にハイジャック。このうち、エル・アル航空機とパンアメリカン航空機のハイジャックは失敗に終わったが、トランス・ワールド航空機とスイス航空機は、ＰＥＬＰの統制下にあったザルカ近郊の〝革命空港〟（もとは英空軍のドーソン基地だったが、トランスヨルダン独立後、放棄されていた）に強制着陸させられた。さらに、九月九日、バーレーン発ベイルート経由ロンドン・ヒースロー空港行きの英国海外航空機がハイジャックされ、〝革命空港〟に強制着陸させられた。

乗員・乗客を人質にとった犯行グループは服役中のＰＥＬＰ活動家（一九六八年のハイジャック事件の犯人を含む）の釈放を要求。国際赤十字委員会、ヨルダン、スイス、米英などの当事国や、ＰＥＬＰを支援していたシリアやソ連をも巻き込んでの交渉が行われた結果、九月十二日、人質は解放されたが、その後、〝イスラエルと国際社会の対応に対する抗議〟として、〝革命空港〟に駐機していた三機の旅

図 15　“革命空港”での旅客機爆破の成果を宣伝する PFLP のラベルが貼られた郵便物。

客機が、各国のメディアの目前で爆破された。

　これがいわゆる〝ブラック・セプテンバー事件〟である（図15）。

　ブラック・セプテンバー事件は、アラブ・イスラエル紛争とは直接無関係の欧米系航空会社が甚大な被害に遭ったもので、それまで、ＰＥＬＰとその上部組織であるＰＬＯを支援し、その〝武装闘争〟を黙認してきたヨルダン政府とフサイン国王の面目は丸つぶれとなった。このため、激怒したフサイン国王は、ＰＬＯとＰＥＬＰをヨルダン国内から排除することを決断。九月十四日、ヨルダン全土に戒厳令を施行したうえで、同十七日、国王守備隊が首都アンマンでＰＬＯとＰＥＬＰへの攻撃を開始し、ヨルダン内戦が勃発した。

　ヨルダン内戦はアンマンからヨルダン全土に波及し、政府軍の圧倒的な軍事力の前にＰＬＯとＰＥＬＰは敗走を重ねる。これに対して、ＰＬＯとＰＥＬＰを支援していた隣国のシリアが陸軍部隊をヨルダン領内に侵入させて介入。さらに、イスラエルがこれに反応してゴラン高原に陸軍部隊を展開させた。

こうして、ヨルダン内戦が中東全体を巻き込んだ全面戦争に発展することが懸念される中で、エジプト大統領のナセルが、ヨルダンとシリア、PLOを仲介し、PLO本部をレバノンに移転させることで関係国の合意を取り付け、九月二十七日、ヨルダン内戦の停戦が成立した。しかし、事態収拾に奔走したナセルは、停戦成立翌日の九月二十八日、過労による心臓発作で急死する。

かつて、アラブ民族主義の輝ける星であった男は、その理念が現実と完全に乖離したことを見届けたうえで、この世から姿を消したのである。

一方、PELPを筆頭とするPLO傘下の武装組織は、その後もシリアの支援を受けつつ、欧米諸国の民間人をテロの標的にすれば国際社会の関心は自ずとパレスチナに向くから、国際社会もパレスチナ問題の解決に本格的に取り組まざるを得なくなるだろうとの見通しの下、爆弾テロやハイジャック事件を競って繰り返した。「これまで何十年にもわたって国際社会は我々を無視するだけだったが、少なくとも現在では彼らは我々について議論している」というジョージ・ハバッシュの発言は、当時の彼らの心性を端的に表現している。

こうしたパレスチナ・ゲリラの無差別テロは、次第に世界各地の反米テロ組織と連携することになった。すなわち、イタリアの〝赤い旅団〟や西ドイツの〝バーダー・マインホフ・グルッペ（ドイツ赤軍）〟、日本赤軍などの極左組織が、共通の敵である米国とイスラエルを攻撃するという一点において利害を共有し、レバノンに集結して破壊工作を展開することになったのである。

西側諸国の極左組織のメンバーの大半は、ムスリムでもなければ、パレスチナの領土奪還に強い意欲を持っていたわけでもない。

たとえば、一九七二年五月、テルアビブのロッド空港（現ベングリオン空港）で日本赤軍のメンバー三人が自動小銃を乱射し、二十四人の死者が出るという惨事が発生したが、実行犯として逮捕された岡本公三は、イスラエル当局の尋問に対して「映画『栄光への脱出』（イスラエル建国を扱った親イスラエル的な内容の歴史映画）を観て感動したことがあり、イスラエルの民族主義には好意を抱いている」と応え、全世界を唖然とさせている。それでも、日本赤軍にすれば、テルアビブ空港でのテロ事件は、自らの存在を全世界にアピールし、パレスチナ・ゲリラとの連帯を深めるという点において、所期の目的を達するものと自己評価されたのである。そのあまりにも愚かで独善的な姿勢は多くの人々から強い非難を浴び、左翼運動への信頼を大きく損なうことになった。

リビアとミュンヘン五輪人質事件

こうして、相次ぐ無差別テロの結果、たしかに、国際社会はパレスチナ問題へ関心を寄せるようになった。しかし、当然のことながらその反応は、パレスチナ難民への同情とはならずに、パレスチナ・

図 16　リビアが発行したファタハ支持のプロパガンダ切手。

図 17　カダフィ

ゲリラに対する憎悪にしかならなかった。

それでも、強硬な反米の姿勢を掲げる彼らに対しては、東側陣営の盟主であるソ連をはじめ、米帝国主義を不倶戴天の敵とみなす中国や北朝鮮が、貴重な〝敵の敵〟として、支援を行った。この結果、さまざまなタイプの共産諸国の兵器が、PLO本部のあるレバノンの反米・反イスラエルの武装組織に流入し、彼らの軍事力を強化していくことになる。

そうした文脈で興味深いのが、一九七〇年にリビアが発行したファタハ支持のプロパガンダ切手(図16)である。

リビアでは、一九六九年九月一日、ムアンマル・カッザーフィー(以下、カダフィ、図17)陸軍大尉が王政打倒のクーデターを起こし、政権を掌握していた。

現在のリビア国家の枠組は、一九四九年にサヌーシー家のイドリース一世が独立を宣言したキレナイカ(現在のリビア国家のほぼ東半分に相当)と、イタリアの植民地だったトリポリタニア(西北沿岸部)及びフェザーン(西南内陸部)が連合し、一九五一年にイドリース一世を元首とするリビア連合王国を結成して独立したことによってできあがった。

親西側政策を採ったイドリース一世の治世下では、一九五五年から国際石油資本によって石油開発が進められ、産油国として莫大な石油収入が流入したが、一部の特権階級に富が集中し、多くの国民はその恩恵にあずかることはできず、生活は貧しいままだった。

そうした国民の不満を背景に、イドリース一世の外遊中にクーデターを起こしたカダフィは、思想的にはエジプト革命に感化されたナセル主義者だった。ちなみに、クーデター当時のカダフィの実際の階級は大尉だったが、尊敬するナセルが大佐を自称(実際は少佐)していたのを真似て、〝大佐〟を自称するようになったのが〝カダフィ大佐〟という呼称のもとになったという。

そうしたカダフィだけに、一九七〇年にナセルが亡くなると、その衣鉢を継いでアラブ民族主義／汎アラブ主義の後継者を自認し、ＰＬＯを支援して反イスラエルの旗印の下でアラブ諸国を糾合しようとした。イドリース一世時代のリビアが、一般の国民感情としてはともかく、現実の政策としてパレスチナ問題に対して何ら積極的なアクションを起こさなかったのとは対照的である。

図16の切手は、そうしたカダフィ政権の性格を如実に物語っている一枚で、切手には、覆面姿で木陰に潜むゲリラ兵の姿が描かれている。この切手の元になった写真は、一一四頁でもご紹介したファタハ制作の絵葉書で使われているのと同じもので、この絵葉書を見知っている者であれば、背後に岩のドームをイメージすることは容易であろう。

なお、この切手では、リビアの公用語であるアラビア語のほか、アル・ファタハ（〝アル〟はアラビア語の冠詞）の漢字表記である〝艾爾法塔〟やロシア語のキリル文字表記なども記載されており、東西冷戦という国際環境の下で、反米・反イスラエルの文脈で、東側世界を代表する中ソ両国もリビアと連帯してファタハを支援していることをアピールしようとする意図が示されている。

当時、ファタハやＰＥＬＰのテロ活動の背後にはリビアの影が見え隠れすることも珍しくはなかったが、その典型的な事例として挙げられるのが、ミュンヘン五輪での人質事件である。

ミュンヘン五輪開催中の一九七二年九月五日、ファタハが組織した秘密テロ組織の〝ブラック・セプテンバー〟は、五輪選手村でイスラエル選手団を人質にとって、イスラエル国内に収監されているパレスチナ人二百人の解放を要求。銃撃戦の末、人質九名全員と警察官一名が死亡し、犯人側は八名のうち リーダーを含む五名が死亡し、残りの三名が逮捕された。

ところが、同年十月二十九日、ブラック・セプテンバーのメンバー二人が、地中海のスペイン領、パルマ・デ・マリョルカ発フランクフルト行きのルフトハンザ六一五便をハイジャックし、人質となった乗客と交換に、ミュンヘン五輪事件で逮捕された三

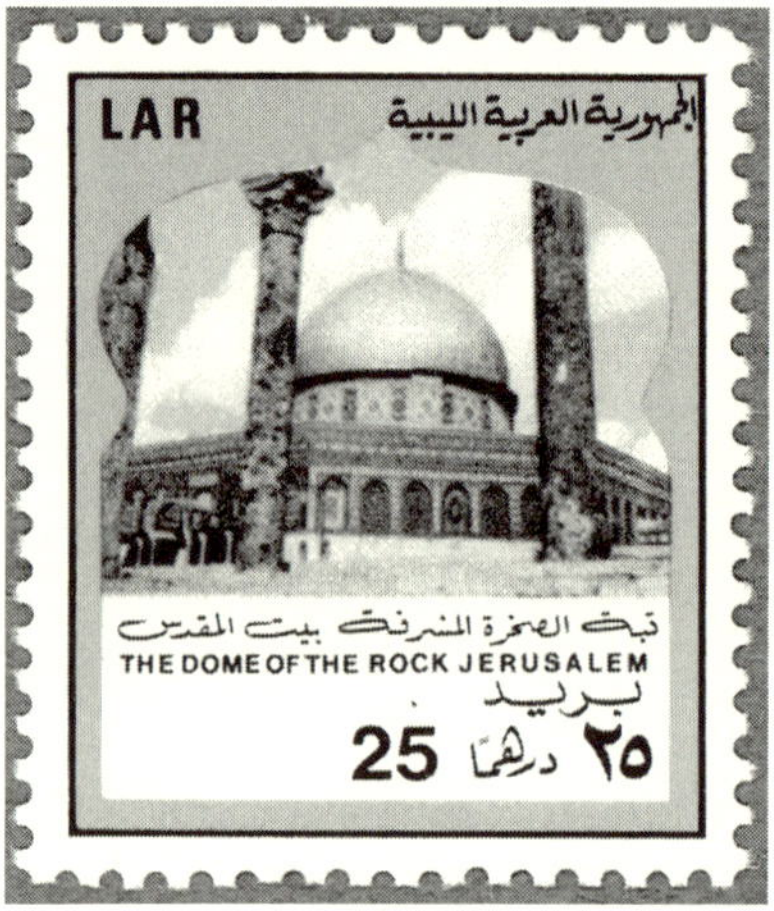

図18　リビアが1973年に発行した岩のドームの切手。

人の釈放を要求。これに対して、当時の西ドイツ政府は、イスラエル政府と協議することなく、即座にハイジャック犯の要求に応じ、収監中のブラック・セプテンバーのメンバー三人を釈放してしまう。

釈放された三人は、その後〝アラブの英雄〟として堂々とリビア入りを果たしており、一連の事件にカダフィ政権が関与していることが明らかになった。

〝英雄〟たちの凱旋を受けて、一九七三年一月十日、リビア郵政は岩のドームを大きく描いた切手（図18）を発行した。さすがに、テロ行為を直接的に称揚するような文言はないが、アラブ世界において、岩のドームが〝（シオニスト国家イスラエルの占領から）解放されるべきエルサレム〟のシンボルとなっている以上、テロリストの帰国に合わせてこうした切手を発行するのは、イスラエルに対する一種の勝利宣言とみてよいだろう。

これに対して、この切手の発行から一ヵ月後の一九七三年二月二十一日、トリポリ発カイロ行きのリビアン・アラブ航空一一四便が悪天候のため既定のルートを外れ、イスラエル占領下のシナイ半島上空を通過した際、イスラエル空軍機は容赦なく同機を撃墜。乗員八名、乗客百五名のうち副操縦士と乗客四名を除く百八名が死亡する大惨事となった。

イスラエル当局は、空軍による一一四便の撃墜は〝不幸な偶然が重なった事故〟として犠牲者の家族に対する賠償金の支払いを約束したものの、アラブ世界ではこれを額面通りに受け取る者は少なく、事実上、イスラエルによる報復措置と理解する者が圧倒的に多かった。

そして〝事故〟から七ヵ月余りが過ぎた一九七三年十月六日、第四次中東戦争が勃発すると、カダフィ政権はリビア国家として初めて、アラブ遠征軍に加わりイスラエル軍と直接刃を交えることになる。

ナセルからサダトへ

さて、ヨルダン内戦の停戦合意が成立した翌日の一九七〇年九月二十八日、エジプトでは大統領のナセルが急死し、副大統領のアンワル・サダトが大統領に昇格した。

サダトは、一九一八年、エジプト北部、ナイルデルタ内のミヌーフィーヤ県ミート・アブー・クームで、貧しいスーダン系エジプト人の家に生まれた。

一九三八年、カイロの王立陸軍士官学校（ナセルとは在学中の同期である）を卒業。第二次世界大戦中にはエジプト軍の士官として従軍したが、一九四二年にロンメル率いるドイツ・アフリカ軍団がエル・アラメインに進撃すると、それに呼応して反英テロを計画したとして投獄され、軍籍を剥奪された。

その後、ナセルとともにエジプト革命を目指して自由将校団を結成。一九五二年の革命後はナセルの片腕として、国務大臣、人民議会議長を経て副大統領に就任。ナセルの死を国民に発表し、一九七〇年十月十五日、大統領に就任した。

ナセル政権の末期、エジプトはソ連への傾斜を強めていた。東西冷戦という国際環境の下で、米国が支援するイスラエルと対抗するためには、敵の敵であるソ連と結ぶ必要があったためだが、ソ連の軍事支援に対する依存度が高まれば高まるほど、エジプトの自立性は損なわれる。これでは、英国追従の旧王制を打倒した革命の大義は骨抜きになってしまう。

このためサダト政権は、ソ連の軍事支援に対する過度の依存を是正すべく、政権内部の親ソ派幹部を一掃したほか、一九七二年七月までに全軍事顧問団を国外追放し、エジプト内のソ連軍関連施設を政府管理下に置いた。これと併せて、ナセル時代の社会主義的な経済政策から経済自由化に大きく転換。一九六一年にシリアが離脱して以来、実態としては解消していながら、アラブ民族主義の建前からナセルの時代にはそのまま放置されていた〝アラブ連合共和国〟の名称を捨て、国号をエジプト・アラブ共和国に変更するなど、〝革命の矯正〟を進めることになった。

　もっともエジプト国内においては、ナセルの権威は死後も絶大なものがあり、彼の事績を全て否定してしまえば、サダト政権は自らの正統性を維持することができない。〝革命の矯正〟という表現も、ナセルが主導した革命の基本理念に誤りはないが、若干の不具合を正して、革命本来の大義に立ち戻るという立場を示すものであって、サダトは前政権との継続性も国民に対してアピールしなければならない。

　この点において、サダト政権がまず強調したのが、イスラエルに対する強硬姿勢であり、イスラエルによって祖国を追われたパレスチナの同胞を救えという〝アラブの大義〟である。

図19　1971年にエジプトが発行したUNRWA切手。

　図19は、そうした文脈から一九七一年に発行された〝国連パレスチナ難民救済事業機関（UNRWA）〟の活動を宣伝する切手（以下、UNRWA切手）で、パレスチナの象徴として岩のドームを背景に、難民キャンプが描かれている。

　UNRWAは第一次中東戦争後の一九四九年十二月八日に設置された国連の事業機関で、ガザ地区、ヨルダン川西岸地区、ヨルダン、レバノン、シリアで約五百万人のパレスチナ難民に教育、保健、福祉、

図20　1972年のUNRWA切手。

救急などの援助及び人間開発を行う。その設立に際しては、アラブ諸国はもとより、イスラエルも人道的立場から国連総会で賛成票を投じた。

UNRWAの定義による〝パレスチナ難民〟は「一九四六年六月一日から一九四八年五月十五日（第一次中東戦争勃発の日）までの間にパレスチナに住んでおり、その家と生計を失った者とその子孫」とされている。もちろん、一九六七年の第三次中東戦争以降、イスラエル占領下のヨルダン川西岸及びガザ地区から逃れてきた難民であっても、上記の期間に本人もしくは両親・祖父母がパレスチナに住んでいれば、〝パレスチナ難民〟と認定されうる。第三次中東戦争以前はヨルダン領内にあった岩のドームが描かれているのも、（彼らの理解によれば）イスラエルによる不法な占領によって、新たなパレスチナ難民がつくりだされたことを非難する意図が込められているからと見ることができる。

UNRWA切手は、翌一九七二年にも発行されている（図20）。

こちらは、難民の女性と子供に、パレスチナの地図と岩のドームを組み合わせたデザインだが、細かく見てみると、いろいろと興味深いことがわかる。

まず、一九七一年の切手に取り上げられている女性は、ムスリマ（イスラム教徒の女性。ムスリムの女性形）としてヒジャーブ（頭髪を覆うスカーフ）を着用しているが、一九七二年の切手の女性は、全員、頭髪のみならず顔だけを出して首の下、胸の上まで覆い隠すヒマールを着用したスタイルとなっている。

イスラムの教えでは、コーラン第三十三章五十九節の「預言者よ、妻や娘たちや信者の女性に長衣をまとうようにいえ。（女たちの立場が）知られ、傷つけられないように……」、同じく第二十四章三十一節の「外にあらわれるもの以外は、女性の美や飾りを見せてはならない」「ベールで胸を覆え」等の文言を根拠として、女性は身体全体と髪を覆うべきだとされている。その際、保守的なムスリムであればあるほど、女性はより多くの部分を隠すべきだと考える。具体的には、頭髪のみを覆うヒジャーブよりも、頭頂部から胸の上まで覆い隠すヒマール（顔は露出している）の方が、さらに、顔も目の部分以外は覆い隠すニカーブを着用する方が、ムスリマとしてより敬虔ないしは保守的であることの意思表示となる。

エジプトは人口の九〇％がムスリムであり、憲法でもイスラムが〝国教〟に指定されているが、一九五二年の革命によって成立したナセル政権は、基本的には世俗主義国家であり、一九五四年にムスリム同胞団によるナセル暗殺未遂事件が摘発された後は、イスラム復興勢力は政治の場から徹底的に排除され

図21　エジプト革命成功の記念切手。

てきた。

そうした政治状況は、国家のメディアとしての切手にもしっかりと反映されている。

既に、革命直後の一九五二年十一月に発行された革命成功の記念切手（図21）でも、描かれている女性は民族衣装のガラビーヤと思しき服装をしてはいるものの、髪は覆っておらず、非イスラム的な姿になっているが、一九五六年、第二次中東戦争で英仏の侵略に一致団結して戦うエジプト国民を取り上げた切手（図22）では、手榴弾を持った女性は袖をまくって肘を見せ、豊かな髪をなびかせている。非常時とはいえ、女性は身体全体と髪を覆うべきという伝

図22　第二次中東戦争時にエジプトが発行した戦意高揚切手。

統的なイスラムの価値観からすれば、許容しがたいスタイルであり、ナセル政権の〝イスラム〟に対する処遇が透けて見えるといってよい。

これに対して、〝革命の矯正〟を進めたサダトは、国民の九〇％がムスリムであるという現状を踏まえ、（あくまでも政権にとっての脅威にならない範囲内に限ってだが）イスラム勢力を尊重し、いわゆる原理主義的な政治勢力の中でも、穏健なものに対しては一定の活動の自由を認めていた。

一九七一年の切手にヒジャーブ姿の女性が登場し、さらに、一九七二年の切手では、それがヒマール姿に代わっているということは、サダト政権下において、保守的な

価値観が復権を果たしたことの反映したものと考えてよい。

さらに、一九七二年の切手に描かれているパレスチナの地図が、ガザ地区をエジプト領ではなく、パレスチナの一部として描いている点にも注目したい。

一九四八年に第一次中東戦争が勃発すると、パレスチナに進駐した王制時代のエジプト軍はガザ地区を占領し、自国の領土として併合してしまった。アラブ民族主義とパレスチナ解放の大義を掲げていたはずのナセル政権も、(パレスチナの一部であるはずの)ガザ地区を放棄する意図は全くなく、第三次中東戦争でイスラエルによって占領されるまで、ガザ地区を自国の領土として扱い続けた。

ところで、第三次中東戦争では、イスラエルはガザ地区のみならず、第一次中東戦争以前からのエジプト〝固有の領土〟であるシナイ半島も占領してしまった。

この状況下では、エジプトにとっては、まずはシナイ半島の奪還を優先し、余裕があればガザ地区の再占領も目指すというのが順当なプランということになる。それゆえ、イスラエル占領下のガザ地区については、いったんはエジプトの枠組から切り離して〝占領パレスチナ〟の一部に還元し、そのうえで、改めて〝パレスチナ全土〟の解放という大義に結び付ける方が外交上も得策と判断された結果、切手上のパレスチナ地図にも、旧エジプト領としてのガザ地区が加えられることになったのではないだろうか。

さて、〝革命の矯正〟の一環としてソ連の軍事顧問団を追放したサダトは、ナセル政権の失敗から、米ソ両国はそれぞれの思惑から中東に関与しているだけであって、彼らに任せていてもシナイ半島を奪還することは不可能であることを喝破していた。となれば、武力による自力奪還以外に、エジプトの採るべき現実的な選択はない。

かくして、サダトはナセルとは全く異なる視点から、対イスラエル戦争の準備を開始することになる。

図23　アサド。

ポスト・アフラクのバアス党

エジプトでサダト新政権が発足したのとほぼ時を同じくして、シリアでも、一九七〇年十一月十三日、国防大臣のハーフィズ・アサド（図23）によるクーデターが発生し、事実上の最高権力者であったサラーフ・ジャディード（公的な地位としてはシリア・バアス党第二書記）が失脚する。

ジャディードの政治路線は、アラブ諸国との軍事同盟よりもシオニストとの〝人民戦争〟を重視するという基本方針の下、イスラエルとサウジアラビア（アラブ社会主義の視点からは〝反動アラブ諸国〟の筆頭と目されていた）に対して強硬路線を採るというものだった。しかし、第三次中東戦争の敗戦によりその権威は大きく損なわれ、さらに一九七〇年九月のヨルダン内戦に際してPLOを支援したことなどによって、バアス党内の穏健派（現実主義派）と激しく対立することになった。

一九七〇年のシリアのクーデターはこうした背景

の下で発生したもので、政権を掌握したアサドは、ジャディードに連なる党内左派を追放するとともに、〝（ナセル時代の行きすぎた）革命の矯正〟を進めていたサダトとも連携し、第三次中東戦争で失ったゴラン高原の奪還を目指して軌道修正に乗り出した。

　この間、イラクで亡命生活を送っていたミシェル・アフラクはイラク政府にヨルダン内戦への介入を求めたが、バクル政権はこれを拒否。すると、アフラクはこれに抗議してレバノンに再亡命し、翌一九七一年、シリアのアサド政権は欠席裁判でアフラクに死刑判決を下した。

図24　イラクが発行した“軍人の日50年”の記念切手。

図25　イラクの“7月17日革命4周年”の記念切手。

　こうした事態の変化を受けて、一九七一年、イラクは〝軍人の日五十年〟の記念切手（図24）を発行する。

　イラクの祝日としての〝国軍の日〟は毎年一月六日に設定されているが、これは、親英王制時代の一九二一年一月六日にイラク王国軍が発足したことによるもので、一九七一年はそこから起算して五十周年にあたっている。

　図24の切手にはパレスチナの地図を背景にした岩のドームと、そこに向かって進軍するイラク軍が描かれているほか、額面数字の四十よりも大きな文字で〝五十（周年）〟と表示されており、あたかも、イラク国軍がパレスチナ解放の大義のために五十年間戦ってきたかのようなイメージで構成されている。

　もちろん、英委任統治時代のパレスチナにおいて、イラク王国軍がアラブ系住民を守ってシオニストと戦ったという事実はなく、切手のイメージは歴史的な事実とは異なる。しかし、この切手では、一九四七年にシリアでバアス党が正式に発足する以前から存在していたイラク王国軍とパレスチナ解放の大義を結びつけることによって、自分たちこそがアラブ民族主義の嫡流であることを主張しようとした意図が読み取れる。

さらに、一九七二年にイラクが発行した〝七月十七日革命（一九六八年にバクルが政権を掌握したクーデターの自称）四周年〟の記念切手（図25）でも、アラブ世界の地図と岩のドームの下に団結する人々が図案化されており、バアス党政権は、自分たちこそがアラブ民族主義に基づくパレスチナ解放の大義を奉じていることを強調している。

第四次中東戦争

第三次中東戦争（一九六七年）の敗戦後、エジプトにとっての最重要課題はイスラエルからシナイ半島を奪還することにあった。

一九七〇年にナセルの死を受けて政権を継承したサダトは、シナイ半島の自力奪還を目指し、シリア大統領ハーフィズ・アサドとも連携をとりながら、対イスラエル戦争のプランを練り始める。

戦争計画の策定にあたっては、戦争の長期化は絶対に避けるとの前提の下、イスラエルに軍事的な大打撃を与えることで、大国による和平の仲介を引き出すという基本方針が確認された。このため、戦争計画は、緒戦の電撃的な侵攻作戦に重点が置かれ、スエズ運河の潮流や月齢などを考慮した結果、ユダヤ教の贖罪日（ヨム・キップール）でイスラエル軍の態勢が手薄になる一九七三年十月六日が開戦予定日として設定された。

かくして、一九七三年十月六日、エジプト・シリア連合軍によるイスラエルへの奇襲攻撃によって、第四次中東戦争の火ぶたが切って落とされた。

開戦当初の三日間、エジプト軍はイスラエルに対する大規模攻撃を展開し、スエズ運河を渡河して、イスラエルの航空機五十機と戦車五百五十両を撃破するという華々しい戦果を挙げた。このうち、スエズ運河渡河作戦の成功は、イスラエルに対するアラブ最初の勝利として大々的に喧伝され、サダトは「渡河作戦の最高指揮官＝イスラエル軍不敗神話を破ったアラブの英雄」として、その権威は絶大なものとなった。

図26　エジプトが発行したスエズ渡河の記念切手。

スエズ運河渡河作戦の成功を祝して、一九七三年十二月二十三日、エジプト郵政はサダトの肖像と運河を渡河するエジプト軍を描く記念切手（図26）を発行する。

上述のように、サダトの戦争目的は、あくまでもシナイ半島の奪還であって、パレスチナの解放ではない。このため、エジプトの発行する記念切手に〝パレスチナ〟を連想させる要素が盛り込まれていなかったとしても、それはある意味で自然なことであった。

一方、イスラエル＝シリア国境のゴラン高原では、シリア軍が快進撃を続け、アラブに対するイスラエルの不敗神話は崩壊する。

もっとも、エジプト・シリア両軍の優勢は長続きしなかった。はやくも十月十一日にはイスラエルはゴラン高原での大反攻を開始し、シリア領内に突入。さらに、シナイ半島方面でも、同十六日にはスエズ運河の逆渡河に成功してエジプト領内に進攻し、形勢は逆転した。

ところが、翌十七日、アラブ産油国十ヵ国が米国とイスラエル支援国に対する原油輸出の五％削減を発表すると同時に、同六ヵ国が原油価格の二一％引き上げを決定した。さらに、イスラエル軍が一九六七年の第三次中東戦争以前の境界線まで撤退しない限り、以後、毎月五％ずつ原油生産を削減すると発表する。

いわゆる（第一次）石油危機の発生である。

対イスラエル開戦を準備する過程で、サダトは親イスラエル諸国への石油輸出を減少させることでイスラエル陣営に経済的打撃を与えることを計画。アラブ産油諸国への根回しを開始した。これを受けて、一九七三年四月以降、サウジアラビアは、米国がイスラエル支援政策を変更しない限り、石油生産を増産しない（あるいは米国に協力しない）可能性があると米国に対して繰り返し警告を発していた。

そして、第四次中東戦争が勃発し、戦況がエジプト・シリアに不利になりつつあったタイミングをねらって、いわゆる石油戦略を発動したというわけである。

これに対してキッシンジャーは、米国のイスラエルへの武器供与は中東でのソ連の影響力拡大に対抗するためのものであって、反アラブを意図したものではないと弁明したが、十月十九日、大統領のニクソンが議会に対して二十二億ドルのイスラエル軍事援助を認めるよう求めたことで、中東産油国の対米不信は決定的なものとなった。

結局、翌二十日、サウジアラビアが米国に対する石油の全面的な輸出禁止を発表すると、イラクをのぞくアラブ産油国の全てがこれに同調。アラブ諸国から米国とオランダ（米国のイスラエル軍事援助に際して国内の空軍基地使用を許可したことから、アラブ諸国から「敵」と認定されていた）への石油の輸出が全面的に停止される。アラブ諸国の強硬姿勢に接してパニックに陥った西側諸国は、自国の経済を防衛するため、イスラエルとの友好関係を見直すようになった。

サウジアラビアを含むアラブ産油国がサダトの要

図 27　岩のドームを描くファタハのプロパガンダ・ラベルが貼られたスエズ渡河記念切手の初日カバー。

請を受けて石油戦略を発動したのは、エジプトがイスラエルに勝利すれば、第三次中東戦争以降、エルサレム旧市街を含むヨルダン川西岸地区からイスラエルが撤退し、ともかくも〝アラブの大義〟が果たされることを期待したからであって、エジプトなりシリアなりの個別の〝失地〟が回復されるか否かはあくまでも二義的な問題である。

サダトの本音とは裏腹に、〝アラブの大義〟を実現することへの期待は、エジプトの一般国民の間でもそれなりに根強かったようで、そうした意識を反映するかのように、スエズ渡河の記念切手の初日カバー（切手を封筒に貼り、発行日の消印を押して作った記念品）には、ファタハが制作した〝パレスチナ解放〟のプロパガンダ・ラベルを貼付したモノが少なからず存在する（図27）。

さて、戦況が次第にイスラエル有利に傾いていくと、ソ連はエジプト（サダトによる軍事顧問団の追放後もソ連はエジプト領内の基地使用権を保有していた）とシリアが第三次中東戦争に続いて大敗することで、中東におけるパワーバランスが大きく崩れることを懸念し、米国と協議を開始。ソ連がエジプトとシリアに対して、米国がイスラエルに対して、それぞれ、早期の停戦を受け入れるよう、強く説得した。

一方、イスラエル敗北の既成事実を作った上で停戦協定を結び、シナイ半島を奪還することを本音の部分での戦争目的としていたサダトも、緒戦の優位が失われていたことから、停戦の受け入れに前向きな姿勢を示した。これに対して、戦況が好転しつつある中での停戦受諾はイスラエルにとっては不満の残るものではあったが、米国はなんとかイスラエルの説得に成功する。

こうして、十月二十二日の国連安保理において、関係諸国に対する停戦決議（決議第三三八号）が採択され、同二十五日、停戦が成立する。

フサイン国王のイラン訪問

第四次中東戦争の停戦から間もない一九七三年十一月二十日、ヨルダンのフサイン国王は、ザイド・リファーイー首相（反PLO強硬派の総帥で、同年五月、前任のアフマド・ラウズィーに代わって首相に就任）、ザイド・ビン・シャーキル参謀総長を伴ってイランを訪問。イランのモハンマド・レザー・シャー（パフラヴィー国王）に対して、一九六七年以来のイスラエル占領地の返還に向け、協力を要請した。

ヨルダンとイランの外交関係は、一九四六年のトランスヨルダン（当時）独立に伴い、アンマンとテヘランに両国領事館（一九五九年、大使館に昇格）が設置されたことに始まる。

一九五八年、エジプト・シリアの合邦により〝アラブ連合共和国〟が発足すると、アラブ民族主義・共和革命の波及を恐れたヨルダンは、同じくハーシム家の君主国であったイラクとアラブ連邦王国を樹立してこれに対抗しようとした。しかし、同年七月十四日、イラクではアブドルカリーム・カーシムらによる軍事クーデターが発生し、ハーシム家の王制は打倒されてしまう。この結果、周囲を敵国（イスラエルのみならず、急進民族主義・共和革命派のイラク、エジプト、シリアも王制の維持という点では潜在的な敵国である）に囲まれることになったヨルダンは、安全保障上の対抗策として、親西側の王制国家であったイランとの関係強化を目指すようになる。

一九六〇年七月二十三日、イランがイスラエルを国家承認すると、ヨルダンを含むアラブ諸国とイランの関係は冷却化し、ヨルダンもフサイン国王が抗議の書簡を送るなどしたものの、ヨルダン＝イラン関係が決定的に破綻することはなかった。

一九六五年、サウジアラビアのファイサル国王は、エジプトのナセル政権による〝革命の輸出〟に対抗すべく〝イスラム連合〟構想を提唱すると、ヨルダンのフサイン国王はこれに賛同し、イランのパフラヴィー国王も同構想を歓迎した。この構想は一九六七年に第三次中東戦争が勃発したことで頓挫してしまうが、これを機に、ヨルダンとイランの関係は大きく改善され、ヨルダン川西岸がイスラエルに占領されると、パフラヴィー国王は占領地の返還を求めるヨルダンの主張を支持する姿勢を鮮明にした。

第四次中東戦争勃発直前の一九七三年九月、フサイン国王はサダト及びアサドと会談し、エジプト、シリア両国との〝和解〟を宣言した。会談の席上、既に戦争準備を進めていたサダトとアサドは対イスラエル戦争の可能性について打診したが、戦争が勃発すればさらに領土を失うことを恐れた国王はこれを断った。この時点で、国王は、サダトとアラファトの間で、アラブ側が戦争に勝利を収めた場合には、ヨルダンが自国領と主張しているヨルダン川西岸地区を（ヨルダンに無断で）ＰＬＯに譲渡するとの密約がなされているのではないかと疑っていた。このため、三国首脳会談後の九月二十五日、国王は極秘裏にテルアビブに飛び、イスラエルのゴルダ・メイア首相にシリアがイスラエルを攻撃するかもしれな

図28　ヨルダンが発行した“ペルシャ帝国2500年”の記念切手。

いと警告した。これに対して、メイアは「シリアが攻撃を仕掛けてくるとしても、エジプトはそれに加わらないだろう」との見通しを示したが、国王はこれを否定し、エジプト・シリアの連合軍がイスラエルを攻撃するだろうと応じている。

　はたして、十月六日、エジプト・シリア連合軍はイスラエルに対して戦端を開いた。ヨルダンは、小規模な支援部隊をシリアに派遣したが、基本的には、第四次中東戦争には加わらなかった。

　フサイン国王のイラン訪問はこうした状況の下で計画され、第四次中東戦争最中の十月、ヨルダン郵政は国王の外遊とイランとの友好ムードを盛り上げるため、〝イラン建国二五〇〇年〟の記念切手（図28）を発行する。

　イランでは、一九七一年十月十二日から十六日まで、キュロス二世によるアケメネス朝建国以来のイランの君主制二五〇〇周年を記念するとして、〝イラン建国二五〇〇年祭典〟を開催した。歴史的事実から言えば、アケメネス朝ペルシャの建国は紀元前五五〇年のことで、その二五〇〇周年は一九五〇年のはずだが、一九六三年に〝白色革命〟と称する西洋化・近代化政策を発動したパフラヴィー国王は、〝革命〟の成果とペルシャ帝国以来の歴史的伝統を重ね合わせて国威発揚の機会とするため、自らの即位三十周年（パフラヴィー国王の即位は一九四一年九月二十六日）にあたる一九七一年秋にあわせて、大々的な祝賀イベントを行ったのである。なお、〝イラン建国二五〇〇年祭典〟にはヨルダンのフサイン国王も国賓として招待されているが、実際に祝賀行事が行われた一九七一年にはヨルダンは関連の記念切手を発行していない。

さて、一九七三年にヨルダンが発行した〝イラン建国二五〇〇年〟の切手は、両国の国王の肖像とあわせて、イランを代表する建造物としてキュロス二世廟、ヨルダンを代表する建造物として岩のドームが並べて描かれている。

ヨルダンとしては、岩のドームを含むヨルダン川西岸地区はいかなる事情があろうともヨルダンの領土であり、友好国のイランもその立場を支持していることを内外に示そうとしたのである。

ところが、第四次中東戦争は、サダトの思惑通り、エジプト・シリア連合軍が最初の一撃でイスラエルにダメージを与えたことで、両国がイスラエルの譲歩を引き出す前提条件が整ってしまった。こうなると、戦争に参加しなかったヨルダンは、失地回復の機会を与えられないどころか、戦争当事国間の交渉次第では、(ヨルダンが自国領土と主張している)ヨルダン川西岸地区がPLOに譲渡されてしまうという最悪の結末を招きかねない。

このため、一九七三年十一月二十日の国王のイラン訪問では、両国の友好の証として、ヨルダン川西岸のイスラエル占領地はヨルダンに返還されるべきであるとの立場が確認され、イランは(米国の承認を得て)F5戦闘機二十四機をヨルダンに提供するとの合意が成立。イスラエルとの交渉に臨もうとするエジプトにプレッシャーをかけている。

〝平和の人〟

第四次中東戦争の停戦の成立を受けて、一九七三年十二月二十二日、米ソ両国の主導によりジュネーヴで中東和平会議が開催された。

米国の目指していた〝中東和平〟は、端的にいえば、エジプトとイスラエルの単独和平を実現することであり、全当事国間の和平の実現やパレスチナ問題の抜本的解決はその中には含まれていなかった。

会議の席上、キッシンジャーはスエズ運河周辺とゴラン高原でアラブ、イスラエル両軍の兵力を引き離すための協定締結に向けて合同委員会を設置する

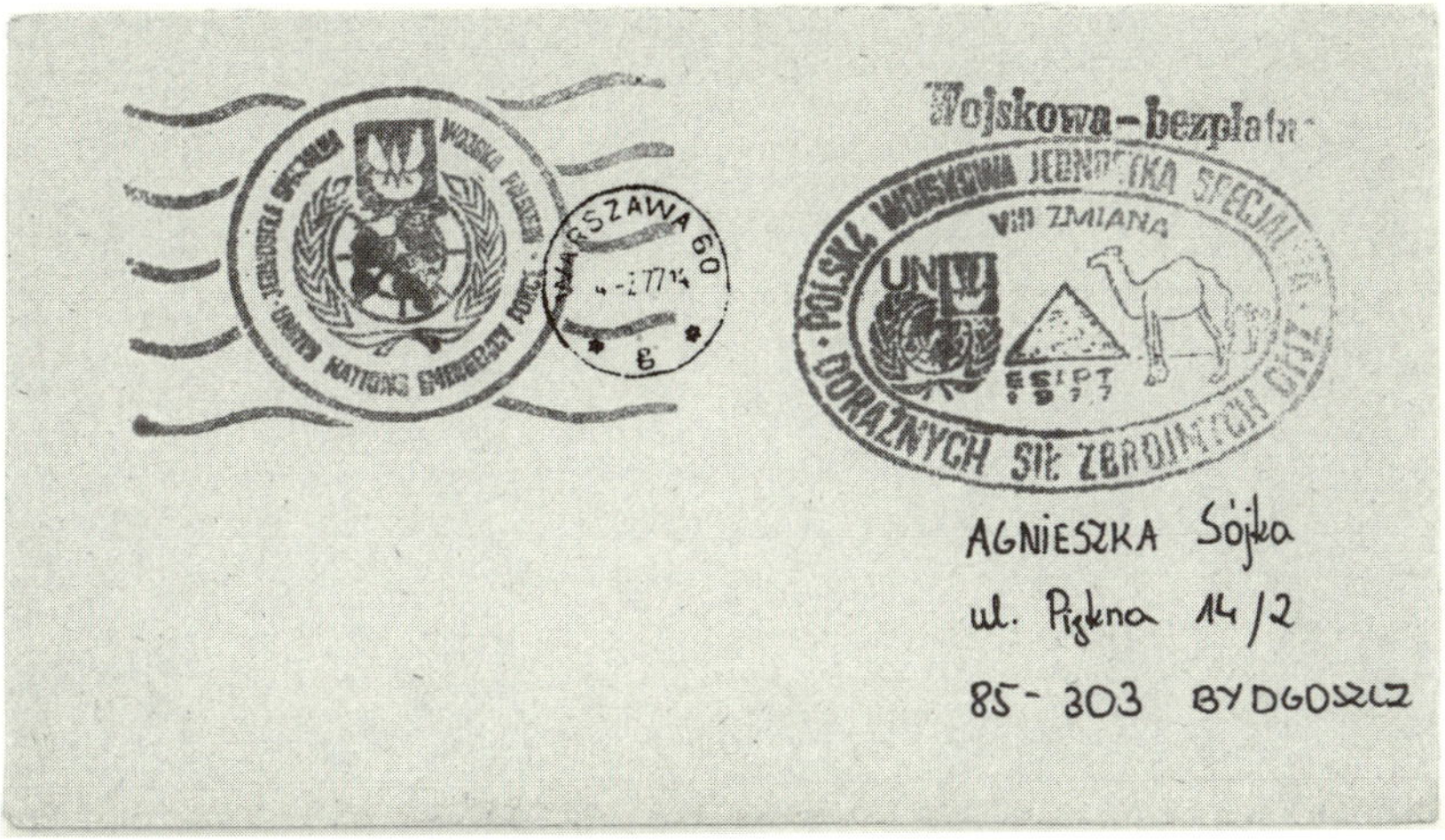

図29　休戦監視軍に参加したポーランド部隊の野戦郵便局から差し立てられた郵便物。

ことを提案。これを受けて、一九七四年一月十八日、

①四十日以内に、イスラエルがスエズ西岸の橋頭堡を放棄し、スエズ東岸で運河から約二十マイル撤兵する

②エジプトは東岸に一定の兵力を維持する

③両軍の間を国連の休戦監視軍（図29）がパトロールする

というシナイ半島の兵力分離協定が調印された。

この協定は、キッシンジャーと協議を重ねたサダトが、スエズ運河東岸には最低限のエジプト軍兵力しか残さないというイスラエルの要求を受け入れたことで、両国間の合意に至ったものである。

部分的にせよ、イスラエル軍撤兵の悲願を実現させたエジプトは、同年二月、第三次中東戦争以来途絶していた米国との外交関係を再開し、ニクソンをエジプトに招待した。

こうしたサダトの姿勢は、関係国との個別交渉を通じて問題の解決を図ろうとするイスラエルの方針に沿ったものであり、「（イスラエルを）承認せず、

（イスラエルとは）交渉せず、講和せず」の三不政策を基本方針とする〝アラブの大義〟という点からは許容され得ないものではあるが、シナイ半島奪還というエジプトにとっての現実的な課題を解決するためには背に腹は代えられない。そこで、サダトとしては、「アラブの盟主であるエジプトは、アラブを代表して、パレスチナ問題の解決も含めてイスラエルと交渉しているのだ」という建前を掲げる必要がある。

しかし、たしかにエジプトはアラブ世界随一の大国であることは否定できないにせよ、エジプト大統領のサダト一個人にパレスチナ（人）の代弁者を称する権利があるかどうかは、別の次元の話である。

このため、一九七四年十月、モロッコのラバトで開催されたアラブ連盟首脳会議では〝パレスチナ代表〟の資格をめぐって議論となり、最終的に、PLOが〝パレスチナ人の唯一正統な代表〟とされた。さらに、パレスチナの解放が実現された暁には、パレスチナの土地はパレスチナ人の代表であるPLOに返還されることも併せて決議された。

当然のことながら、ヨルダン川西岸地区の領有権を主張していたヨルダンはこれに猛反発したが、PLOは翌十一月には国連のオブザーヴァー資格も獲得し、〝パレスチナ人代表〟としての国際的な地位を確立する。ただし、米国はPLOを〝テロ組織〟と認定していたため、テロ組織とは交渉しないという彼らの原則に則り、その後もPLOを無視し続け、エジプト・イスラエル和平の実現がそのまま中東和平であるとの認識を抱き続けていた。

一方、一九七四年一月の兵力分離協定という成果を得て、シナイ半島奪還という目標が外交努力によって徐々に達成されつつあるのを確認したサダトは、イスラエルに対する融和的な姿勢を強め、一九七五年九月にはシナイ半島での第二次兵力分離協定の調印に成功した。しかし、そうした国益の追求は、明らかに〝アラブの大義〟を蔑ろにしている印象を与えるものであったから、エジプトはさらなる弁明を重ねざるを得なくなった。

図30　エジプトが1975年に発行した“預言者生誕祭”の記念切手。

たとえば、第二次兵力分離協定の交渉が進められていた一九七五年三月二十五日に発行された「預言者生誕祭」の記念切手（図30）には、メッカのカアバ神殿と並んで岩のドームが描かれている。

預言者生誕祭は、イスラムの預言者ムハンマドのヒジュラ暦での誕生日、すなわち、ラビー・アル＝アウワル月（第三月）十二日に行われる祭礼で、完全太陰暦のヒジュラ暦は一年が三五四日であるため、日本で一般的に用いられている太陽暦の日付は年によって異なる。イスラム世界ではほとんどの国で祝日となっており、エジプトでは、特に盛大な祭礼が行われることで知られている。その意味では、エジプト郵政が記念切手を発行しても何ら不思議はない。

岩のドームは、預言者ムハンマドが大天使ジブリール（ガブリエル）に導かれて天界飛翔の旅に出た際の出発地の岩を覆うように建てられており（それが名前の由来である）、それゆえ、イスラムにとっての聖地にもなっている。したがって、預言者生誕祭の記念切手に取り上げられていても、そのこと自体は不思議ではない。

ただし、預言者生誕祭は毎年恒例の行事ではあるが、エジプトでは前年の一九七四年まで、生誕祭の記念切手が発行されたことはなく、一九七五年になって突如発行されている。その背景には、やはり、エルサレムがイスラムの聖地であることのシンボルとして岩のドームの切手を発行することで、エジプトはシナイ半島奪還という自国の利益のためにパレスチナを見捨てたわけではないとの主張を盛り込もうという意図が透けて見えるように思われる。

一方、エジプトでは、毎年恒例の切手としてパレスチナ難民救済を題材としたUNRWA切手を発行しているが、一九七二年まではパレスチナの象徴としてアクサー・モスクや岩のドームが取り上げられていたのに対して、第四次中東戦争、すなわち、エジプトにとってのシナイ半島奪還のための戦争が始まった一九七三年から一九七五年までの切手は、難民キャンプを図案の中心に据えているものの、岩のドームそのものは取り上げられていない（たとえば、図31は、一九七五年に発行された切手）。

図31　1975年のUNRWA切手。

図32　1976年のUNRWA切手。

図33　テルアビブ=カイロ間の航空路線開設の記念カバー。

ところが、イスラエルとの交渉が進展しつつあった一九七六年になると、UNRWA切手（図32）には岩のドームが復活しており、エジプトはパレスチナの土地そのものを忘れたわけではないという姿勢が表現されている。

　しかし、エジプトがどれほどそうした切手を発行しようとも、サダト政権が米国の考える〝中東和平〟の枠組を受け入れ、イスラエルに対する姿勢を急速に軟化させつつあったことは、誰の目にも明らかであった。

　かくして、一九七七年十一月、サダトは、ついに、アラブ国家の元首としてはじめてイスラエルを公式訪問。イスラエル国会で演説し、イスラエルとの単独和平を目指す姿勢を明らかにする。これを受けて、同年十二月、返礼のためにベギンもカイロを訪問し、エジプト＝イスラエル間の関係は急速に改善されていった。

　図33は、そのベギンのカイロ訪問にあわせてテルアビブ＝カイロ間の航空路線が開設されたことを記念する印の押された郵便物で、使用されている封筒はカイロで行われた両国首脳会談を記念したものである。また、余白には、英語・アラビア語・ヘブライ語で「平和」の文字が入った首脳会談の記念印が押されているほか、エジプト・イスラエル両国の国旗と並んで、両国の和解に多大なる影響力を行使した米国の星条旗も描かれている。

　一方、サダトは、同年十二月三十一日、イスラエルとの交渉は、あくまでもアラブ世界を代表してイスラエルと交渉するものであると主張すべく、〝平和の人〟と題するプロパガンダ切手（図34）を発行する。切手は、パレスチナの象徴としての岩のドームとサダトの肖像を並べて描くもので、サダトの外交政策が〝アラブの大義〟に反するものではな

図34　サダトを“平和の人”として描く切手。

いという主張がストレートに表現された一枚である。

キャンプ・デービッド合意

第四次中東戦争停戦後、サダトが展開してきた一連の対イスラエル外交は、関係国との個別交渉を通じて問題の解決を図ろうとするイスラエルの方針に沿ったものであり、イスラエルの存在そのものを容認しないという〝アラブの大義〟に照らして絶対に許容され得ないものであった。このため、サダトはアラブ諸国から激しい非難を浴び、シリア、アルジェリア、リビア、南イエメン、リビアがエジプトと断交する。

もっとも、一九七七年十一月にサダトがイスラエルを訪問し、その返礼として、翌十二月にイスラエル首相のメナヘム・ベギンがカイロを訪問したからといって、それだけですぐにエジプト＝イスラエル和平が実現したと考えるのは早計である。

すなわち、一九七五年、米国務長官ヘンリー・キッシンジャーの仲介によりまとめられたシナイ半島での第二次兵力分離協定では、イスラエル軍の撤兵期限は一九八〇年十月までとされていたが、この期限までに、エジプト＝イスラエル間の恒久的和平協定をまとめることは事実上不可能とみられていた。

繰り返しになるが、シナイ半島からのイスラエル軍の撤兵という二国間の問題はともかく、エジプトがイスラエルと交渉しているのは、あくまでも、アラブ世界全体の代表としてパレスチナ問題を前進させるためというのが建前である。したがって、エジプトとしては、イスラエルに対して、第三次中東戦争御占領地（＝エルサレム旧市街を含むヨルダン川西岸とガザ地区）からの撤兵を要求し続けなければならない。

これに対して、そもそもシオニズム（全世界に離散したユダヤ人が、エルサレムを中心とする〝民族的郷土〟としてのパレスチナに帰還し、ユダヤ人国家を建国するという主張）を国是として建国したイスラエルとしては、ヨルダン川西岸とガザ地区からの撤兵は、自らの存立基盤に関わる問題であり、妥協することのできないものであった。

　こうして、両国首脳の相互訪問による雪解けムードとは裏腹に、エジプトとイスラエルの交渉は平行線をたどり続け、一九七八年に入ると、実質的に決裂寸前の状況に追い込まれていた。

　このため、自らの中東政策が破綻することを恐れた米国のカーター政権は、一九七八年九月、サダトとベギンをキャンプ・デービッドの大統領別荘に呼び、両国に対して、巨額の経済援助と引き換えに、いわゆるキャンプ・デービッド合意を強引に成立させた。

　九月十七日に成立したこの合意では、シナイ半島の返還に関してはエジプトの主張が大幅に認められており（図35）、両国間の平和条約調印も定めていたが、ヨルダン川西岸とガザ地区のイスラエル占領地に関しては「パレスチナ人の統治について協議を開始する」とされたものの、実質的に、イスラエル軍の駐留継続を追認するものであった。

図36　1978年にエジプトが発行した国連デーの記念切手。

図35　1982年のシナイ半島返還に際してエジプトが発行した記念切手。

　このため、キャンプ・デービッド合意は、自国の利益のためにパレスチナをイスラエルに売り渡したものとして、エジプトを除く全アラブ諸国から激しく非難され、エジプトは周辺諸国から完全に孤立する。

　こうした状況の中で、一九七八年十月二十四日の国連デーに際して、エジプトは二種セットの記念切手を発行した。その中の一種（図36）は、岩のドームを描き、「全ての人民には民族自決権がある」との国連憲章の文言（正確には、第一条二の「〔国連の目的は〕人民の同権及び自決の原則の尊重に基礎をおく諸国間の友好関係を発展させること」の内容を要約した表現である）との文言を配したデザインとなっている。

一九四八年の第一次中東戦争以来、パレスチナ問題の当事者であるはずのパレスチナ在住のパレスチナ人は、自分たちの帰属や祖国について、ほとんど発言権を認められていなかった。キャンプ・デービッド合意とエジプト・イスラエル和平は、まさにその典型と言ってよいだろう。

それゆえ、このタイミングで、エジプトが切手という国家のメディアを使ってパレスチナの〝民族自決〟を謳ったことは、「我々（＝エジプト人）にとってのパレスチナは、所詮は〝外国〟であり、シナイ半島奪還という我々自身の悲願のために、パレスチナ（の占領地）を見捨てたとしても仕方がない。今後は、パレスチナ人が自分で問題を解決してくれ」と開き直っているようにも見えなくもない。

いずれにせよ、エジプトとイスラエルの和平は、アラブ世界の統一とパレスチナの回復を究極の目標として掲げるアラブ民族主義が、理念としてはともかく、現実の国際政治においては完全に存在意義を失ったことの何よりの証左となった。

こうした状況の中で、中東地域の一般大衆の間にくすぶっていた不満の受け皿として、いわゆるイスラム原理主義が新たに表舞台に登場していくことになったのも、歴史の必然であった。

西でも東でもないイスラム共和国

エジプト・イスラエル和平の進展がアラブ世界に大きな衝撃を与えていたのと並行して、一九七八年、イランでは親米王制が崩壊の危機に瀕していた。

一九六三年、米国の支援を得てイランが発動した〝白色革命〟の本質は、農地改革や婦人参政権の付与をはじめとする近代化（西洋化）と中央集権化で、イラン経済に急激な成長をもたらした。

しかし、白色革命は、ごく一部の特権的企業に巨万の富をもたらした一方で、伝統的な社会構造は大きな変革を迫られ、地主階級を構成していた宗教界やバザール商人、小規模手工業者らは大きな打撃を被った。彼らが、〝近代〟の対立概念として理解されがちなイスラムの教義に照らして、国王の施策を批判の対象とするのももっともなことであった。

さらに、一九七三年のオイル・ブーム（オイル・ショックというのは石油消費国の立場での呼称である）を契機に、インフレや貧富の差の拡大、農民の都市流入といった近代化の負の部分が顕在化すると、一般国民の間でも、開発独裁への不満は高まっていった。

国民各層の不満に対して、政府は秘密警察（SAVAK：国家公安局）による監視を強化し、力で押さえ込もうとしたが、こうした姿勢はかえって国民の反王室感情を増幅させる結果に終った。

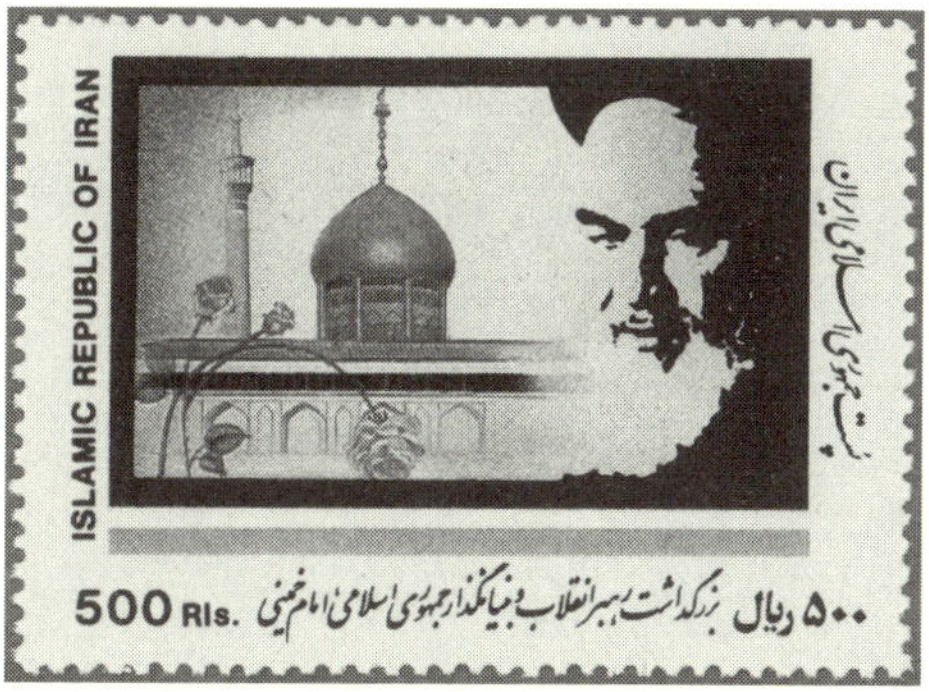

図37　1991年6月4日にイランが発行したホメイニー追悼切手。中央はテヘランのホメイニー廟。

こうした状況の中で、一九七八年一月、イランの有力な日刊紙『エッテラート』にイスラム教シーア派指導者のルーホッラー・ムーサヴィー・ホメイニー（当時は反政府活動のゆえに国外追放処分を受けてイラクに亡命中、図37）を中傷する投稿が掲載された。

西洋文明の前にイスラムが死滅に瀕しているとの現状認識の下、イスラムを守るためにイスラム法学者（日本のマスコミなどで〝聖職者〟と呼ばれているのは、実際にはイスラム法学者のことである）が監督する政治体制を樹立してイスラムに基づく公正な社会を実現しようと訴える彼の目には、当時の親米パフラヴィー王制が、資本主義に毒され、イスラムの教義から逸脱したものと映っていた。そして、パフラヴィー王朝とそれを背後から支える米国に対して強い不満を持っていたイラン国民は、ホメイニーの批判を一定以上の説得力を持って受け止めていた。

カリスマ的宗教指導者に対する誹謗中傷に対して、宗教都市・コムで学生を中心とした反政府デモが発生。政府はデモ隊に対して強権をもって臨んだが、反国王デモがイラン全土に波及。当初、米国は事態を楽観視していたが、労働者のストによりイラン産原油の生産量が激減するとパフラヴィー体制の延命工作を断念。国王に国外退去を勧告した。

こうして、一九七九年一月十六日、国王はエジプトへ脱出。二月一日、ホメイニーがパリから帰国（ホメイニーはイランでの反王制運動の高まりの中で、一九七八年十月、イラクからも追放され、パリに亡命していた）。革命政府の樹立が宣言され、二月十一日、国王側の政府は完全に崩壊した。そして、同年三月の国民投票により、イラン・イスラム共和国が発足する。

発足間もない革命政府（大統領はイスラム・リベラル派のバニサドル）の首班となったバザルカーン暫定内閣は、米国との同盟関係を破棄し、イスラエルとも断交。イスラエルの外交使節団には国外退去が命じられ、代わりに、旧イスラエル大使館の建物はＰＬＯの代表部が入居した。

王制時代、米国はパレスチナ問題の当事者であるアラブにイランが含まれないことに着目し、イランにイスラエルとの外交関係を維持することを要求し続けた。米国からすれば、この要求はパフラヴィー体制に対する巨額の援助の見返りとして当然のものであり、イランには（米国の理解では親ソ派の）アラブ民族主義に対抗するペルシャ湾の憲兵となることが期待されていた。

こうした背景ゆえに、革命後のイラン国民にとっては、反米と反イスラエルはごく自然に結びつくものとなった。もちろん、米国の存在を別にしても、イスラエル国家がムスリムが住民の多数を占めるパレスチナの地、なかでも、イスラムの聖地でもある東エルサレムを不法に独占しているという現実は、イスラム共和国を掲げる革命イランにとって、とうてい許容できるものではない。革命直後の昂揚した空気の中で、イランがイスラエルと国交断絶に踏み切ったのも、彼らにしてみれば、至極当然のことであった。

もっとも、革命政府の現実の外交政策は、当初は、米国と直接敵対することは避け、東西両陣営の存在を前提に、両陣営から等距離を保とうとする穏健路線を模索していたともいわれている。

しかし、イランのイスラム革命は、反国王という一点のみにおいて各種の勢力が結集された結果、達成されたものであり、それゆえ、革命政権内部では、発足早々、主導権をめぐる権力闘争が発生。外交路線はその重要な争点となっていった。

こうした状況の下、暫定内閣がアルジェリアで米国と接触したことに加え、亡命中の国王が治療を名目に渡米したことで、急進革命派の反米感情は沸騰。一九七九年十一月、国王の身柄引渡しを求めて急進派学生らがテヘランの米国大使館を占拠する事件が発生した。

この結果、バザルカーン暫定内閣は総辞職に追い込まれ、革命政権は〝西でも東でもないイスラム共和国〟として既存の世界秩序そのものに挑戦しはじめる。

なお、この「西でも東でもない」との表現については、若干の補足が必要であろう。

東西冷戦時代、いわゆる非同盟諸国会議など、東西両陣営のいずれにも与することなく自立的な国家建設を行っていこうとする新興諸国は少なからず存在していた。もっとも、これらの新興諸国の多くは反帝国主義を基本にしており、その意味では、植民地主義の象徴・英仏を含む西側諸国から距離を置き、濃淡の差こそあれ、ソ連の支援を受ける事例が少なくなかった。

これに対して、革命イランは、米ソがともに人造イデオロギーに依拠していること自体を非難する。

いわゆるイスラム原理主義者の理解によれば、正しい統治は神に由来するイスラム法に依拠していなければならないからである。その意味では、共産主義であれ自由主義であれ、さらには反帝国主義であれ、イスラム法に基づかない（すなわち、人間の考案した）人造イデオロギーでしかなく、それゆえ、正統なる政府の理念的支柱にはなり得ない。このため、イスラム法に依拠している（ことになっている）革命イランの体制は、必然的に既存の東西の国家群からは明確に区別されるというのが彼らの主張であり、「西でも東でもない」との表現もそうした文脈に沿ったものといえる。

　さて、「西でも東でもない」ことを標榜し、既存の世界秩序を否定するようになった革命イランは、その当然の帰結として自国の周辺への革命の輸出を国家目標として掲げるようになった。そのことを象徴的に示すかのように、一九八〇年十月、イラン郵政は岩のドームにかけられた鉄条網を引きちぎる手を描き、「エルサレムを解放しよう」との文言の入った切手（図38）を発行する。これは、革命イランが切手上において直接的に他国を批判の対象として取り上げた最初の事例であり、その後、イランが相次いで発行することになる〝国際社会への異議申し立て〟のプロパガンダ切手の嚆矢となった。

図38　1980年、イランが発行したエルサレム解放を訴えるプロパガンダ切手。

アラブ連盟のチュニス移転

イランでイスラム革命が発行して間もない一九七

九年三月二十六日、キャンプ・デービッド合意に基づき、ワシントンＤＣでエジプト・イスラエル平和条約が調印されると（図39）、アラブ連盟はイスラエルとの単独和平に踏み切ったエジプトを〝裏切り者〟として加盟資格停止処分とした。これに伴い、アラブ連盟の本部はカイロからチュニジアの首都、チュニスに移転する。

　アラブ諸国の中では、政治・経済・文化のいずれの面においてもお世辞にも大国とはいいがたいチュニジアが、アラブ連盟本部の移転先となった背景には、その外交上の特異な立ち位置にあった。

図39　1979年の平和条約調印時にエジプトが発行した記念切手。

　もともと、チュニジア独立運動の指導者であったハビーブ・ブルギーバ（図40）は、独立運動最中の一九五二年六月、側近のバヒ・ラドガムをイスラエル外務省の創設者の一人であるギディオン・ラファエルの元に派遣し、チュニジア独立運動への支援を求めていたほか、ブルギーバ本人も、独立後のチュニジアはイスラエル国家の解体を求めず、中東の平和促進のために努力するつもりだと述べるなど、パレスチナ問題に関しては、明らかに、他のアラブ諸国と一線を画していた。

図40　ブルギーバ。

　一九五六年三月二十日、チュニジアは伝統的な地方君主であるベイを元首とする立憲君主国〝チュニジア王国〟として独立。同月二十五日の選挙ではブルギーバ率いる新憲政党を中心とする民族戦線が圧勝し、ブルギーバは初代首相に就任。さらに、翌一九五七年、ブルギーバは王制を廃して自らチュニジア共和国初代大統領に就任した。

この時期は、一九五六年の第二次中東戦争（スエズ動乱）でエジプトが英仏のスエズ侵攻作戦を撃退したことで、ナセルと彼の唱道するアラブ民族主義の権威が絶頂期にあったこともあり、表面上は、ブルギーバのチュニジアもナセルに接近する姿勢を示していた。

アラブ諸国の対イスラエル政策の基本は、〝イスラエルを承認せず、イスラエルとは交渉せず、和平を結ばず〟の三不政策であり、アラブの一員としてのチュニジアも、建前としては〝反イスラエル〟を掲げ、三不政策を順守していることになっていたが、実際には、ブルギーバは秘かに駐仏イスラエル大使のヤアクーブ・ツールと接触しており、そのルートを通じて、チュニジアの財務大臣がイスラエルに対してチュニジア国内の大型農業開発への援助を極秘裏に要請するなど、チュニジアとイスラエルは実質的には良好な関係にあったといってよい。

図41　1973年にチュニジアで発行された岩のドームの切手。

ただし、一般のチュニジア国民の感情としては、アラブの同胞であるパレスチナを解放し、宿敵イスラエルを打倒すべきとする声が圧倒的多数であったし、なにより、三不政策の〝抜け穴〟になっているという公然の秘密が問題視されて周辺アラブ諸国からの孤立を招くことは避けなければならなかった。このため、チュニジアは一種のアリバイ工作として、一九七三年一月には岩のドームの切手（図41）を発行して、パレスチナとの連帯をアピールしたほか、同年十月の第四次中東戦争にごく少数の部隊を派遣している。

世俗主義的なリアリストであったブルギーバにとっては、国家の近代化（西洋化）と国民の生活水準向上こそが政治の重要課題であり、それゆえ、イデオロギーとは無関係に、必要とあらば（イスラエルを含む）どの国・組織とでも手を結ぶ全方位外交が展開された。北アフリカ諸国の中で、反西欧・反イスラエルのイデオロギーを鮮明に掲げていたリビアやアルジェリアは潤沢な石油資源があったため、そうした自己主張が可能であったが、資源に乏しいチュニジアは、主に欧米人を対象とした観光収入に依存し、西側資本主義諸国との協力・援助が不可欠だったがゆえに、イスラエルに対しても現実的な姿勢を取らざるを得なかったのである。

一九七九年のエジプト・イスラエル単独和平の結果、エジプトは〝アラブの大義〟に反したとしてアラブ連盟を追放されたが、エジプトを批難したアラブ諸国の指導者たちも、一九六七年の第三次中東戦争での壊滅的な敗北の経験を考えれば、従来の三不政策が非現実的なものであることは十分に認識していた。さりとて、〝アラブの大義〟は国民統合のための重要なイデオロギーであったから、国民が納得できる大義名分のないまま、これを撤回してイスラエルに融和姿勢を取ることはリスクが大きすぎる。

したがって、表面上は〝アラブの大義〟を掲げ続けるが、実際にはイスラエルと水面下での接触をはかるというのが、現実的な対応となるが、その場合、三不政策の〝抜け穴〟であったチュニジアの首都、チュニスは格好の場所であり、それゆえ、アラブ連盟の移転先として白羽の矢が立てられたのである。

アラブ連盟の本部所在地となることは、ある意味で〝アラブの盟主〟となることでもあったから、たとえばリビアのように、強固なアラブ民族主義を掲げるイデオロギー国家であれば、本部移転の記念切手を大々的に発行したかもしれない。しかし、全方位外交を旨とするチュニジアが連盟本部のチュニス移転そのものを記念する切手を発行することはなかった。

一方、チュニジアの内政面では、一九七四年にブルギーバが終身大統領となり、権威主義的な独裁体制を構築していたが、国民の不満も次第に鬱積していた。

そのことを象徴するような事件が、一九七八年一月二十六日の〝暗い木曜日〟事件である。

事件は、チュニジア労働者総同盟（ＵＧＴＴ）が組織したゼネストに対して、これを鎮圧するために動員された軍の発砲により百三十人余の死者が出たというもので、これを機に、ＵＧＴＴは徹底的な弾圧を受けることになる。

以後政府に対する抗議活動の主力は、〝イスラム志向運動（ＭＴＩ）〟を中心としたイスラム系諸団体へと移行。特に、一九七九年二月に遠くイランで発生したイスラム革命は、チュニジアのイスラム主義者たちにも大きな刺激を与え、彼らの運動は国際的なイスラム復興主義とも連動していくことになる。

こうした中で、一九八一年五月三十一日、ＭＴＩは二十五人の執行委員を選出したうえで、政党としての認可を申請したが、政府はこれを許可せず、ＭＴＩの反政府活動を告発し、彼らを批難するキャンペーンを展開。七月十八日にはＭＴＩの幹部及び活動家六十人を逮捕し、組織を抑え込んだ。

こうして、チュニジア国内の反政府活動は強引に抑え込まれたが、国内の亀裂は深刻な状況であることが誰の目にも明らかになった。

こうした状況の下、アラブ連盟本部のチュニス移転の記念切手さえ発行しなかったチュニジアが、一九八一年十一月、突如、〝パレスチナにおける自由の戦士と殉難者の遺家族の福祉のために〟の名目で三種セットの寄附金つき切手（図42）を発行

図42　チュニジアが1981年に発行した"パレスチナにおける自由の戦士と殉難者の遺家族の福祉のために"の切手。

したのも、アラブ連盟の本部所在地であることを活かして、国民統合の象徴として〝アラブの大義〟を強調する意図があったためと考えられる。

サッダーム・フセインの野心

イスラエルとの単独和平を進めたエジプトが〝アラブの盟主〟の座から滑落した時点で、新たに〝アラブの盟主〟の候補として、パレスチナ問題にも積極的に関与していくことが期待されていたのは、イラクであった。

もともと、一九六八年に発足したイラクのバアス党政権は、シリア・バアス党との正統性をめぐる対立から、パレスチナ解放の大義を掲げる切手を何度か発行してきたが、そうした建前とは裏腹に、実際には、彼らは必ずしもパレスチナ問題に熱心に取り組んでいたわけではない。

そもそも、イラクはイスラエルと直接に国境を接しておらず、一九六七年の第三次中東戦争においても、エジプトやヨルダン、シリアなどのようにイスラエルによって領土を占領されたわけではない。また、戦争の被害に関しても、上記の国々に比べると比較的軽微であった。

このため、失地奪還のために対イスラエル戦争を準備していたエジプトやシリアとは異なり、バクル政権は、パレスチナ問題には深入りせず、一九七二年の石油国有化を経て国内の経済建設に邁進することを基本的なスタンスとしていた。一九七三年の第四次中東戦争に際しても、シリア・バアス党に対して、自分たちこそがアラブ民族主義の嫡流であると主張している建前から参戦はしたが、実際の戦闘にはほとんど参加せず、石油戦略の発動によって巨額の富を得ている。

むしろ、バクル政権時代のイラクにとっては、イスラエルよりも、米国の支援で〝湾岸の憲兵〟の役割を担っていた隣国イランの軍事的な脅威をいかにして減殺するかということが深刻な課題であった。

その一環として、バクル政権は、バローチスターン問題に介入する。

バローチスターンは、行政上はパキスタン南西部の州の名だが、地域概念としては、パキスタンのバローチスターン州に加えて、イラン東南のスィースターン・バルーチェスターン州からアフガニスタン南部にまで及ぶバルーチ人の居住地域で、各国で中央政府からの分離独立を唱える活動を展開していた。

親英王制時代の一九五〇年代から、イラク政府は、イランの安全保障上の関心を東部国境に向かせるべく、ダッド・シャー率いるイラン国内のバルーチ人の分離独立勢力による武装闘争を支援していた。ダッド・シャーは一九五七年に殺害され、親英王制は一九五八年の革命で崩壊したが、その後もイラク政府はバルーチ人に対する支援を継続した。

一九六〇年代に入ると、イラン側の弾圧により、バルーチ人の分離独立運動は下火になり、活動家たちは地下に潜伏する。

これに対して、一九六八年に発足したバクル政権は、他のアラブ諸国とともにバルーチ人を支援し、叛乱を起こさせた。バルーチ人の叛乱は一九七五年まで続いたが、この間、叛乱の最大の支援国はイラクであった。

また、イラン国内のバルーチ人のみならず、パキスタン国内のバルーチ人分離独立派も、一九七三年から一九七七年にかけて、イラクの支援を受けてパキスタン政府に対する武装闘争を展開していた。実際、一九七三年に始まる武装闘争のきっかけは、同年二月、イスラマバードのイラク大使館で不正に持ち込まれた兵器が発見されたことから、当時のズフリカル・アリー・ブット政権がバローチスターン州政府を解体し、バルーチ人活動家三人を逮捕したことにあった。この件に関して、パキスタン政府は、ソ連と結んだイラクがパキスタンとイランに挑戦しようとしていると非難の声明を発している。

結局、一九七七年、パキスタンはイランの支援を受けてバローチスターンの叛乱を鎮圧。一九七三年以来獄中にあった活動家を国外追放処分とした。

時あたかも一九七七年は、イラク国内では革命指導評議会副議長のサッダーム・フセインが革命指導評議会メンバーと閣僚を自分の側近に入れ替え、バクルに代わって政府の実権を掌握した年でもあった。

一九三七年四月、イラク北部のティクリート近郊で羊飼いの息子として生まれたサッダームは、一九五五年にバグダードに出てイラク・バアス党に入党し、革命家としての一歩を踏み出した。

一九五八年、ナセルに感化されたアブドゥルカリーム・カースィムらの自由将校団が王制を打倒して革命政権が樹立されると、革命の果実をめぐってバアス党はカースィム政権とも対立し、一九五九年にカースィムの暗殺未遂事件を起こした。若き活動家であったサッダームはこの事件に関与したことで指名手配され、シリアを経てエジプトに亡命。テロリストとして欠席裁判で死刑判決を受けている。

一九六三年、バアス党がカースィム政権を打倒して軍事政権を樹立すると、サッダームはテロリストから一転して革命の闘士として祖国に迎えられ、バアス党の要職に就任。しかし、翌一九六四年には再びクーデターが起こってバアス党は政権を追われ、サッダームも逮捕・投獄された。

その後、サッダームは一九六六年に脱獄して地下活動を展開していたが、一九六八年にバアス党がクーデターを起こすと、戦車で大統領宮殿に乗り付けるなど、重要な役割を果たす。その論功行賞として、同郷の親戚で新政権の大統領となったバクルに取り立てられ、わずか三十一歳にして治安機関の責任者に任じられ、クーデターに協力したアブドゥッラッザーク・ナーイフ首相の国外追放、イブラーヒーム・ダーウード国防相の逮捕など、バクル大統領の権力基盤を強化した。そして、一九六九年には、三十二歳で革命指導評議会（ＲＣＣ）副議長に任命され、バクルの後継者としての地位を確保し、徐々に、力を蓄えていった。当時のサッダームは、石油国有化によって確保した石油収入を背景に農業の機械化や学校教育の充実などの近代化政策を推進し、それなりの成果を挙げたため、有能な官僚政治家として高く評価されていた。

一方、バクル政権下のサッダームは、イラク・バアス党をシリア・バアス党の影響下から引き離すべく、バアス党結党の理念であるアラブ民族主義を徐々に骨ぬきにし、「イラク人民とは文明の発祥の地、古代メソポタミアの民の子孫である」とする〝イラク・ナショナリズム〟を掲げており、個人的には、パレスチナ問題について強い関心を持っていた形跡は見られない。

　しかし、イラン及びパキスタンでのバルーチ人に対する支援工作が頓挫したのと時を同じくして、新たに政府の実権を掌握したサッダームには、バクル時代からの〝変化〟を国民に印象付けるためにも、バクルとは異なり、パレスチナ問題の解決において自らが主導的な役割を果たす意思のあることを内外に示す必要があった。

　こうした文脈の下、一九七七年十月に発行されたのが〝パレスチナにおける自由の戦士と殉難者の遺家族の福祉のために〟と題する強制貼付切手（図43）である。

図43　1977年にイラクが発行した強制貼付切手。

　イラクでは、一九四九年にもパレスチナに対する義捐金を集めるために強制貼付切手を発行したことがある。しかし、その後、一九七四年までに発行された強制貼付切手の発行名目は、いずれも国防献金の徴収であった。もちろん、イスラエルの攻撃から自国を守るための〝国防献金〟ということであれば、それらの切手もパレスチナと全く無関係とは言えないわけだが、今回のように〝パレスチナ〟を直接的な題材としたのは、実に二十五年ぶりのことである。

　また、〝パレスチナにおける自由の戦士と殉難者の遺家族の福祉のために〟と題する切手は、この時期、他のアラブないしはムスリム諸国でも盛んに発行されたが、強制貼付切手という形式が採られていたのはイラクのみであった。

さて、一九七九年は、二月にイランでイスラム革命が発生し、七月には副大統領の地位にあったサッダームが、病身のバクルに代わって、正式にイラク大統領に就任した。

新大統領に就任したサッダームは、国内反対派を粛清するなど、権力基盤の確立に躍起となっていたが、その最大の懸念材料となっていたのが、南部のアラベスタン／フゼスタン問題であった。

イラン南西部、イラクとの国境地帯にあるフゼスタン州（ペルシャ語名）は大油田地帯だが、イラク側はここをアラベスタン（〝アラブの土地〟の意。ペルシャ人国家であるイランの支配に異を唱えるニュアンスがある）と呼んで領有権を主張していた。パフラヴィー王制時代、両国関係は比較的安定しており、国境問題に関しても一九七五年三月のアルジェ合意により、イランの主張をイラクが概ね受け入れることで妥協がはかられていた。

しかし、イランでのイスラム革命の発生は、こうした両国関係に根本的な変質を迫ることになった。特に、イラク側にとっては、フゼスタン地域に隣接するイラク南部地域のシーア派勢力（シーア派の最大勢力である十二イマーム派の四大聖地のうち、ナジャフとカルバラーはイラク南部の都市である）がイランでの革命に刺激され、スンナ派を主体とするバアス党の体制に反旗を翻す事態はなんとしても避けなければならなかった。

それゆえ、〝西でも東でもないイスラム共和国〟を標榜し、自国周辺への革命の輸出を国家目標として公然と掲げていたイランの脅威は、フセイン政権にとって極めて深刻なものと受け止められた。そして、そうした現状認識に基づいて、自国の体制安定のためには周辺の不安定要因を取り除かねばならないと考えたフセイン政権が、なんとしてもアラベスタン（イラン側の呼称はフゼスタン）を併合して革命の波及を防がねばならないと考えたとしても不思議はない。

また、革命イランの脅威を封じ込めることができ

図44　1980年にイラクが発行した“パレスチナ人民との連帯国際デー”の切手。

れば、自国の安全保障というだけでなく、歴史的にイランの脅威にさらされてきた湾岸首長国を含む、アラブ世界全体に対するイラクの発言力を大幅に増大させることになるのは確実だった。

実際、イスラエルとの単独和平により、エジプトが〝アラブの盟主〟の座から滑落していたという状況の下では、対イラン戦争の勝利によって、イラクがアラブ世界における新たな盟主の座に就き、シリア・バアス党に対するイラク・バアス党の優位を確立するというシナリオは、決して荒唐無稽なものではなかった。さらに、その実績をもってすれば、一九八二年にバグダードで開催が予定されていた非同盟諸国会議で、議長国としてのイラクが主導権を得ることも容易になるはずだった。

こうした思惑が絡み合い、一九八〇年九月、イラク軍はイランの主要な空港を爆撃し、国境を超えてイラン領内への侵入を開始。イラン・イラク戦争が勃発した。

開戦間もない一九八〇年十一月、イラクは早速、岩のドームを描く「パレスチナ人民連帯国際デー」の切手（図44）を発行した。切手の制作期間などを考えると、おそらく、対イラン戦争を発動する以前から発行の準備が進められていたものと思われるが、この時期にあえて、対イラン戦争とは直接の関係が薄いプロパガンダ切手が発行されたのも、上述のように、フセイン政権が〝アラブの盟主〟の座を意識していたためと考えるのが自然であろう。

さて、イランへの侵攻作戦を開始したイラク軍は、イラン側の革命の混乱に乗じて緒戦においては赫々たる戦果を挙げた。しかし、潜在的な国力でいえば、イランはイラクとは比べ物にならない大国である。実際、イラン側の侵攻を受けたことで、イラン国内では祖国防衛が火急の課題となって国内の権力闘争が収束し、本格的な反攻が開始された。かくして、奇襲攻撃による短期間での勝利を想定していたイラク側の目論見は大きく外れ、補給体制の不備などもあってイラク側の攻撃も次第に緩慢なものとなっていく。

その後、国際社会は、革命イランを封じ込めるという大目的のために、イラクによるイラン領内への侵略という戦争の本質には目をつぶったまま、とにかく、イラクを敗北させまいとしてフセイン政権に湯水のごとく援助を注ぎ込んだ。この結果、イラン・イラク戦争は泥沼の長期戦に突入していくのだが、それにより、新たなアラブの盟主になるというサッダームの野望も自然と潰えてしまうことになった。

イスラム暦十五世紀の幕開け

いわゆるイスラム暦（ヒジュラ暦）は、預言者ムハンマドがメッカからメディナへ聖遷（ヒジュラ）した年の第一月：ムハッラム月の一日（西暦では六二二年七月十六日）を紀元とする完全太陰暦である。このため、一年はおおむね三百五十四日となり、太陽暦とは毎年十一日程ずれが生じる。

そのイスラム暦十五世紀の幕開けとなる一四〇一年は、西暦では一九八〇年十一月九日にスタートした。

メッカ・メディナの二つの聖地を管轄するサウジアラビアは、この機会をとらえて、一九八一年一月二十五日から、メッカで第三回イスラム諸国サミットを開催したが、そのエンブレムには、両聖都と並んで、第三の聖都としてのエルサレムを象徴するものとして岩のドームもデザインされている。また、会議の開催に合わせてサウジ郵政が発行した記念切手には、会議のエンブレムを大きく取り上げたもの（図45）に加え、岩のドームそのものを取り上げた切手（図46）も含まれていた。

エルサレムがイスラムにとっても聖地である以上、

サウジアラビアが発行した第３回イスラム諸国サミットの記念切手のうち、図45（左）イスラムの三大聖都を取り上げたエンブレムの切手と図46（右）岩のドームを単独で取り上げた切手。

イスラム暦十五世紀の幕開けを祝う切手にメッカやメディナと並んで岩のドームが取り上げられてもおかしくはない。ただし、この時期、他のイスラム諸国で発行されたイスラム暦十五世紀開幕の記念切手の多くは、メッカのカアバ神殿は取り上げているものの、岩のドームを取り上げてはおらず、その意味では、サウジの切手は他と比べて異質な存在ともいえる。

その背景には、この時期、〝イスラムの（聖地の）守護者〟としてのサウジの威信が大きく揺らいでいたという事情があったと考えられる。

その最大の理由は、前年の一九七九年十一月に発生したハラーム・モスク襲撃事件である。

ハラーム・モスクはカアバの周りを保護し、カアバに礼拝するためのモスクで、日本語ではしばしば〝聖モスク〟とも呼ばれる。

一九七九年十一月二十日、聖モスクに巡礼者に交じって輿を担いだ若者の集団が現れた。ムスリムの中には、遺体を埋葬する前に聖地を巡礼させてほしいと願う人も珍しくはなく（メッカ巡礼はムスリムにとって、一生に一度は果たしたい宗教的な義務だが、実際には、巡礼できないまま生涯を終える人も多い）、この若者たちもそのためにやってきたと多くの人々は考えた。

ところが、遺体を載せていると思われた輿には、人型に包まれた武器が乗せられており、若者たちはその武器を手に聖モスクを襲撃。礼拝のために集まっていた信徒約千人を人質に立てこもり、その過程で、抵抗した法学者が殺害された。

サウジ政府は、犯人グループの鎮圧を直ちに決意したものの、神聖なモスクの中での武力行使、ましてや、そこに流血が伴うことは、イスラム法に照らして許されるものではない。したがって、まずは、高位の法学者から、イスラム法に照らしても「聖モスクへの突入やむなし」との見解（ファトワー）を得る必要があった。

このため、サウジ政府が犯人グループの鎮圧に乗り出すまでに半日が空費された。

翌二十一日、モスクへの被害を最小限にするとともに、人質の生命を守り、犯人も生け捕りにするようにとの国王の命令の下、サウジの陸軍、国家警備隊、治安警察を計五万人動員しての鎮圧作戦が開始されたが、武装集団は激しく抵抗し、作戦は遅々として進まなかった。二十四日になると、鎮圧側はモスクの地上部分を制圧することには成功したものの、武装集団は二百以上もの部屋があるモスクの広大な地下に逃げ込み、事態は長期化する様相を見せはじめた。

ここに至り、サウジ政府はパキスタン陸軍の特殊部隊に応援を要請。さらに、フランス国家憲兵隊治安介入部隊の隊員から作戦計画の指導を受け、十二月四日、ようやく、鎮圧に成功した。

武装集団を率いたジュハイマーン・ウタイビーは、一九三六年、サウジアラビアのカスィーム州で生まれた。彼の祖父は、もともと、サウジ王制の祖であるアブドルアズィーズの組織した屯田兵だったが、国家建設の過程で国王が異教徒の外国と和平を結んだばかりか、屯田兵たちからも徴税を始めたことに反発。一九二九年に武装蜂起した結果、シビラの戦いで殲滅されたという経緯がある。

そうした父祖の恨みがどの程度あったかは定かではないが、ジュハイマーンも当時のサウジ王制に対して、口ではイスラムの盟主を自称し、パレスチナ解放のためのアラブの連帯を唱えながら（ちなみに、事件が起きた一九七九年にもサウジは岩のドームを大きく描く切手を発行している。図47）、実際には、イスラエルの庇護者（とムスリムたちが考える）米国と緊密な関係を保ち、石油収入の莫大な富を独占しているとして、大いに不満を持っていたことは間違いない。

図47　1979年にサウジアラビアで発行された岩のドームの切手。

また、一九七九年という年は、ペルシャ湾をはさんで対岸のイランでイスラム革命が起きた年でもある。

襲撃事件に関与した犯人グループは基本的にはスンナ派ムスリムで、イランの国教であるシーア派との直接の関連はなかったが、〝西でも東でもないイスラム共和国〟を標榜して国際秩序に対して根本的な異議申し立てを行い、イスラムに基づく公正な社会の実現を主張する革命イランに感化されている者も少なくなかった。そうした観点からすれば、サウジ王制は、イスラム国家とは名ばかりの腐敗・堕落した存在にしか見えなかったということになろう。

結局、ジュハイマーンを首謀者とする犯人グループのうち捕えられた六十七人は、翌一九八〇年一月九日、公開処刑され、その模様はテレビ中継された。

一連の事件に衝撃を受けたサウジ政府は、特殊部隊の育成をはじめとする国家安全保障体制の整備を急ぐ一方で、〝反イスラム的〟との批判をかわすべく、たとえば、アフガニスタンでの反ソ闘争に対して積極的な支援を行うようになる。特に、サウジ王制に対して潜在的な不満を持っている〝原理主義者〟たちに、ある程度の資金を与えてアフガニスタンに義勇兵として送り出すことは、サウジ政府にとっては、彼らの批判を封じた上に、自国の領内から彼らを〝厄介払い〟できるという一挙両得の面があった。

いずれにせよ、事件で傷ついた〝イスラムの（聖地の）守護者〟というイメージを回復するためには、あらゆる手段を使いたかったサウジ政府にとって、イスラム暦十五世紀の開幕というタイミングで開催されるイベントやその記念切手に関しては、改めて、広範なアラブ・イスラム世界との絆を強調するデザインを考案する必要があった。その際、単にメッカのカアバを取り上げるだけでなく、メディナの預言者のモスクに加え、イスラムにとっての第三の聖都であると同時に、パレスチナとの連帯やアラブの大義の象徴でもある岩のドームを並置させることが、政治宣伝としてはより大きな効果を上げるものと判断されたのも、当然の成り行きだったといえよう。

ところで、ハラーム・モスク襲撃事件を機に、サウジ政府はアフガニスタンでの反ソ闘争への支援を積極的に行うようになったと書いたが、アフガニスタンでの反ソ闘争の兵站基地となっていたパキスタンでも、第三回イスラム諸国サミットの切手が、一九八一年三月二十九日（図48）と同年四月二十日（図49）の二回に分けて発行されている。

同サミットのエンブレムには、メッカ・メディナの両聖都と並んで、第三の聖都としてのエルサレムを象徴するものとして岩のドームもデザインされており、このエンブレムを切手に取り上げたことで、岩のドームがパキスタン切手にも登場した格好となるが、切手に取り上げられている題材としては、第

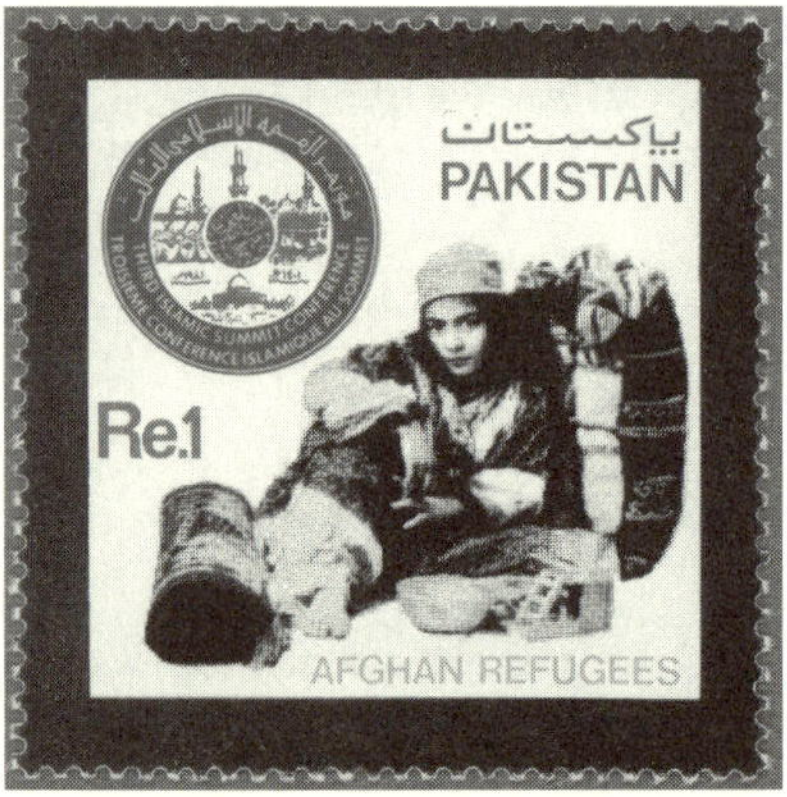

図 48　パキスタンが発行した第 3 回イスラム諸国切手の第 1 次発行分（上、中）と図 49　同第 2 次発行分（下）。

一次発行分の切手の図案がアフガニスタン難民の救済を訴える内容となっていることに注目したい。

一九七九年十二月にソ連軍によるアフガニスタン侵攻が始まると、国際社会はこれを非難し、アフガニスタン国内でも反政府ゲリラの大同団結によるアフガニスタン解放イスラム同盟が結成され、ソ連軍とその支援を受けたカルマル政権に対するムジャーヒディーン（イスラム戦士）の抵抗運動が展開された。

アフガニスタンとの国境に近いパキスタンの都市、ペシャワールには、夥しい数のアフガニスタン難民が押し寄せたが、同時に、ペシャワールは、イスラム諸国と米国によるムジャーヒディーン闘争を支援するための一大拠点としても機能していた。

ペシャワールに集まった義勇兵たちに大きな思想的影響を与えたとされるのが、パレスチナ出身のイデオローグ、アブドゥッラー・アッザームである。

アッザームは、一九四一年、英委任統治下にあったパレスチナのジェニン（ヨルダン川西岸の都市）近郊で生まれた。

一九六三年、シリアのダマスカス大学イスラム法学部を卒業後、ヨルダン支配下のヨルダン川西岸地区に戻ったが、一九六七年の第三次中東戦争でヨルダン川西岸がイスラエルに占領されるとヨルダンに脱出。その後、カイロのアズハル大学でイスラム法学の修士号を得て、アンマンのヨルダン大学で教職に就くが、一九七〇年、ヨルダン内戦が勃発すると、ヨルダン政府は反イスラエルのパレスチナ人であるアッザームを追放する。

このため、アッザームはアズハル大学に戻ってイスラム法理論の博士号を取得。一時、ヨルダンに戻ったが、ほどなくして保守的なムスリムの多いジェッダ（サウジアラビア）のキング・アブドゥル・アジーズ大学で教鞭をとるようになった。ちなみに、同大学での教え子の一人がウサーマ・ビン・ラーディンである。

一九七九年十一月、メッカでハラーム・モスク襲撃事件が発生すると、サウジ政府はイスラム原理主義者の多くを国外追放処分としたが、これにより、アッザームはイスラマバード（パキスタンの首都）の国際イスラム大学に移って「奪われたムスリムの土地を奪回することは全信徒の宗教的義務である」と訴え、ペシャワールにムジャーヒディーンのための軍事訓練施設を設立した。なお、一九八一年には、アッザームの呼びかけに応じて、大学を卒業したばかりのビン＝ラーディンが合流する。

アッザームの主張は、一九八〇年代初頭の時点では、ソ連や東側諸国の支援を受けていたＰＬＯに与することなく、ムスリムの宗教的な義務としてパレスチナとアフガニスタンの双方を解放すべきと訴えた点で画期的なものだった。

もちろん、パキスタン政府としては、〝原理主義者〟としてのアッザームらの主張を公式に支持・支援していたわけではない。しかし、膨大な数のアフガニスタン難民とムジャーヒディーンがペシャワールに押し寄せているという現実に直面したパキスタンにとっては、イスラム諸国から広く支援を集めるためにも、アフガニスタンとパレスチナの問題は「奪われたムスリムの土地を奪回する」という点において同根であることを訴えるのも必要だったのだ。

パキスタンの発行した第三回イスラム諸国サミットの記念切手（第一次）が、会議そのものを記念するというよりも、会議に合わせて、アフガニスタン難民に対するイスラム世界の関心を喚起するような内容となっていたのは、そうした事情を反映したものである。

さらに、同年七月二十五日、パキスタンは〝パレスチナの自由の戦士と殉難者の遺家族の福祉のために〟と題して岩のドームの切手（図50）を発行する。パキスタンの切手において、岩のドームそのものが中心的な題材として取り上げられたのは、これが最初の事例となった。

パキスタンは、「インド亜大陸のヒンドゥーとムスリムは互いに異なった民族である」とする〝二民族論〟を建国の理念として、一九四七年、英領インド帝国の解体に伴い、インドとは別のムスリム国家

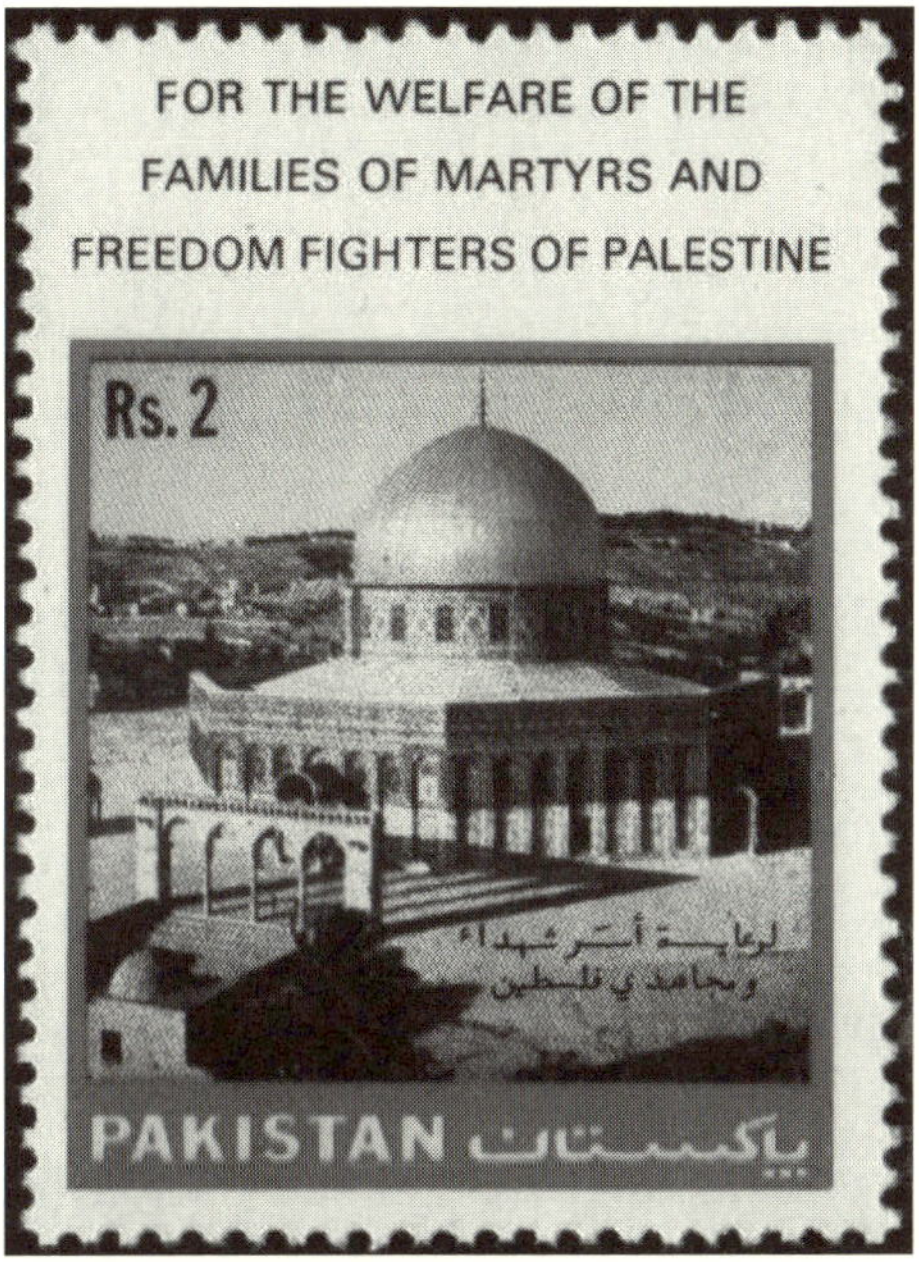

図50　パキスタンで発行された〝パレスチナの自由の戦士と殉難者の遺家族の福祉のために〟の切手。

として独立した。したがって、パレスチナ問題に関しては、当初から、ムスリム国家として、親アラブ・反イスラエルの姿勢を鮮明にしている。

　実際、一九四八年に第一次中東戦争が勃発すると、パキスタンはアラブ諸国に対する軍事援助を計画。その後も、紛争当事国への武器供与禁止という国際ルールにより西側諸国家ら武器を調達できなかったアラブ諸国のため、パキスタンはチェコスロヴァキアから二十五万挺のライフルを代理購入しているほか、イタリアから三機の戦闘機を購入してエジプトに提供している。

　一九六七年の第三次中東戦争と一九七三年の第四次中東戦争に際しては、パキスタン人パイロットがヨルダン及びシリア空軍に参加してイスラエル軍機を撃墜。一九八二年のイスラエルによるベイルート包囲の際にはパキスタン人〝義勇兵〟五十人がＰＬＯ側に立って従軍し、イスラエル軍の捕虜になっている。また、一九七三年以降、パキスタン国内にはＰＬＯの将校に対する軍事訓練の場が設けられ、一九七四年二月にラホールで開催されたイスラム諸国サミットではＰＬＯがパレスチナ人を代表する唯一の合法的政府であることが初めて承認され、一九七五年には「シオニズムは人種主義と人種差別の一形態である」とする国連総会決議三三七九の採択のためにパキスタンは奔走した（ただし同決議は一九九一年の国連総会決議四六八六によって否定されている）。

こうしたパキスタンの対パレスチナ政策の歴史を考えるのなら、岩のドームの切手を発行することで、ムスリムとして聖地エルサレムの奪還を目指す姿勢をアピールするのは何ら不思議なことではないのだが、それまで〝パレスチナ〟を題材にした切手を発行してこなかったパキスタンが、一九八一年というタイミングで岩のドームの切手を発行した背景には、やはり、アフガニスタンとパレスチナを結びつけて考える思考回路があったと見るのが自然であろう。

なお、「奪われたムスリムの土地を奪回することは全信徒の宗教的義務である」とのアッザームの主張は、パレスチナとアフガニスタンを結びつけただけでなく、後に、ボスニアやチェチェンでのイスラム抵抗運動や、さらにはサウジアラビアに駐留し続ける米軍へのテロなどの根幹をなすイデオロギーとなるのだが、一九八八年の映画『ランボー　怒りのアフガン』の例を持ち出すまでもなく、東西冷戦という時代状況の下で、そのことを見通した者はほとんどいなかったことも忘れてはなるまい。

サダト暗殺

エジプト・イスラエルの単独和平の成立とイラン・イラク戦争の勃発により、アラブ世界は激動期に突入したが、こうした事態に対応すべく、一九八一年十一月二十五―二十七日、モロッコのフェズで第十二回アラブ連盟首脳会議が開催された。

首脳会議の開催に先立ち、十一月二十二日、モロッコ郵政は〝パレスチナ人民との連帯の国際デー〟として、岩のドームを背景に握手するデザインの記念切手（図51）を発行したほか、会期初日の二十五日には、一九七八年に発行した〝パレスチナにおける自由の戦士と殉難者の遺家族の福祉のために〟の切手（図52）に首脳会議開催の記念文字を加刷した切手（図53）も発行した。

モロッコでは、一九七八年に〝パレスチナにおける自由の戦士と殉難者の遺家族の福祉のために〟の切手を発行したが、その後、一九七九―八〇年にはパレスチナ関連の切手を発行していない。このため、一九八一年に発行された二件の切手からは、やはり、アラブ首脳会議の開催国として、パレスチナ問題の討議を通じて自らの存在感をアピールしようという意欲がうかがえる。

ところが結論から言うと、第十二回アラブ首脳会議は中途での閉会を余儀なくされるという、惨憺たる失敗に終わった。

そもそもの発端は、会議の開催に先立つ一九八一年八月七日、サウジアラビアの第一副首相だったファハド皇太子が発表した〝中東和平八項目〟にあった。

ファハド提案の骨子は、

①ヨルダン川西岸とガザ地区に東エルサレムを首都とするパレスチナ人国家を建設する

②パレスチナ以外の難民には帰還または賠償を行う

③この地域のいかなる国家にも平和に存続する権利を保証する

というもので、アラブ諸国はおおむねこれに賛同し

上：図51　モロッコが発行した〝パレスチナ人民との連帯の国際デー〟の記念切手。
中：図52　1978年にモロッコが発行した〝パレスチナにおける自由の戦士と殉難者の遺家族の福祉のために〟の切手。
下：図53　アラブ首脳会議の記念文字を加刷したモロッコ切手。

た。しかし、エジプトをアラブ連盟から追放してまだ日も浅いうちに、〝いかなる国家にも平和に存続する権利を保証する〟との一項により、事実上、イスラエルの存在を承認してしまうことには、抵抗感を示す国も少なくなかった。

さらに、首脳会議を控えた十月六日、エジプト・イスラエル和平の一方の主役であったエジプト大統領のサダトが、イスラム過激派組織、ジハード団のハリド・イスランブーリー（図54）によって爆殺される事件が発生した。

イスランブーリーは、エジプトの陸軍士官学校を卒業した後、陸軍砲兵部隊に配属された軍人で事件

図54　サダト暗殺犯のイスランブーリーを讃えたイランの切手。イスラム革命後のイランが、エジプトとの関係悪化に伴い、エジプトを批難するプロパガンダ切手として発行したもの。

当時の階級は中尉だったが、彼の兄妹が宗教グループとの関係により逮捕されたことで、サダト政権への憎悪を募らせ、イスラム原理主義組織のジハード団と関係するようになったといわれている。

ジハード団は、一九八〇年、エジプト国内の小規模な過激派組織が合同して結成され、イスラム法（シャリーア）以外の法を施行する為政者はムスリム（イスラム教徒）であろうと背教者であり、ジハードによって排除せねばならないと主張していた。

ちなみに、〝ジハード〟は日本語ではしばしば〝聖戦〟と訳されるが、イスラムにおける本来の意味は〝（ムスリムとして正しく生きるための）努力〟である。したがって、コーランを熱心に学んだり、イスラムの信仰を多くの人に勧めたり、礼拝や断食などの義務に真摯に取り組むことなども、全て〝ジハード〟である。信仰の敵に対する武装闘争という意味での〝聖戦〟は、本来のイスラムの教義からすれば〝ジハード〟のごく一部でしかない。

さて、事件の起きた一九八一年十月六日は、一九

七三年に第四次中東戦争が勃発し、サダト率いるエジプト軍がスエズ運河を渡ってイスラエルを撃破した記念日のため〝第六回一九七三年十月の勝利記念パレード〟が行われていた。当初、イスランブーリーはパレードに参加する予定はなかったが、他の兵士の代理として参加し、事件を引き起こしたのである。

当日、サダトは四重の警護に守られていたが、空軍のミラージュが上空を飛行し、群衆の関心がそちらに向いた隙をついて、パレードのトラックが大統領の閲覧席前に停止。イスランブーリーが前に飛び出し、敬礼を受けようと起立していたサダトに対して手榴弾を投げつけ自動小銃を発射した。当然、サダトは即死である。この時、イスランブーリーは「ファラオに死を!」と叫びながら閲覧スタンドに走り寄り、サダトの遺体へ銃を発射したといわれている。なお、後に国連の事務総長となるブトロス・ブトロス=ガリも当時はエジプトの外務大臣としてパレードに列席しており、負傷した。

さて、ジハード団の世界観からすれば、シナイ半島奪還のためとはいえ、米国に接近し、イスラエルと和平を結んだサダトは〝背教者〟であり、非難されるべき存在だったわけだが、当時のイスラム過激派組織のターゲットが、外国人や異教徒ではなく、自国の不正な(ムスリムの)為政者に向いていたという点は記憶にとどめておいてよい。

こうしたこともあって、エジプト以外のアラブ諸国でも、エジプトの事件に影響を受けた過激派組織によるテロの危険性が高まったと考えるのが当然で、国内の体制引き締めを優先させる必要もあって、十一月二十五日からのアラブ首脳会議には、当初から、リビア、シリア、アルジェリア、イラク、スーダン、チュニジア、オマーンの各国が欠席していた。

さらに、会議での中心的な議題となったファハド提案についても、イスラエルの存在を事実上承認するという点で参加各国の合意が得られず、会議は途中で流会となってしまう。

レバノン内戦とフェズ提案

ところが、翌一九八二年、レバノン内戦が激化するなかで、事態は大きく動くことになる。

一九七〇年のヨルダン内戦を機に、PLOはレバノンの首都、ベイルートに本部を移していたが、一九七五年、レバノンでは、キリスト教マロン派とムスリムの宗派対立を背景に内戦が勃発した。

内戦によりレバノン政府は弱体化し、PLOはレバノン政府の統制が及ばなくなった同国南部を拠点にイスラエル北部への越境攻撃を展開するようになった。このため、イスラエルはレバノン南部に点在するPLOの拠点を潰滅させ、彼らの対イスラエル攻撃を断念させるべく、〝ガリラヤの平和〟と称する軍事侵攻作戦を策定。一九八二年六月、PLO関係者による駐英イスラエル大使、シュロモ・アルゴフの暗殺未遂事件の報復としてレバノンに侵攻し、七週間にわたってベイルートを包囲した。

こうして、レバノン内戦はレバノン戦争ともいうべき段階に突入したが、イスラエルとの全面戦争を恐れる他のアラブ諸国がレバノンへ援軍を派遣することはついになかった。

イスラエルのレバノン侵攻は、エジプトとの南部戦線の和平によって生じた余力をイスラエルが北部戦線へ振り分けたものだったが、イスラエル軍とともにベイルート攻撃に参加したファランヘ党（キリスト教マロン派系の極右政党）民兵による、一般ムスリム（その多くはPLOと無関係であった）の大量虐殺事件が明るみに出たことで、ガリラヤの平和作戦には国際社会から厳しい非難が浴びせられた。

一方、レバノン国内のムスリム勢力は次第にPLOとは距離を置くようになり、イスラエル軍の侵攻を招いた原因となっているPLOの国外退去を求めるようになった。

結局、一九八二年七月、PLO議長のアラファトは、元レバノン首相サエブ・サラムをはじめとするスンナ派ムスリムの指導者の要求を受け入れてPLOのレバノンからの撤退を決定。平和維持部隊として派遣されたフランスの部隊が援護するなか、八月三十日、アラファトがアテネに向けて出航したのを最後に、ＰＬＯはベイルートを完全に撤退。その本拠地をアラブ連盟の本部所在地であったチュニスへと移し、レバノンでのＰＬＯの影響力は壊滅した。

こうして、チュニスはパレスチナ解放運動の重要な拠点になるが、チュニジア政府は、それを積極的に支援していたというよりも、国内の体制を脅かさない限りにおいて、彼らの活動を黙認するというスタンスだった。ちなみに、一九九三年のオスロ合意とパレスチナ自治政府の樹立について、チュニジア政府は、チュニジアが長年にわたりＰＬＯとイスラエルの（秘密）交渉を仲介し続けてきたからこその成果であると主張している。

その後、米仏伊の多国籍軍が、パレスチナ人ならびにムスリム市民保護のためベイルートに展開したほか、レバノン南部はイスラエルの占領下に置かれることになった。

ＰＬＯのベイルート撤退を受けて、九月一日、米国のレーガン大統領は〝新たな出発〟と題するパレスチナ和平案を提案した。レーガン提案の内容は、キャンプ・デービッド合意をほぼ踏襲するものだったが、占領地からのイスラエルの全面撤退とエルサレムの分割を明記していたこともあって、イスラエルは即座にこれを拒否した。

また、レーガン提案を受けて、アラブ側も九月六―九日、改めてフェズで第十二回首脳会議をやり直し、ファハド提案の内容をほぼ踏襲した〝フェズ提案〟をアラブの平和統一案として採択した。その内容は以下の通りである。

①一九六七年に占領されたアラブ・エルサレムを含むアラブの全占領地からのイスラエルの撤退
②一九六七年以降のアラブ占領地内におけるイスラエルの入植地の撤去
③聖地におけるあらゆる信仰及び宗教的儀式の自由の保障

④パレスチナ人の唯一正当な代表であるＰＬＯ指導下におけるパレスチナ人民の自決権及び永久に消滅することのない不可譲の民族的権利行使の確認並びに祖国への帰還を希望しない全ての者に対する補償
⑤西岸及びガザ地区を、数ヵ月を限度とする暫定期間、国連の監督下に置くこと
⑥エルサレムを首都とする独立パレスチナ国家の建設
⑦国連安保理は、独立パレスチナ国家を含む全ての域内国家の平和を保障すること
⑧国連安保理は、上記諸原則の尊重を保障すること

フェズ提案は、（国連安保理が）全ての域内国家の平和を保障することとして、イスラエル国家の存在を事実上承認するもので、パレスチナ独立国家樹立などの基本的な主張は崩していないものの、レーガン提案を正面から否定してはおらず、和平への期待を高めるものであった。

一方、レバノン国内では、ＰＬＯがベイルートからの撤退を受け入れたことを受けて、一九八二年八月二十二日、大統領選挙が行われ、反シリア・親イスラエルの姿勢を鮮明にしていたファランヘ党のバシール・ジェマイエル（ファランヘ党）が当選する。レバノンにバシールは親イスラエル勢力を払拭したかったイスラエルの支援を受けていたほか、レバノンの平和維持活動に関与していた米仏両国も彼を支援して、レバノン国内の正常化をはかろうとした。

しかし、九月十四日、ジェマイエルは大統領就任式（同月二十二日）を目前にして、爆弾テロによって暗殺されてしまう。現在では、暗殺事件の真犯人はシリア社会主義民族党のメンバーとする説が有力だが、当時のイスラエルはこれをＰＬＯ残党の犯行とみなし、ジェマイエル派の民兵組織〝レバノン軍団〟はパレスチナ人への報復を決意した。

はたして、一九八二年九月十六日午後六時、イスラエル国防軍はレバノンのサブラーとシャティーラ

にあったパレスチナ難民キャンプへ向けて照明弾を発射。これを合図としてレバノン軍団の民兵たちが一斉にキャンプに突入し、二日間で少なくとも七百六十二人（最大で三千五百人）のパレスチナ難民が虐殺されていた。

いわゆる〝サブラー・シャティーラ事件〟である。事件は国際社会に大きな衝撃を与え、一九八二年十二月十六日の国連総会は、事件をジェノサイドとして非難する決議を一二三ヵ国の賛成多数（米、英、イスラエル、カナダは棄権。反対はなし）で可決。当時のイスラエル国防相アリエル・シャロンと参謀総長ラファエル・エイタンが引責辞任した。

ちなみに、事件からほぼ一年後の一九八三年九月二十日、PLO本部所在地のチュニスを擁するチュニジアは、事件の犠牲者を追悼する寄附金つき切手（図55）を発行した。切手には、事件で犠牲になったパレスチナ難民の多くがアラブのムスリムであったということを踏まえて、岩のドームもしっかりと描かれている。

なお、この切手が発行されてからおよそ一ヵ月後の一九八三年十月二十三日、レバノンではシーア派組織のヒズブッラー派（ビスボラ）による〝殉教作戦〟という名の自爆テロが開始され、レバノン内戦は新たな局面に突入することになる。

図55　サブラー・シャティーラ事件１周年に際してチュニジアが発行した切手。犠牲者遺家族のための寄附金付で発売された。

自爆テロのルーツ

ところで、一九八二年六月、ベイルートがイスラエル軍によって包囲される中で、レバノンではイランの強い影響を受けたシーア派組織のヒズブッラーが組織される。

ヒズブッラーのルーツは、一九五七年にイラクでムハンマド・バーキル・サドルが組織したシーア派の原理主義組織、ダアワ党にあるとされる。

ダアワ党の指導者、サドルは、『イスラム経済論』『イスラム哲学』などの著作を通じて、資本主義や共産主義・社会主義を乗り越え、法学者が政府や議会への指導・監督を行うシステムの下で、新たなイスラム社会を構築すべきと主張していた。その理論は、一九七九年のイスラム革命により、イラン・イスラム共和国が誕生したことで現実のものとなった。

その後、サドルはイラクのバアス党体制を非難し、ホメイニーのイスラム革命を公然と支持したため、一九八〇年にイラク当局によって逮捕・処刑されたが、その流れを汲む組織が各地で誕生することになった。

レバノンのヒズブッラーは、そうした背景の下、イスラエル軍の侵攻に衝撃を受けたシーア派の急進活動家たちが、イラン革命の指導者、ホメイニーの薫陶を受けて組織したもので、最終的にはイラン型のイスラム共和制をレバノンに樹立するとともに、〝シオニスト国家〟としてのイスラエルを殲滅することを目標として掲げている。また、その軍事組織はイラン革命防衛隊の下で訓練を受けるなど、物質的にもイランとの関係は密接である。

こうして、イランはレバノン（と隣接するパレスチナ）での武装闘争にも背後から関与していくことになるのだが、そうした状況の変化は、イランの切手にも痕跡を残している。

たとえば、一九八二年以降、イスラム共和制下のイランはイスラムの聖地エルサレムがイスラエルによって占領されていることに抗議するため、毎年、"世界エルサレムの日"の切手を発行するようになったが、その嚆矢となる一九八二年七月十五日発行の切手（図56）は、単に岩のドームを描いたデザインである。

ちなみにこの切手では"世界エルサレムの日"の英文表記は"THE UNIVERSAL DAY OF GHODS"となっているが、ここに出てくる"GHODS"がエルサレムのことである。エルサレムはアラビア語では"クドゥス（コドゥスと訛ることもある）"と呼ばれており、そのスペルをラテン文字表記に直すと"Quds"となるが、アラビア文字のqに相当する音は、イランの言語であるペルシャ語では、しばしば、ガ行の音として発音される。

エルサレムを意味するペルシャ語の単語は、アラビア文字を使った表記上はアラビア語と同じだが、それを日本語表記にしようとすると、クドゥス、コドゥス、ゴドゥスなどの揺れが生じる。

イランでは、このクドゥスの名を冠した革命防衛隊の特殊工作部隊（クドゥス部隊）をイラン・イラク戦争中に編成しているが、同部隊は、戦後、秘密工作担当として現在も活動を続けている。対イラク戦争以外の活動としては、ヒズブッラーの国際テロ部門を事実上指揮しているとされるほか、内戦期のアフガニスタンではマスウード率いるタジク人部隊（アフガニスタンにおけるイランの影響力拡大を嫌ったサウジやパキスタンが、当初、ターリバーンを支援したのはこのためである）、

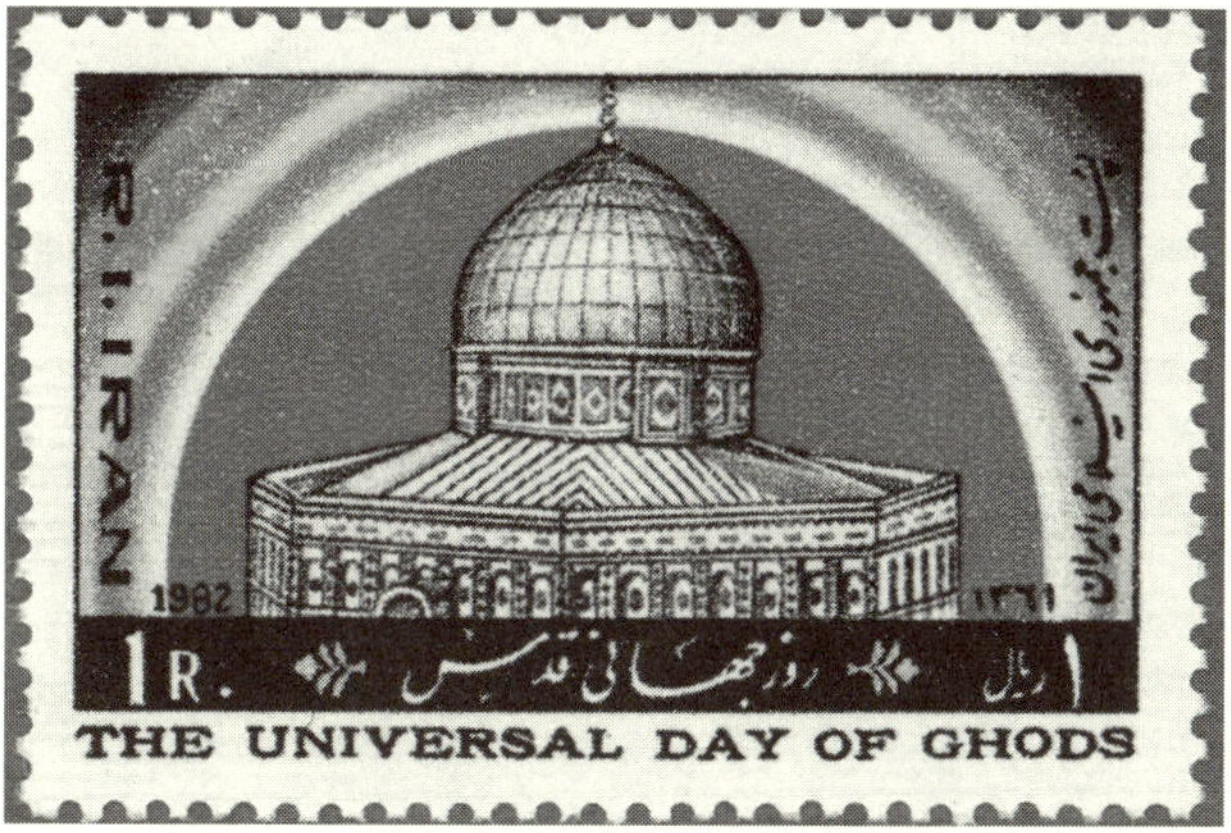

図56　1982年にイランが発行した"世界エルサレムの日"の切手。

イラクのクルド民兵やボスニア紛争時のムスリム軍なども支援しており、世界の紛争・テロにおいて重要な役割を果たしているとも言われている。

さて、一九八二年の切手が発行されて間もない七月十九日、結成されたばかりのヒズブッラーはベイルート・アメリカン大学総長デービッド・ロッジの誘拐事件を起こしたのを皮切りに、翌一九八三年四月十八日には、駐レバノン米大使館付近で自動車爆弾攻撃実行して、六十三人を殺害、百二十人を負傷させるテロ事件を起こしている。

図57　1983年にイランが発行した〝世界エルサレムの日〟の切手。

そして、ヒズブッラーによるテロ事件を経て一九八三年七月八日にイランが発行した〝世界エルサレムの日〟の切手（図57）は、「神は偉大なり」の文字の入った旗を括り付けた銃を掲げる兵士の腕と岩のドームを描いており、ヒズブッラーの主張する〝武力によるエルサレム解放（ないしはイスラエルの打倒）〟も否定せずとの姿勢が、彼らを支援していたイランの切手にも反映されているように見える。

しかし、ヒズブッラーの名を全世界に広く知らしめるようになったのは、やはり、一九八三年十月以降、〝殉教作戦〟の名の下に彼らが行ってきた自爆テロであろう。

一九八三年十月二十三日、ベイルート駐留の米海兵隊本部に爆弾を満載したトラックが突入。海兵隊の一日の被害としては、第二次世界大戦後最大となる二四一名の死者が発生した。また、同日、フランス駐留軍の本部に対してもトラック爆弾が突入し五十六名が死亡。さらに、十一月四日には、レバノン南部のチールにあったイスラエル占領軍の本部にもトラック爆弾が突入し、五十名以上の死者が発生したほか、ヒズブッラーの構成員がイスラエル国防省庁舎を銃撃し、二十一人を殺害し、十人を負傷させている。

自殺を厳しく禁じているイスラムにおいて、イスラム原理主義系のテロリストが自爆テロを展開することの矛盾を理論的に解消したのは、ヒズブッラーの理論的指導者だったムハンマド・ファドルッラーである。ファドルッラーは、一九七六年に発表した著書『イスラムと力の論理』において、数の上では常に多数派を占めている弱者が信仰に立脚して不退転の決意をもって強者に抵抗することを主張したが、そのなかで、本来は「神の道のために努力する」というジハードの理念を武装闘争とリンクさせ、自爆テロは〝殉教〟であって自殺ではないとのロジックを体系化した。

一九八三年十月のベイルートでの自爆テロは、そうしたファドルッラー理論を初めて実践に移したもので、その後、いわゆるイスラム原理主義系の武装組織にも援用されていくことになる。

さて、殉教作戦をはじめとするヒズブッラーのテロ活動に対して、本来、レバノンの治安に責任を負うべきレバノン政府はあまりにも弱体であった。このため、米国は国際平和維持軍の一員としてベイルートの治安維持に責任を負う立場から、レバノン内戦に深入りしていかざるを得なくなった。そして、このことは、ヒズブッラーをはじめとするムスリム諸派の反米テロをより一層激しいものとすることになり、米国は次第に追い詰められていく。

結局、一九八四年二月、ベイルートの戦闘でドルーズ派とイスラム左派民兵の攻勢を受けたレバノン政府軍が敗走した際、レーガン政権は米軍を増派してレバノン政府を救うことを断念。海兵隊を沖合のアメリカ艦隊へと撤退させた。そして、同年前半中には、アメリカはレバノンから全面撤退せざるを得なくなる。

こうして米国の支援を失ったレバノン政府は、反対派の要求に対して大幅な譲歩を余儀なくされ、一九八四年三月、反対派の主要な指導者が参加する国民和解政府の樹立が決定された。この結果、レバノンでは米国の影響力は地に落ち、シリアの発言力が飛躍的に強まることになる。

一方、レバノン南部では、占領イスラエル軍に対するレジスタンスが粘り強く続けられていた。この結果、増大し続ける占領コストの負担に耐え切れなくなったイスラエルは、一九八四年十一月にレバノン政府との間で撤兵交渉を開始。翌一九八五年一月、イスラエルが三段階にわけて撤兵することで決着がはかられ、同年六月までにイスラエル軍はレバノン南部、境界線沿いの〝安全保障地帯〟にまで撤退した。

その後も、この安全保障地帯には千人前後のイスラエル軍が駐屯し続けるが、これはイスラエルが見返りなしに撤退した唯一の事例だったから、ヒズブッラーは自らの〝勝利〟を内外に誇示。彼らの〝殉教作戦〟の効果を証明する結果となった。

なお、ヒズブッラーを支援し続けていたイランは、ヒズブッラーの結成から五周年にあたる一九八七年、岩のドームを背景に、レバノンの地図とヒズブッラーのマークを組み合わせた記念切手（図58）を発行し、ヒズブッラーの戦果を称揚している。

図58　ヒズブッラー結成5周年を記念してイランが発行した切手。

アラファトとエジプトの和解

さて、一九八二年九月、ＰＬＯはベイルートからチュニスに撤退したが、このことは、ＰＬＯ議長、アラファトの権威を大きく損なうことになった。その結果、一九八三年五月には、ＰＬＯ主流派でアラ

図59　ムバーラク。

ファトが基盤としていたファタハの内部でも反アラファトの声が上がり、アラファトの退陣を求める抗議行動も発生した。

こうした状況の中で、アラファトは、エジプトとの関係改善という外交上の成果により、巻き返しを図ろうとした。

一九七七年、サダトがイスラエルを訪問し、対イスラエル和平に乗り出したのを機に、PLOと十七のアラブ諸国はエジプトの〝裏切り〟を批難し、エジプトとの外交関係を断絶していた。PLOに関していえば、最高意思決定機関のパレスチナ民族評議会（PNC）において、エジプト＝イスラエル間のキャンプ・デービッド合意が破棄されるまでエジプトとの外交関係は再開しないとの決議が全会一致で採択されていた。

その後、一九八一年にサダトは暗殺され、後を継いでエジプト大統領に就任したホスニー・ムバーラク（図59）はサダトの路線を継承し、親米ならびに対イスラエル宥和を外交の基本方針としたため、ア

図60　1983年にエジプトが発行した〝パレスチナ人民との連帯国際デー〟の切手。

ラブ世界におけるエジプトの外交的な孤立は続いていた。しかし、アラブ世界随一の大国、エジプトとの断絶が長引くことはPLOとアラブ諸国にとっても得策とはいいがたい。このため、一九八二年になると、PLOとアラブ諸国は自らの体面を傷つけることなく、エジプトとの関係を改善する方途はないものかと水面下で模索し始めた。

一九八三年十一月二十九日、〝パレスチナ人民との連帯国際デー〟にあわせて、ムバーラク政権下で最初のパレスチナ関連切手として岩のドームを描く六ピアストル切手（図60）を発行したのも、現在から見れば、そうした動きに呼応したものとみることも可能であろう。

はたして、一九八三年十二月二十二日、アラファトはPLOとエジプトの断交から六年ぶりに、カイロを電撃訪問し、ムバーラクと会談している。

このカイロ訪問が、先のPNC決議に違反することは明白であったから、アラファトは、当初、行き先を〝中東のどこか〟としか明らかにせず、レバノンを経由してスエズ運河の港があるポートサイドに行き、そこからヘリコプターでカイロ入りするという経路をたどっている。

この時のムバーラクとの会談は、PLOが組織としてセッティングしたものというより、アラファトが個人で動いたものという側面が強かった。

アラファト本人は、「自分のエジプト訪問はエジプトを対イスラエル和平から引き離すための最初の一歩である」との公式見解を繰り返していたが、その言葉を額面通りに受け取る者は少なく、PLOの内部では、アラファトの行動を「無責任」「PLOの枠内でのパレスチナ人の団結の基礎を毀損するもの」と非難する声も強かった。

もともと、アラファトはPLO内でも対イスラエル強硬派の急先鋒であったが、レバノンからの撤退により、PLO内の対イスラエル強硬派は彼の弱腰を批難し、アラファトとは距離を置くようになっていた。また、一九八二年以降、シーア派系の原理主義組織のヒズブッラーはPLOとは無関係に反米・反イスラエルのテロ活動を展開し、相応の〝成果〟を挙げていたことも、強硬派から見れば、アラファトの（相対的な）軟弱ぶりを際立たせる結果をもたらしていた。

こうしたなかで、ベイルートからの撤退を通じて、武力によるパレスチナ解放がもはや非現実的であることを痛感するようになったアラファトは、名目上は〝パレスチナ解放〟の旗を降ろさないものの、米国による中東和平の努力に協力する〝穏健派〟として、自らの国際的な立場を確保し、そのことによってPLO内部での求心力を回復しようとしたと考えられる。彼のエジプト訪問は、まさに、そのことを象徴的に示す儀式だったわけだ。

一方、エジプトにしてみれば、PLOというパレスチナ問題の当事者との和解は、対イスラエル和平が〝アラブの大義〟への裏切りであるというアラブ諸国の非難を無力化するものであり、他のアラブ諸国との関係改善の糸口になるものとなったことはいうまでもない。また、エジプトとの関係改善のきっかけを探っていたアラブ諸国にとっても、アラファトのエジプト訪問は歓迎すべき事態であった。

はたして、カイロの大統領府での会談は百十分間にわたって行われ、会談後の記者会見で、ムバーラクはアラファトを「（パレスチナ解放の）闘士であり、パレスチナ人の合法的な権利を回復するために戦っているパレスチナ人の〝穏健な〟指導者」として紹介し、アラファトはエジプトを「パレスチナ人の真の支援者であり、パレスチナ回復のチャンピオンである」と持ち上げるなど、両者は互いの外交的なニーズに応えるようなエールの交換を行っている。

PLOとエジプトの和解は、アラブ世界ではおおむね好意的に受け止められたが、PLO内部には、PNC決議を無視したアラファトの独断専行に対する不満の声は強く、ＰＬＯ内部の亀裂は徐々に深まっていくことになった。

アンマン合意とその挫折

一九八三年末のエジプトとＰＬＯの和解を受けて、一九八四年一月、ヨルダンは議会を再開し、パレスチナ人の有力者である（イスラエル占領下の）ヨルダン川西岸住民代表の政治参加を制度的に復活させることによって、パレスチナ問題解決への積極姿勢を示した。

これを受けて、翌二月、アラファトはフサイン国王との会談し、ヨルダン内戦以来断絶していたヨルダンとの関係修復に向けて動き出した。ＰＬＯ内で反主流派の突き上げにあっていたアラファトは、エジプトに続き、ヨルダンとも関係修復を実現することで、その業績を梃子にＰＬＯ内の権力基盤を維持しようとしたのである。

一方、パレスチナからの難民を多数自国内に抱えるヨルダンとしては、ＰＬＯが自国の体制に脅威を与えない穏健組織となったうえで、自らがパレスチナ和平に向けてのイニシアティヴを握ることが外交上、重要な課題となる。

かくして、アラファトとの会談後、ヨルダンのフサイン国王は、一九八四年三月頃より米国の中東政策への批判を強め、中東和平のため、ソ連を含む国際会議の開催を提唱するようになる。

こうしたヨルダン側の動きを受けて、ＰＬＯ内部では四月下旬にアラファト派と中間派が和解し、九月十五日までにパレスチナ民族評議会（ＰＮＣ）を開催することなどを定めた〝アデン合意〟が成立した。ただし、反アラファト派はアデン合意に強く反発し、かえって、アラファト派と反アラファト派の反目は強まった。

その後、七月にはソ連が中東和平提案を発表して国連の下での国際会議開催を提唱。九月にはイスラエルで対パレスチナ強硬派のイツハク・シャミール政権に代わり、穏健派のシモン・ペレス労働党党首を首班とする労働党・リクード連立政権が成立したほか、ヨルダンとエジプトが外交関係を再開する。こうして、全体に宥和ムードが漂う中、一九八四年十月、ヨルダンの首都アンマンで第十七回ＰＮＣが開催された。

議場では、フサイン国王が中東問題の解決に向けてのＰＬＯとの共同行動を進める意欲を示したほか、アラファトも自らの指導体制の再確立を図るとともに、エジプト及びヨルダンとの関係強化の方針を強調した。しかし、反アラファト派は、そもそも、この時のＰＮＣを正規の開催とは認めず（このため、アラファト率いるＰＬＯ主流派は、アンマンでのＰＮＣが正規の会議であることを強調すべく、会議にあわせて、パレスチナの〝国旗〟を掲げる岩のドームを描く絵葉書を発行した。図61）、議会を欠席。改めて、ＰＬＯ内部の亀裂の深さをうかがわせた。

図61　1984年のPNCにあわせてＰＬＯが制作した絵葉書。

その後、ＰＬＯアラファト派とヨルダンは〝共同行動〟の可能性について協議を重ね、翌一九八六年二月十一日、両者の間でいわゆる〝アンマン合意〟が成立する。

その骨子は

①国連決議第二四二号（一九六七年の第三次中東戦争の戦後処理として、イスラエルに占領地から撤退することを求める一方で、アラブ側にはイスラエルの生存権を認め、イスラエルと共存することを求めている）を履行すること

②安保理常任理事国及びヨルダン、ＰＬＯを含む全ての関係当事国の参加する国際会議を開催すること

③ヨルダン川西岸地区でヨルダンとパレスチナの連合政府をつくる

の三点である。

アンマン合意を受けて、ムバーラクは、二月二十五日、米国がヨルダン＝パレスチナ合同代表団との対話を開始したうえで、合同代表団とイスラエル代表団との対話を行い、国際会議を開催するという、プロセスを示した〝ムバーラク提案〟を発表する。

当時の米国は、ＰＬＯを〝テロリスト〟と認定し、公式にはＰＬＯとの交渉は拒否していたから、三月十二日、ムバーラクは米大統領のロナルド・レーガンと会談し、米国にＰＬＯを含む合同代表団との対話を開始することの必要性を説いた。もちろん、この時の会談のみで米国がＰＬＯのテロリスト認定を解除したわけではないが、四月十三日には米国務次官補のロバート・マーフィーが中東諸国を歴訪して、和平プロセスの新たな進展を模索するなど、パレスチナ和平には何らかの進展がみられるかと期待された。

こうした情勢を反映して、一九八五年十一月、ヨルダンが発行したフサイン国王五十歳誕生日の記念切手（図62）には、国王の肖像とともに、一九六七年までヨルダンの統治下にあった岩のドームをとりあげ、アンマン合意以降、ヨルダンがパレスチナ和平の進展に向けて主導的な役割を果たしていることをアピールしている。

ところが、肝心のＰＬＯ内部では、反アラファト派が国連決議第二四二号に謳われた〝イスラエルの

図62　ヨルダンが発行した国王50歳誕生日の記念切手。

生存権承認〟の一項を頑として認めず、調整は難航。結局、アンマン合意から一年後の一九八六年二月、フサイン国王は合意を白紙撤回し、和平工作の中断を宣言した。

これにより、ヨルダンとPLOとの関係は完全に断絶したわけではなかったが、アンマンに開設されたPLOの連絡事務所は閉鎖され、国王は、連合政府構想を撤回したうえで

①西岸地区のパレスチナ人の経済的福祉についてはヨルダンが責任を負う
②ヨルダン政府が実施する五ヵ年計画は西岸地区に対しても適用される
③ヨルダン国会におけるパレスチナ人の議席割り当てを増やす

方針を明らかにした。

以後、フサイン国王は、イスラエルが存在しているという現実を踏まえたうえで、ヨルダン＝パレスチナ＝イスラエル三者による統治機構を作り、それによって、西岸地区をPLOから〝独立〟させ、部

分的にせよ、西岸地区に対するヨルダンの主権を回復することを志向するようになる。

その後も、ＰＬＯはアンマン合意の継続を模索したものの、最終的に、反アラファト派の強硬論に引きずられる形で、一九八七年、アンマン合意を破棄せざるを得なくなった。イスラエルとの共存（＝イスラエルの生存権承認）という点で、組織としての意思統一に失敗したＰＬＯに対しては、ヨルダン川西岸地区のパレスチナ人の間にも失望の声が大きかった。

こうして、ヨルダン川西岸とガザのイスラエル占領地にとっての一九八七年は、絶望的な閉塞感に覆われた中で過ぎようとしていた。一九六七年に占領が始まってからちょうど二十年。

占領後に生まれた子供が成年に達しようとしたタイミングで、彼らの鬱積した不満が爆発するのは、まさに時間の問題であった。

第4章 〝パレスチナ国家〟の誕生

第一次インティファーダの発生

レバノン南部では一九八五年にヒズブッラーの〝殉教作戦（自爆テロ）〟が、部分的にせよ、イスラエル軍を占領地から撤退させることに成功を収めたが、一九六七年の第三次中東戦争以来、イスラエルの占領下に置かれ続けてきたヨルダン川西岸とガザ地区の状況は何一つ変わらなかった。

また、一九八五年にPLOとヨルダン政府の間で成立したアンマン合意も、結局PLO内部の反アラファト派が国連決議第二四二号に謳われた〝イスラエルの生存権承認〟の一項を頑として認めず、一九八六年、ヨルダンはこれを白紙撤回し、和平工作の中断を宣言した。

こうして、パレスチナ住民の不満と閉塞感が鬱積していく中で、一九八七年十二月、ガザ地区で、帰宅途中のパレスチナ人が乗った車が反対車線に乗り入れたイスラエルの軍用トラックと正面衝突し、パレスチナ人四名が死亡し、七名が重軽傷を負う交通事故が発生した。ちなみに、この時の事故で、軍用トラックの乗員は全員無傷だった。

イスラエルによる理不尽な占領を象徴するかのような事件が発生したことで、ガザ地区の空気は一挙に緊張。事件の翌日、難民キャンプの一パレスチナ人青年が、日頃の鬱積した不満からイスラエル兵に投石したことをきっかけに、パレスチナ住民とイスラエル兵との大規模な衝突に発展した。

その際、イスラエル兵が十七歳のパレスチナ人少年を射殺したことから、パレスチナ人住民は憤激。少年の葬儀は、やがて、自然発生的な暴動となり、大量の石やガラス瓶などがイスラエル兵に向かって投げつけられることになった。

こうして、イスラエル軍の催涙ガスやゴム弾に対して、投石と火炎瓶で抵抗する〝石の革命〟、インティファーダ（アラビア語の原義は蜂起）が始まり、イスラエルの占領下で生まれ育った十代の少年を中心に、ヨルダン側西岸とガザ地区のイスラエル占領地域全域で、老若男女を問わず、パレスチナ住民の抵抗が続けられることになる。

イスラエルにとって、インティファーダを鎮圧するための膨大なコストは経済を大きく圧迫。さらに、インティファーダに共感するイスラエル本土のパレスチナ人の大規模なストライキが頻発したこともあって、一九八七年には五・二%だったイスラエルのGDP成長率は、インティファーダ発生後の一九八八年には一%台に急落した。

また、強圧的な弾圧によってもインティファーダを鎮静化できなかったことで、イスラエルは、パレスチナ人による自治権の要求は武力で抑え込めるものであり、考慮の必要はないとするそれまでの前提を再検討せざるを得なくなった。

また、〝石つぶてで銃に立ち向かう少年たち〟の姿が国際社会の耳目を集めるようになったことで、従来、欧米がイスラエルに対して持っていた〝野蛮なアラブ世界に対する西洋文明の防波堤〟もしくは〝中東唯一の民主国家〟とのイメージは大きく揺らぐことになった。一九六七年十二月の国連決議を無視して、ヨルダン川西岸とガザ地区の占領を延々と続け、抵抗する少年たちを無慈悲にも銃撃するイスラエル軍に対しては、アラブやムスリムだけでなく、西側諸国からの批判も強かった。『旧約聖書』のダヴィデとゴリアテの物語になぞらえるのなら、ダヴィデの子孫を自称するイスラエルこそが現代のゴリアテであり、パレスチナ人の青年たちがダヴィデであるかのように感じたクリスチャンは少なくなかったのである。

一方、インティファーダの発生はＰＬＯの指導部にも大きな衝撃を与えた。

インティファーダの参加者たちは、イスラエルの存在を認めた上で、パレスチナ人としての権利を獲得することを主張していたが、これは、パレスチナを遠く離れたチュニスを本拠に、イスラエルを破壊してパレスチナ全土を解放するというＰＬＯの非現実的な路線の転換を求めるものだったからである。少なくとも、ＰＬＯが〝パレスチナ〟を代表する存在ではないことを、ほかならぬパレスチナ人が自ら示したことのインパクトは大きかった。

こうした情勢の変化を受けて、インティファーダ発生から約一年後の一九八八年十一月、アルジェで開催されたパレスチナ国民評議会（ＰＮＣ）では、東エルサレムを首都とする〝パレスチナ国〟の独立宣言を採択。イスラエルの存在そのものを否定する従来の路線を放棄する代わりに、インティファーダで獲得した国際的認知を国家樹立という具体的な成果に転化することがＰＬＯの新たな基本方針となる。

図１　アルジェでのPNCに際して制作されたラベルが貼られた封筒。

図1は、こうした状況を反映して、一九八八年十一月のPNCにあわせて作られた切手状のラベルとそれを貼った封筒で、ラベルにはパレスチナ旗を背景に、岩のドームを含む東エルサレムの市街地とインティファーダの少年が描かれている。押されているスタンプには〝アラブ・パレスチナ国家〟の文言と会議の行われた一九八八年十一月十五日の日付が入っている。また、余白のカシェには、〝パレスチナ国独立〟の文字を覆うように、銃とオリーブが描かれている。

このラベルは、郵便に使うための正規の切手ではないので額面は入っていないが、パレスチナ側は、過去にも、切手状のラベルを作って支援者の郵便物に貼ってもらうということを何度かやっているので、このラベルもそれと同種のものと考えてよい。

さらに、アルジェでのPNC開催から一ヵ月後の一九八八年十二月、ジュネーヴで開かれた国連総会に出席したアラファトは、イスラエルの承認とテロの放棄などを言明して、国際社会、特にアメリカの支持を取り付けようとした。

しかし、長年にわたってテロ活動を展開してきたPLOとアラファトに対するイスラエルの不信感は容易には拭いがたかったことに加え、もはや弱体化したPLOを完全に見下していたイスラエルは、PLOの歩み寄りに対して冷淡な姿勢を取り続ける。

その一方で、レバノン侵攻作戦の挫折とインティファーダの発生により、イスラエルにおいても、パレスチナ人を武力で弾圧するだけでは問題が解決しないことを認識する勢力がようやく出現するようになった。

パレスチナ・イスラム・ジハード運動とハマース

一九八七年十二月に第一次インティファーダが発生すると、パレスチナのイスラム主義勢力もこれに加わり、武装闘争を展開した。

一九七〇年代以前のパレスチナでは、反イスラエルの武装闘争は世俗主義を掲げるPLO系の組織が中心で、ムスリム同胞団は主として救貧や医療などの社会活動を担い、武装闘争には慎重であった。

これに対して、ガザ出身のファトヒー・シカーキー（シャカーキーとも）は一九七九年のイラン・イスラム革命に刺激を受け、『ホメイニー――イスラム的かつ新しい解決策』を著し、PLOなど世俗主義的な解放運動はイスラムを欠き、ムスリム同胞団などイスラム復興運動はパレスチナを欠いているとの現状認識の下、イスラムに立脚したパレスチナ解放こそが重要であると主張した。

これは、ホメイニーのイスラム革命が〝イスラムと闘争の結合〟の結果であるとの理解によるもので、シカーキーはイランの樹立した〝イスラム共和国〟と類似の体制をパレスチナに樹立することを主張していたわけではないが、イスラム革命の精神そのものを大いに称揚した。

一九八〇年、シカーキーは、イスラエルに対する武装闘争を〝ジハード〟と位置付け、パレスチナ全土の解放を目標とする少数精鋭主義の〝パレスチナ・イスラム・ジハード運動（以下、ジハード運動）〟を組織。その軍事部門である〝クドゥス旅団（クドゥスはエルサレムのアラビア語名）〟は、イランやシリアの支援を受け、レバノンのヒズブッラーとも連携して、一九八六–八七年にイスラエルに対する断続的な襲撃事件を起こした。ちなみに、ジハード運動は自分たちに対するイスラエルの報復攻撃が第一次インティファーダの契機となったと主張している。

ジハード運動を支援していたイランは、一九八八年五月十三日、第一次インティファーダを讃える切手（図2）を五種連刷の形式で発行した。切手は、左側の四種が第一次インティファーダで〝殉教〟したジハード運動の活動家の肖像を、右端の一種が石礫を投げる人々を取り上げており、パレスチナの地図とイスラムの聖地・岩のドームを背景に、ダヴィデの星の形をした鉄条網が破れているというデザインは共通である。

一方、第一次インティファーダの勃発を受けて、

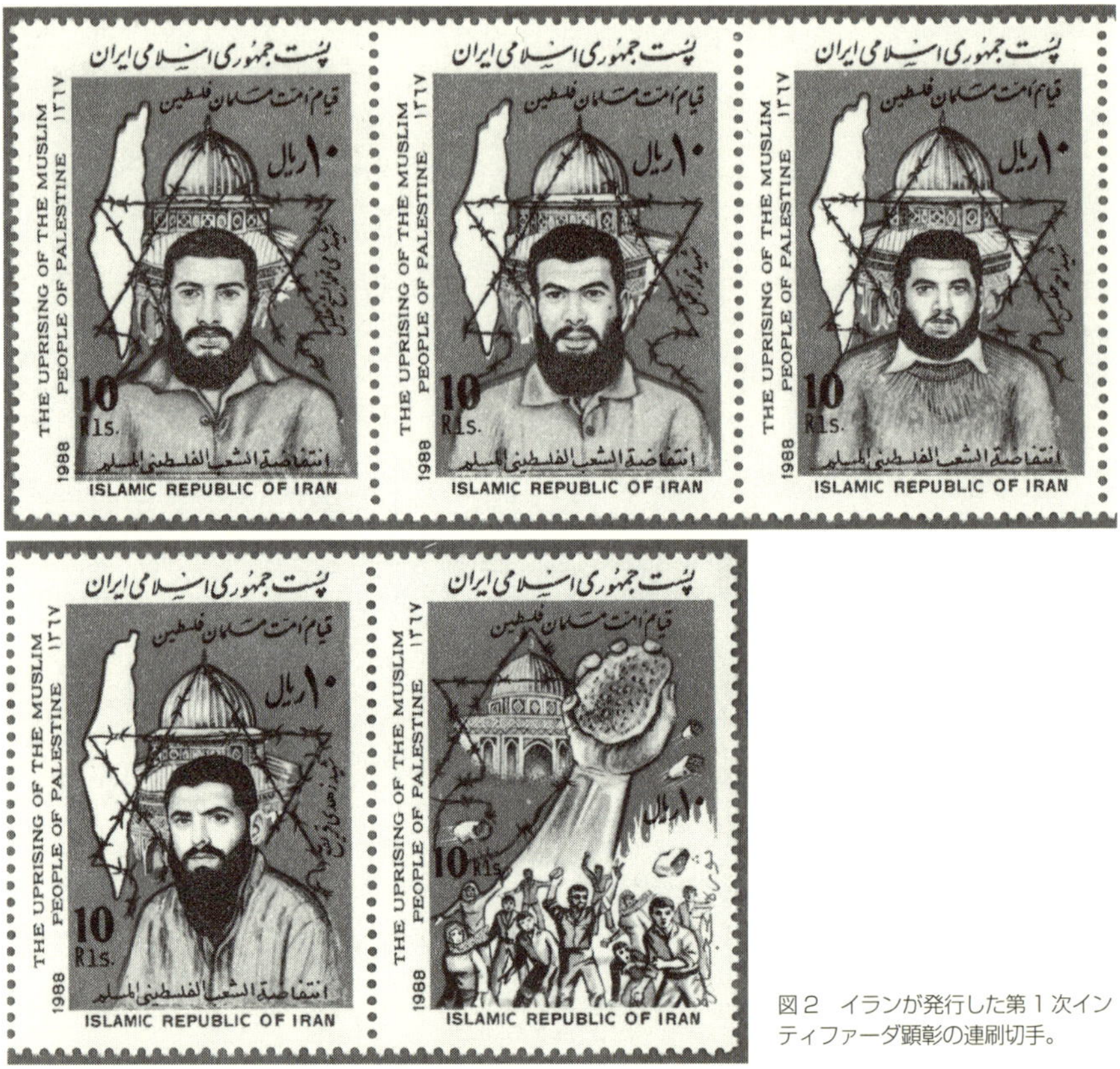

図２　イランが発行した第１次インティファーダ顕彰の連刷切手。

ムスリム同胞団パレスチナ支部は、一九八七年十二月十四日、アフマド・ヤースィーンを中心に行動組織の〝イスラム抵抗運動〟を結成する。

　イスラム抵抗運動は、アラビア語では〝ハラカ・ムカーワマ・イスラーミーヤ〟となるが、そのアラビア文字の頭文字を取って〝ハマース〟との略称が広く通用するようになった。なお、ハマースという単語自体は、アラビア語で〝激情〟を意味する。

　ハマースの中心人物、アフマド・ヤースィーンは、一九三七年（異説あり）、英委任統治下パレスチナのアル・ジュラで生まれた。カイロのアズハル大学を卒業後、ガザ郊外に戻って小学校のアラビア語教師となったが、一九七〇年代にムスリム同胞団パレスチナ支部に加入し、一九八四年、反イスラエル行動の容疑で逮捕された。翌一九八五年、イスラエルのシモン・ペレス政権とパレスチナ解放人民戦線総司令部（PFLPから分派したテロ組織でPLOにも参加）の間で成立した捕虜交換で釈放され、一九八七年の第一次インティファーダ勃発を受けて、ハマースを創設した。

当初、イスラエルはPLOの対抗勢力としてハマースの創設を背後から支援したとも言われているが、結果的に、ハマースはジハード運動とともに、パレスチナでの反イスラエルの武装闘争の急先鋒として、ガザ地区を拠点に勢力を拡大していくことになる。

さて、ハマースは一九八八年八月に『ハマース憲章』を制定したが、その第十一条で「パレスチナの地が復活の日までの全世代のムスリムにとってイスラムのワクフの地であると信ずる」と規定している。イスラム法の理解では、一度、ワクフとして設定された財産については一切の所有権の異動（売買・譲渡・分割など）が認められないから、ハマースの理解では、ワクフの地としてのパレスチナ全土を解放することは、変更の許されない最終目標と位置付けられることになる。

このため、ハマースは、イスラエルが一九六七年の第三次中東戦争の占領地から撤退すれば〝停戦〟は可能とする一方で、恒久的な〝中東和平〟は原則として受け入れないとの立場を堅持しており、対イスラエル強硬派の支持を得て勢力を拡大していく。

なお、ハマースの考える「パレスチナ民衆にとっての最低限のライン」は、

①イスラエルによる全入植地の撤廃
②パレスチナ難民の自由な帰還
③（第三次中東戦争勃発以前の）一九六七年六月四日時点での停戦ラインを国境とする
④パレスチナを、エルサレムを首都とする完全な主権国家とすること

の四条件であり、これを掲げて、彼らは一九九〇年代以降のパレスチナ問題における主要なプレイヤーとなっていくのである。

リンケージ論

一九九〇年八月、イラク軍がクウェートに侵攻し、瞬時にして同国を軍事占領した。

現在のイラク国家の領域は、一九三二年に王制イラクが独立国としてスタートした際に定められた。この時、イラク国家は旧オスマン帝国時代のバスラ州・バグダード州・モスル州を継承するものとされたが、モスル州の一部とされていたクウェートは、既に英国の保護下に置かれていたこともあって、新生イラク国家の領域から除外されていた。一九五八年の民族主義革命によって成立した共和制イラクの歴代政権が「歴史的に見てクウェートはイラクの一部である」と主張し続けてきた背景には、こうした過去の歴史的経緯があることを見逃してはならない。

一九八〇年から八年間続いたイラン・イラク戦争に際して、米国をはじめとする国際社会は、反イランという一点においてのみイラクのサッダーム・フセイン政権を支援し続け、その必然の結果として、イラクは湾岸地域において突出した軍事力を持つようになった。

当然のことながら、イラクの急速な軍事大国化は、サッダーム政権の抑圧的な体質とも相俟って、次第に西側世界の懸念するところとなったが、イラク軍によるクウェート侵攻が実際に起こるまでは、米国も事態を楽観視していた。

一方、軍事大国化したとはいえ、八年間にも及ぶ対イラン戦争は、かつては石油収入によりアラブ世界でも有数の金満国家であったイラク経済に壊滅的な打撃を与え、戦後復興には湾岸諸国からの資金援助が不可欠な状況にあった。実際、湾岸諸国を革命イランの脅威から守ったと自負しているイラクには、湾岸諸国が戦後復興に協力するのは当然だとの認識があった。

しかし、湾岸諸国の反応は冷たかった。

特に、クウェートは、対イラン戦争中に同国から借り入れた資金（金額的には諸説あるが、三百—六百億ドルといわれている）の全額返済免除や新規融資など、イラク側の要求をことごとく一蹴。両国関係は急激に悪化する。

さらに、イラクが戦後復興のための資金源として期待していた原油も、イラン・イラク戦争の始まった一九八〇年に一バレルあたり三十五ドル台で取引されていたものが、同戦争の終結時には一バレルあたり十ドル台に低迷、さらに、イラク軍のクウェート侵攻直前の一九九〇年四─五月には一バレルあたり六ドル前後にまで急落していた。原油価格一バレルあたり一ドルの変動によって年収が十億ドル上下するといわれていた当時のイラクにとって、原油価格の急落は、まさに死活問題であった。

このため、イラクは原油価格維持のために産油国による生産調整を主張。ＯＰＥＣ（石油輸出国機構）の大半はイラクの主張に理解を示し、かつての敵国であったイランも同様の事情から、イラクの主張を支持した。しかし、クウェートとアラブ首長国連邦はＯＰＥＣの定めた国別生産割当量を無視して増産を続け、石油の価格破壊をもたらした。

しかも、そのクウェートは、かねてからイラクが（クウェート国家の存在を是認した上で）領有権を主張しているルマイラ油田からも石油を採掘していた。クウェートがイラクの石油を盗掘しているとの主張の背景には、こうした事情がある。

こうして、イラクとクウェートの関係が極端に悪化する中で、一九九〇年七月三十一日、サウジアラビアが両国代表をジェッダに招き、話し合いによる解決を求めたが、交渉は決裂。さらに、イラクが駐在アメリカ大使に対して武力行使を含む問題の当事者間解決を示唆したところ、アメリカ側は「アラブ諸国同士の紛争には関心がない」と述べ、これを黙認するかのような反応をイラク側に示した。

以上のような要素に加え、サッダームの領土欲や〝アラブの盟主〟の座を狙う名誉欲などが絡み合い、一九九〇年八月二日、イラク軍はついにクウェート侵攻という冒険主義に踏み切ったのである。

さて、イラク軍のクウェート侵攻は、ただちに国際社会から激しく指弾され、米国のブッシュ（父）政権は、直ちに国家緊急事態を宣言。米国内のイラク資産を凍結し、イラク産原油の輸入を停止するとともに、インド洋の米空母をペルシア湾に急派した。

さらに、イラク軍の侵攻がサウジアラビアに波及することをおそれた米国は、八月七日、第八二空挺師団と戦闘機二個中隊などをサウジアラビアに派遣。英国もこれに同調してサウジアラビアに派兵する。

これに対して、イラク側は強気の姿勢を崩さず、イラクとクウェートに駐在していた欧米人や日本人を人質とし、米軍の撤退を要求したが、この人質作戦はフセイン政権に対する国際社会の態度を一層硬化させた。

さらに、隣国を武力によって併呑しようとする軍事大国・イラクの行為はアラブ世界にも衝撃を与え、直接的な脅威を感じた湾岸諸国はもちろん、エジプトもイラク軍のクウェートからの撤兵を要求。イラクは国際社会から完全に孤立した。

追い詰められたサッダームは、八月六日、ＰＬＯ議長のアラファトがバグダードを訪問した機会をとらえて「イラクのクウェートからの撤退は、イスラエルのパレスチナからの撤退と同時に解決すべき問題である」とする〝リンケージ論〟を主張した。

クウェート侵攻以前のサッダームは、必ずしも、パレスチナ問題に熱心に取り組んでいたわけではなく、それゆえ、国際的に孤立したサッダームが唐突にリンケージ論を持ち出したことについて、アラブ諸国の首脳たちは冷淡だった。しかし、それとは裏腹に、アラブ諸国の一般国民の間には、リンケージ論に理解を示し、これを支持する者も少なくなかった。

たとえば、イラクによるクウェート侵攻から湾岸戦争までの期間、国民の親サッダーム感情が強かったアルジェリアでは、新生児に〝サッダーム〟と命名するケースが相次いだほか、はなはだしくは、イラク軍のミサイルにちなんで〝スカッド〟と命名しようとしたケースもあったという（さすがに、その名前は受理されなかったようだが）。

図３　アルジェリアが発行したインティファーダ３周年の記念切手。

図４　リビアが発行したインティファーダ１周年の記念切手。中央の切手の背景には岩のドームのシルエットが描かれている。

こうした空気の中で、一九九〇年十二月九日、アルジェリア郵政は〝インティファーダ三周年〟の名目で、岩のドームの前に集結する〝闘士〟たちを描く記念切手（図3）を発行した。

アラブ諸国の中には、インティファーダから一周年の一九八八年や二周年の一九八九年に記念切手を発行した国もあったが（図4）、アルジェリアはそうしたタイミングでインティファーダ関連の記念切手を発行していない。それにもかかわらず、一九九〇年に三周年の記念切手を突如として発行しているのは、当時のアルジェリア当局がリンケージ論に親和的な国民感情に配慮した結果とみるのが妥当だろう。

一九六二年の独立以来、アルジェリアでは、民族解放戦線（FLN）の一党独裁による社会主義体制が敷かれていたが、一九七〇年代末期になると、その矛盾が覆い隠せなくなってきた。このため、一九七九年に発足したシャドリ・ベンジェディド政権は、経済再建を目指して主要国営企業の分割と地方分散化を決定したものの、結果的に非効率的な国営企業を増やすだけに終わり、稼働率は大幅に低下。従業員の給与支払いも滞るようになった。

さらに、人口の急増（独立時一千万人だった人口は一九八八年には二千二百二十万人にまで膨れ上がった）に伴い、失業問題が慢性化し、国民の生活インフラの整備も追い付かない状況の中で、一九八五年になると、アルジェリアの主要輸出品である原油と天然ガスの価格が下落。アルジェリア経済は急速に悪化し、デフォルトに陥った。

これに対して、シャドリ政権は輸入抑制政策で対応しようとしたため、輸入に頼っていた食糧の供給が大幅に不足するようになり、多くの国民は困窮。これを機に、長年の一党独裁に対する国民の不満が爆発する形で、一九八八年十月、自然発生的に大規模な食糧暴動が発生し、二万人のデモ隊が軍と衝突し数十人の死者が発生した。

シャドリ政権は戒厳令を施行する一方、市民による政治改革・民主化要求に対して、党機構改革と集会・結社の自由、言論の自由を保証する憲法改正を決定。この憲法改正案は、一九八九年二月の国民投票によって採択された。

こうして、憲法改正後の一九九〇年六月、独立後初めて地方選挙が行われたが、独立以来一党支配体制を敷いてきたFLNは惨敗し、イスラム原理主義運動を母体とするイスラム救国戦線(FIS)が圧勝する。

こうして、シャドリ政権の基盤が大きく揺らぐ中で、同年八月、イラク軍がクウェートに侵攻し、サッダームがリンケージ論を唱え、多くのアルジェリア国民がこれを支持するという状況が生まれた。

国際関係を冷静に考慮すれば、シャドリ政権がサッダームに対する明確な支持を打ち出すことは自殺行為に他ならないが、さりとて、親イラクの空気が強い国民感情を力づくで抑え込めるほどの余力もなかった。このため、政権としては、湾岸危機から湾岸戦争への移行期間というタイミングで、反イスラエル闘争としてのインティファーダを称揚する記念切手を発行することで、リンケージ論に親和的な国民感情を否定はしないという姿勢を示す必要に迫られたのである。

なお、湾岸戦争後の一九九一年十二月に行われたアルジェリアの国民議会選挙では、FLNが惨敗し、FISが圧勝するが、これに対して、アルジェリアの軍部は、イスラム原理主義政権の樹立を防ぐため、一九九二年一月にシャドリ大統領を辞任に追い込むとともに、新設した国家安全最高評議会(HCE)へ統治権限を移行した上で、行政命令によりFISを非合法化する。この結果、HCEに反発するイスラム原理主義過激派のテロが活発化し、アルジェリアは二〇〇〇年まで続く内戦に突入する。

イラクは湾岸戦争に勝った?

さて、サッダームがリンケージ論を提起すると、アラファトもこれに理解を示し、イラクを支持する立場を明らかにする。

アラファトの判断は、多国籍軍の攻撃を受けたイラク軍が瞬時にして崩壊したことで、結果的に重大な誤りとなり、PLOに深刻なダメージをもたらすのだが、一九九〇年八月の時点では、PLOにはイラクを支持せざるを得ない事情もあった。すなわち、一九八九年秋、ベルリンの壁の崩壊を機に、東欧共産主義諸国が相次いで崩壊し、冷戦下の反米＝反イスラエルという文脈でPLOを支援していた国々は消滅。その結果、PLOにとって、残り少なくなった重要な支援国の一つがイラクだったのである。したがって、イスラエルの攻撃によりレバノンから追い落とされ、パレスチナのインティファーダ闘争からも置き去りにされていたPLOにとって、当時の政治的な文脈において、イラクと敵対することは極めて困難だったといえる。

こうして、クウェート問題をめぐる緊張が高まる中、八月二十五日、国連安保理は米国提出の対イラク制裁のための「限定武力行使」決議案を採択。さらに十一月二十九日には、国連安保理において、翌一九九一年一月十五日までにイラクがクウェートから撤兵せず、人質も解放しなければ、あらゆる手段を取るとの決議が採択され、情勢は一気に緊張。

結局、イラクは一九九〇年十二月六日に全人質の解放に応じたものの、クウェートからの撤兵に関しては断固これを拒否。一九九一年一月十七日、米英をはじめ、サウジアラビア、エジプト、シリアなどのアラブ諸国を含む二十八カ国からなる多国籍軍がクウェートならびにイラクの軍事・通信施設に対していっせいに空爆を開始した。

いわゆる「砂漠の嵐」作戦である。

図5は、その「砂漠の嵐」作戦に参加したフランス軍の関係者が、サウジアラビア内の駐屯地から差し出した無料の（それゆえ、切手が貼られていない）軍事郵便のカバーである。

カバーの右上には、軍事郵便局を示すBUREAU POSTAL MILITAIREの文字の入った消印が押されている。消印上には、防諜上の理由から地名は表示されておらず、六四〇という郵便局の番号が付され

図５　湾岸戦争に参加したフランス軍関係者の差し出した軍事郵便。

ているのみである。ただ、カバーの左上部に、「サウジアラビア駐留フランス軍」の文字が入った印が押されているため、このカバーが湾岸戦争当時のものであることは一目瞭然である。

一方、多国籍軍の攻撃に対してイラクは、リンケージ論を根拠として、イスラエルにもスカッド・ミサイルを撃ち込み、イスラエルを強引に戦争に引きずり込もうとした。しかし、イスラエルが報復を自重したことで、湾岸戦争を対イスラエル戦争とリンクさせようとするイラク側の意図は完全に空振りに終わった。

結局、多国籍軍の圧倒的な攻撃の前にイラク側はほとんど抵抗らしい抵抗もできぬまま惨敗。空爆開始から約一ヵ月後の一九九一年二月二十四日、米軍中心の多国籍軍が地上攻撃を開始すると、三日後の二十七日、クウェートは奪回され、イラク政府指導部はクウェート併合無効の国連決議を受け入れた。

こうして湾岸戦争は終結し、三月二日、ブッシュ（父）米大統領は「ヴェトナムの亡霊はアラビア半島の砂漠に埋もれ去った」とラジオで演説。ヴェトナム敗戦後の米国民の屈辱感は湾岸戦争での勝利により拭い去ることができたと高らかに宣言した。

しかし皮肉にも、イラクが米国を中心とした多国籍軍によって完膚なきまでに叩きのめされたことは、かえって、フセインの主張するリンケージ論へのアラブ世界の共感を呼び起こすことになった。

湾岸危機から湾岸戦争へと至る過程で、米国をはじめとする国際社会は、イラク軍のクウェート撤退を求める安保理決議の無条件履行を迫り、イラクが期限内に占領地から撤退しなかったことを理由に武力制裁に踏み切っただけでなく、湾岸戦争の停戦後もイラクに対する経済制裁を継続した。

これに対して、一九六七年に勃発した第三次中東戦争の停戦に際して、国連はイスラエル軍の全占領地からの撤退を求める停戦決議を採択したものの、イスラエルはこれを無視してヨルダン川西岸とガザの占領地に居座り続けてきたが、国際社会がイスラエルに対して具体的な制裁措置に踏み切ったことはない。

同じ国連決議に従わないという行為に対して、何故、こうまで扱いが違うのか——アラブ世界が欧米、特にイスラエルの庇護者である米国の〝二重基準〟に対して抱く素朴な不信感を、サッダームのリンケージ論は大いに刺激することになったのである。

もちろん、「他人が犯罪を行ったからといって自分も犯罪を行っても構わないということにはならないはずだ」と彼らのロジックを論破することはたやすい。しかし、二重基準に対する感情的な反発は、それが感情的なものであるがゆえに、論理的に説得することが難しいのも事実であろう。

実際、エジプトをはじめとするアラブ諸国では、政府が現実的な国益を判断して米国に追随したのに対して、国民感情としてはフセインを英雄視するという現象が一九九〇年代のアラブ世界各地で日常的に観察された。そして、そうした国外の支持が、湾岸戦争以降、フセインの国際的な基盤の一つともなってきたことは否定できない。

図6　湾岸戦争直後の1992年に発行された暫定的な切手。もともとは5フィルスの切手だったが、額面は100フィルスに改定されている。

サッダームは、こうしたアラブの世論を巧みに利用することによって、自らを米国による理不尽な二重基準と戦う英雄として印象付け、敗戦後も国内の権力基盤を維持するとともに、国際社会によるイラク包囲網に楔を打ち込もうとした。その一環として、パレスチナのシンボル、岩のドームはこの時期のイラク切手にも盛んに取り上げられるようになる。

たとえば、湾岸戦争によってイラク国内の印刷施設が大きな打撃を受けたため、湾岸戦争の終結後、一九九三年九月まで、イラクでは新たな正刷切手を調整することができなかったため、既に発行された切手に、戦後のインフレに対応する新たな額面を加刷した暫定的な切手を発行して対応していたが、その中には、イラン・イラク戦争開戦以前の一九七九年に発行された岩のドームの強制貼付切手に新額面を加刷したもの（図6）も少なからず含まれていた。

図7　湾岸戦争10周年の記念切手。

また、より直截にリンケージ論の主張を表現したイラク切手としては図7が挙げられる。

これは、二〇〇一年八月、湾岸戦争の〝勝利〟十周年の記念として発行されたもので、イラク国旗をつきたてられた星条旗と、それを引きちぎるタカ（イラクを象徴している）を描くことで、米国に対するイラクの〝勝利〟が表現されている。

湾岸戦争でイラクが〝勝利〟を主張するのは、我々の目からすると奇異に感じられるが、イラク側のロジックでは、米国がフセイン政権を転覆できなかったことをもって、イラクは戦争に負けなかった、すなわち、〝勝利〟したということになるのだろう。

切手の左側には、リンケージ論の文脈から、イスラエルによる不法なエルサレム占領に対する抗議の象徴として岩のドームもしっかりと描かれている。また、タカの背後には、アラブ世界を示す地図のシルエットが描かれており、〝同胞〟であるアラブ世界は、国際社会の不当な二重基準と戦ったイラクと団結すべきとの寓意を読み取ることもできる。

いずれにせよ、こうした切手が日常的に郵便物に用いられることで、イラクのみならず、それを手にしたアラブ世界の人々の間で、アメリカと〝国際社会〟に対する不満や怒り、失望などが再生産されていったことは間違いない。

パレスチナ自治政府の発足

湾岸戦争後の一九九一年十月末、米国は崩壊間際のソ連と共同してスペインのマドリードで中東和平に関する国際会議を開催した。この会議は、全当事国が一堂に会したという点で中東紛争の歴史の中で画期的なもので、その後の和平プロセスの起点となった。

当初、イスラエルはこの会議への参加を渋っていたが、米国が会議への協力がなければイスラエルの求めている債務保証の申し出を拒否すると圧力をかけたことから、渋々ながら会議に参加した。また、PLOはイスラエルの拒絶に合い参加できなかったが、パレスチナ代表団はPLOの意を体したメンバーで構成された。

会議では、シリア、レバノン、ヨルダンの各国とイスラエルとの二国間交渉の枠組みと、水資源や難民問題、安全保障などの多国間問題についての共同会議設立が決定され、一九九一年十二月以降、米ワシントンで二国間交渉が個別に行われた。

当初、イスラエル側は、占領地におけるユダヤ人入植地を拡大し続けるなど、和平に対する意欲に乏しかったが、一九九二年の総選挙で新たに労働党のイツハク・ラビン政権が誕生すると、和平交渉は進展する兆しが見られるようになる。

ラビンは、一九二二年、英委任統治下のエルサレムで生まれた。一九四一年にはハガナーの一部門、パルマッハに参加。第一次中東戦争ではエルサレム防衛の指揮を執り、エジプト軍と戦った。一九六二年にはイスラエル国防軍の参謀総長に就任。一九六七年の第三次中東戦争を勝利に導いた。

第三次中東戦争後に退役し、一九六八年、駐米大使に任命され、一九七三年、労働党から国会議員に出馬して初当選。翌七四年、労働党党首となり、ゴルダ・メイアの跡を継いで一九七七年まで首相を務めた。

その後、一九八四年から一九九〇年まで国防相を務めたが、その在任中に発生した第一次インティファーダに衝撃を受け、和平の実現を真剣に考えるようになった。

しかし、ラビンの信条とは裏腹に、和平プロセスの進展に対しては、ヨルダン川西岸とガザ地区を完全な自国領とみなして占領地の返還を拒否するイスラエル国内の右派勢力と、パレスチナ全域からのイスラエルの撤退を主張するパレスチナの強硬派がともに激しく反対。特に、イスラム原理主義組織ハマースは各種のテロ活動を展開し、多くの犠牲者を出していた。

エスカレートするばかりのハマースの闘争に手を焼いたラビン政権は、一九九二年十二月、四百十五名ものハマース関係者を国外追放処分にしたが、この結果、米国が仲介する公式の和平交渉は完全に行き詰まってしまう。

一方、PLOは、湾岸戦争でイラクを支援したツケが響いて破産寸前の状態に追い込まれていた。

すなわち、一九九〇年の湾岸危機の時点で、既に、冷戦時代にPLOを支援していた東側共産主義諸国の大半は崩壊していたが、湾岸戦争を経て、サウジアラビアをはじめ湾岸諸国からの資金援助（年間約三億五千万ドルにも及んでいた）も打ち切られた。

さらに、クウェートのパレスチナ人労働者は職を失い、彼らからPLOに納められる税収（PLOはクウェートで働くパレスチナ人から一定の「税収」を得ていた）もほぼ完全に途絶する。

経済的に追い詰められたＰＬＯは、組織として急速に弱体化し、ラビン政権が発足した頃には、イスラエルとの対話路線を定着させる以外に存続のための選択肢は残されていなかった。このため、もはやＰＬＯはイスラエルにとっての脅威ではなくなっていたが、イスラエル側は、逆に、現状を放置すれば、ＰＬＯに代わってより過激なハマースがパレスチナ人の代表権を獲得しかねないことを危惧するようになっていた。

この結果、ハマースの勢力伸張は、イスラエルとＰＬＯ双方にとって共通の脅威となり、彼らは反ハマース連合として和解に到達する。

イスラエルのラビン政権は、和平プロセスに関与しすぎた米国ではなく、ノルウェーのホルスト外相を通じてＰＬＯと非公式に接触。イスラエルとＰＬＯの相互承認とガザならびにイェリコ（ヨルダン川西岸地区の重要都市）でのパレスチナ人の自治を骨

図８　ワシントンでの合意調印後、クリントンを間に握手するラビンとアラファトを描くパレスチナ自治政府の切手。

子とするオスロ合意がまとめられた。米国は、このオスロ合意を引き取る形で、一九九三年九月、ワシントンでパレスチナ暫定自治合意の調印式を開催する（図8）。

その後、一九九四年五月にはカイロでパレスチナ先行自治協定（PLOによる自治を開始するための具体的協定）が調印され、パレスチナ自治政府が発足。とりあえず、他の地域に先駆けてイェリコとガザで暫定自治が開始された。

暫定自治の開始に伴い、五月四日にはガザ地区で、五月九日にはイェリコで、イスラエルの郵政機関が閉鎖され、パレスチナ自治政府の郵政機関が発足する。ただし、当初はパレスチナ自治政府独自の切手は間に合わず、ガザ地区とイェリコでもイスラエルの切手がそのまま使用されていた。

このため、パレスチナ自治政府としての独自の切手を発行すべく、PLO駐独代表のアブドゥッラー・フランギーが、ドイツ社会民主党の国会議員でアラブ諸国との関係が深く、かつ切手収集家でもあったハンス・ユルゲン・ヴィシュネウスキーと接触。その結果、ドイツの老舗切手エージェント、ゲオルグ・ロール・ナシュフ社のコーディネートの下、国有ドイツ連邦印刷会社が切手を製造することで話がまとまり、一九九四年夏、ベルリンで切手の製造が行われた。

図9　パレスチナ自治政府最初の切手のうち、岩のドームを描く1000ミリーム切手。

切手のデザインは、イェリコのヒシャーム宮殿（五、十、二十ミリーム）、東エルサレムの聖墳墓教会（三十、四十、五十、七十五ミリーム）、パレスチナ自治政府の国旗（百二十五、百五十、二百五十、三百、五百ミリーム）に加え、最高額面の一千ミリーム切手には岩のドームが取り上げられた（図

9)。

ドイツからパレスチナ自治政府に切手が到着したのは一九九四年十月以降のことで、各地の郵便局では、いつからこれらの切手が実際に販売されたのか、現在となっては正確なデータは残されていない。なお、この切手の収集家向けの販売代理店となったゲオルグ・ロール・ナシュフ社は、一九九四年八月十五日付の〝初日カバー〟を制作・販売しているが、この日付の時点では切手は実際にはパレスチナに到着しておらず、したがって、初日カバーに押されている消印の日付は〝後押し〟である。

ところで、パレスチナ自治政府は、新切手の発行を、一九四八年の英委任統治終結以来、およそ半世紀ぶりの〝パレスチナ切手〟の復活と位置付け、英領時代の先例に倣い、切手の額面を〝ミリーム〟表記とした。

一方、一九九四年四月二十九日付でイスラエルとPLOが締結した〝一九九四年パリ議定書〟の第四条によると、自治政府の統治下の通貨は、イスラエルの通貨である新シェケルを基本としつつも、ヨルダン川西岸地区ではヨルダン・ディナール、ガザ地区ではエジプト・ポンドの使用が認められることになっていた。ただし、パレスチナ自治政府が独自通貨を発行することを認める規定はなかったため、イスラエル側は、一九九四年十月に登場した自治政府の切手の額面が〝ミリーム〟表示になっていることに強く反発。イスラエル宛またはイスラエルを経由して海外へ逓送される郵便物に関しては、ミリーム額面の切手が貼られている場合は、料金未納扱いにすると自治政府に通告する。

このため、自治政府側は、パリ議定書で認められた通貨に対応すべく、一九九五年四月十日、ミリーム額面の切手に、ヨルダン・ディナールの補助通貨であるフィルス表示の額面を加刷した切手（図10）をあらためて発行。これにより、ようやくパレスチナ自治政府の切手は、郵便料金の前納を示す正規の証紙として、世界的にも承認されることになった。

なお、一九九五年五月十七日、パレスチナ自治政府は“パレスチナ切手”の復活を祝して、英委任統治時代の切手を描く“切手の切手”も発行している（図11）。

図10　フィルス表示の額面を加刷した切手。

図11　1995年にパレスチナ自治政府が発行した“岩のドームの切手”を描く切手。

ヨルダン・イスラエル和平

一九九三年九月のオスロ合意を受けて、イスラエルとヨルダンの和平交渉も進められることになった。

イスラエルとヨルダンの和平交渉は、第一次インティファーダ直前の一九八七年、当時のイスラエル外相シモン・ペレスとフサイン国王が極秘裏に会談し、ヨルダン川西岸（の一部）をヨルダンに返還する平和条約の調印に向けて水面下で準備が進められたが、この時は、イスラエル首相イツハク・シャミルの反対で破談になった。その後、一九八八年にPLOがイスラエルの承認とテロの蜂起を前提とする“パレスチナ国”の樹立を宣言したことを受けて、ヨルダンはヨルダン川西岸地区の領有権（の主張）をパレスチナ国に譲渡したが、岩のドームを含む神殿丘の管轄権は、引き続きヨルダン宗教省が維持することになった。

こうしたことを踏まえて、一九八九年、ヨルダンが発行した“パレスチナにおける自由の戦士と殉難者の遺家族の福祉のために〟の切手（図12）では岩のドームをヨルダン国旗が取り囲む構図が採られているし、一九九一年に発行された〝（第一次）インティファーダ二周年〟の記念切手（図13）にも岩のドームを含む神殿の丘のイメージが取り上げられている。

また、一九九三年に発行された〝アラブ大叛乱ならびに国軍の日〟の記念切手には、ヨルダンの初代国王アブドゥッラー一世と岩のドームを描き、ドームの両側にヨルダンとパレスチナ国の国旗を配した図案のもの（図14）も含まれていた。これは、ヨルダン川西岸の領有権を放棄した後も、ヨルダンは岩のドームの管轄権を放棄していないことを示そうとしたものである。

図 12　1989 年にヨルダンが発行した " パレスチナにおける自由の戦士と殉難者の遺家族の福祉のために " の切手。

図 13　ヨルダンが発行した第 1 次インティファーダ 2 周年の記念切手。

図 14　ヨルダンが 1993 年に発行した " アラブ大叛乱ならびに国軍の日 " の記念切手。

さらに、一九九四年にはヨルダン政府により岩のドームとアクサー・モスクの修復作業が行われている。これらの修復事業には巨額の費用が必要で、ヨルダンにとって、その負担は決して小さくはない。しかし、それでもあえて修復作業を行うことで、ヨルダンは自分たちこそが神殿の丘の管理者であることを改めて強調しようとしたのだ。

一方、ヨルダンは神殿の丘の管轄権を除き、ヨルダン川西岸の領有権（の主張）をパレスチナ国に譲渡したことになっているが、ヨルダン川西岸地区を実効支配していたイスラエルは、現在に至るまでパレスチナ国を国家承認していない。

このため、オスロ合意を受けてヨルダン川西岸地区でパレスチナ人の自治を行うにしても、いったん、当該地域の帰属をめぐって、イスラエルとヨルダンの間で調整が必要であった。

かくして、一九九四年に入り、イスラエルのラビン首相とペレス外相、ヨルダンのフサイン国王の三者で和平交渉が開始された。交渉に先立ち、国王はエジプトのホスニー・ムバーラク、シリアのハーフェズ・アサドの両大統領に意見を求めたが、ムバーラクが和平交渉に賛意を示したのに対して、アサドはイスラエルとは交渉のみにとどめ、いかなる合意も結ぶべきではないと主張したという。これに対して、米国のクリントン大統領はヨルダンに対してイスラエルと交渉を開始し、和平協定を結べば、九億ドルにも及ぶヨルダンの対米債務を免除することを約束した。

この結果、一九九四年七月二十五日、米国でイスラエルのラビン首相とヨルダンのフサイン国王が〝ワシントン宣言〟に調印。同年十月、ヨルダンとイスラエルの平和条約が調印された（図15）。

同条約により、国境が一部修正され、一部の土地がヨルダン領に編入されたが（その場合でも、イスラエルの農民が耕作していた土地に関しては、リース方式を導入することで、従来どおりの使用権が保証された）、ヨルダンは東エルサレムを含むヨルダン川西岸地区の領有権を放棄したことが確認された。そ

図15　イスラエル・ヨルダン平和条約に際してイスラエルが発行した記念切手の初日カバー。

のうえで、神殿の丘の管轄権はヨルダンにあること、イスラエルは毎年、ヨルダンに対して五〇〇〇万立法メートルの水を提供し、ヤルムーク川（シリア南西部を水源とし、ゴラン高原の東から南へ回り込んでヨルダンとシリアの国境を、次いでヨルダンとイスラエルの国境を形成し、ヨルダン川に流れ込む川）を水源として活用することを認めること、両国は互いに相手国に対して敵対的なプロパガンダを中止し、安全保障面で協力することなどが定められた。

　これを受けて、一九九五年九月、イスラエルとＰＬＯはワシントンでパレスチナ自治拡大協定を調印し、ＰＬＯの自治権が行使される地域や分野などが具体的に定められた。

　その結果、五六六〇平方キロのヨルダン川西岸地区は、自治政府が安全保障と行政権を管轄するエリアＡ（全体の一八％に相当する一〇一八平方キロ。主な都市としては、イェリコ、ヘブロン、ラマッラー、ベツレヘムなど）、自治政府は行政権のみを管轄し、安全保障・警察権はイスラエル軍が管轄するエリア

Ｂ（全体の二一％に相当する一一八八平方キロ）、イスラエル軍が全てを掌握するエリアＣ（全体の六一％に相当する三四五二平方キロ。ユダヤ・サマリア地区とも）に三分割された。なお、ガザ地区は自治政府が全ての行政権を管轄するが、ガザ地区、エリアＡ、エリアＢを相互に結ぶバイパス道路はエリアＣに属する。

また、パレスチナ自治政府の主張する〝パレスチナ国〟の名目上の首都は岩のドームがある東エルサレムだが、実際には、東エルサレムは上記のエリアＣに含まれるため、議長府（大統領府）のある西岸地区中部のラマッラーが実質的な首都となっている。

こうしたこともあって、自治政府は、一九九五年以降、自らの支配地域にあるベツレヘム、ガザ、ヘブロン等を題材とした切手を盛んに発行するようになるが、イスラエルとの関係に配慮して、イスラエル実効支配下の東エルサレムにある岩のドームを描く切手はしばらく発行されなくなった。

オスロ合意に納得しないリビア

こうした一連の和平プロセスに対して、エジプトなどがこれを肯定的に受け止める一方、対イスラエル強硬派の急先鋒だったリビアは露骨に不満の意を示した。

すなわち、一九九一年の湾岸戦争に際して、リビアのカダフィ政権はＰＬＯとともにイラク支持を表明した数少ない国の一つとして、サッダーム・フセインの唱えたリンケージ論にも賛意を示していた。湾岸戦争後の一九九二年に発行された〝（第一次）インティファーダ五周年〟の記念切手（図16・17）は、岩のドームと石つぶて（を持つ闘士）を描くことで、あらためて、反イスラエルとパレスチナ解放の大義を堅持する意思を示したもので、上記のような外交路線を忠実になぞっている。ちなみに、当時のカダフィ政権は、パレスチナで反イスラエル活動を継続するハマースに資金援助を提供しており、この切手にも、彼らの〝抵抗運動〟を称揚するという

図16・17　リビアが発行した（第１次）インティファーダ５周年の記念切手。

意味が込められていたことは間違いない。

そうした立場をとってきたカダフィ政権からすれば、ＰＬＯがイスラエルとオスロ合意を結び、パレスチナの一部地域でのみ自治を開始したことは、まさにはしごを外された格好となる。

このため、ＰＬＯとアラファトの裏切りに激怒したカダフィは、一九九四年九月一日、革命記念日の演説で、彼らへの抗議の意思を示すため、リビア国内在住のパレスチナ人に国外退去を求める意向を表明した。あくまでも、アラファトとＰＬＯがパレスチナに帰還した以上、パレスチナ人も祖国に帰還すべきであるというのがその建前だったが、現実には、パレスチナ自治政府の支配地域には、在外パレスチナ人の帰還を受け入れるだけの経済的・物理的余裕がないのは誰の目にも明らかだった。したがって、いきなりパレスチナへの〝帰還〟を求められたリビア在住のパレスチナ人の多くは、大いに困惑しつつも、当初はカダフィ特有のはったりだろうと楽観的に考えていたという。

ところが、一九九四年十二月から一九九五年二月にかけて、カダフィ政権は

①リビア国内の各省庁から労働省に提出されていた労働契約更新のリストからパレスチナ人の除外

②各省庁から労働省に提出されていた新規の（パレスチナ人の）雇用契約の差し戻し

③パレスチナ人には新規の在住許可を与えず、更新も認めない

④パレスチナ人のリビア入国の拒否とその周知

⑤いったん国外に退去したパレスチナ人の再入国禁止

等の措置を相次いで打ち出した。

このため、エジプトとの国境地帯にパレスチナ人が押し寄せたほか、海路、シリア、レバノンに脱出しようとするパレスチナ人が続出したが、各国はいずれもパレスチナ人の〝難民〟としての入国を認めなかったため、多くのパレスチナ人がリビア＝エジプト国境の砂漠地帯や地中海上に留め置かれることになった。

結局、十月二十六日、カダフィがパレスチナ人〝追放令〟を撤回したことで事態は収拾に向かうのだが、カダフィのこうした姿勢は、オスロ合意とそれに基づいて発足したパレスチナ自治政府の正当性を認めず、その統治を拒否するハマースを側面から支援することになった。

一方、イスラエル国内でも、オスロ合意とパレスチナ自治政府をパレスチナ側に対する過剰な譲歩として批判する声は右派勢力を中心に少なくなかった。そうした中で、一九九五年十一月四日、テルアビブで開催された平和集会に参加した首相のラビンは、ユダヤ民族至上主義を奉じるイガール・アミンによって暗殺されてしまう。殺害の動機について、アミンは「神の律法によれば、ユダヤ人の土地を敵に渡してしまう者は殺すべきことになっている」と語った。ただし、そのユダヤの律法では、ユダヤ人がユダヤ人を殺すことは明確に禁じられている。

ラビン暗殺を受けて、リビア国営ジャマヒリア通

信は「彼の手は虐殺されたパレスチナ人の血で染まっている」とするカダフィの歓迎声明を発表。それを補足するかのように、十一月二十九日に発行された〝インティファーダ八周年〟の記念切手（図18）は、岩のドームを背景にイスラエルに対する抵抗運動を展開する人々が描かれており、ラビン暗殺後の混乱に乗じて、反イスラエルのテロ／武装闘争を煽動しているかのような印象を与えるものとなった。

　はたして、一九九六年一月、自治政府の国家に相当するパレスチナ評議会の選挙が行われることになったが、ハマー

図 18　リビアが発行した " インティファーダ8周年 " の記念切手。

ス、イスラム聖戦、ヒズブッラーなどイスラム原理主義勢力は選挙をボイコットし、テロ活動を激化させていった。

　そうした中で、ラビンの暗殺後、緊急閣議で暫定内閣の首相代行を経て、首相（二度目）に就任したのは、外相として和平プロセスを進めていたシモン・ペレス（図19）だった。

　ペレスは、一九二三年、ヴィシェニェフ（現在はベラルーシ領だが、当時はポーランド領）で生まれた。一九三四年、家族とともに英委任統治下のテルアビブへ移住。同地のゲウラ・スクール及びベン・シェメンの農業学校で学んだ。

　一九四七年、イスラエル国防軍の前身にあたるハガナーに徴用され、ダヴィド・ベングリオンによって隊

図19　ペレス。

員募集と武器購入の責任者に任命される。イスラエル建国後は一九五二年に二十九歳の若さで国防次官となり、一九五三年には国防大臣に就任し、イスラエル国防軍の武器調達や原子炉購入に尽力した。

一九七三年の第四次中東戦争後、イスラエル労働党の党首選挙に出馬したものの、イツハク・ラビンに敗退。そのラビンが一九七四―七七年にイスラエルの首相（一回目）となった。その後、一九八四年、右派リクードとの挙国一致内閣が発足すると、ペレスは首相に就任。一九九二年の党首選ではライバルのラビンに敗れたが、そのラビンの下、労働党は総選挙でリクードのイツハク・シャミルから政権を奪還した。

一九九二年に発足したラビン政権では、ペレスは外務大臣に就任し、ＰＬＯと和平交渉を進め、一九九三年にはオスロ合意を締結。翌年にはヨルダンとの平和条約にも調印し、その功績により、ラビン、アラファトとともに一九九四年のノーベル平和賞を受賞した。

ラビンの暗殺後、後継内閣を組織したペレスは従来からの和平プロセス推進を目指したが、一九九六年三月三・四日、和平に反発するパレスチナの過激派が二度の自爆テロを起こし、三十人のイスラエル人が死亡すると、対パレスチナ強硬派のリクード連合を基盤とするベンヤミン・ネタニヤフがそれを材料に労働党政権を批判。さらにレバノンのヒズブッラーもイスラエルを攻撃するなど、治安が急激に悪化したことが要因となって、一九九六年四月の首相公選では、ペレスはネタニヤフに敗れ、政権を失った。

反“十字軍”のイメージ

一九九〇年代後半、パレスチナ自治政府が岩のドームの切手をほとんど発行しなかったのに対して、岩のドームをしばしば切手に取り上げていたのが、イラクであった。

湾岸戦争後間もない時期のイラクは、戦争による打撃に加え、国連の経済封鎖（クウェート侵攻から四日後の一九九〇年八月六日に安保理で採択されたもので、この時点では、イラク国内の非人道的行為の停止を含む全ての停戦決議の履行がない限り、イラクに対する一切の輸出入が禁止されていた）によって、経済的にどん底の状態にあった。

しかし、一九九五年頃から、イラクをめぐる国際世論の風向きは徐々に変わり始める。国連によるイラクへの経済制裁に対して、イラクのみならず、諸外国から不満の声が高まっていったためである。

そもそも湾岸戦争の直前、食糧自給率が三割程度しかなかったイラクに対して、食糧を含む輸出入を禁ずることに対しては、経済制裁が開始された当初から、人道上の理由で反対する声が欧米でも少なくなかった。また、潜在的な域内大国であるイラクとの経済関係を遮断することは周辺諸国にとって多大な経済的犠牲を強いることになった。さらに、産油国イラクとの交易再開を求める声は、終戦から三年以上経過すると、西側諸国の間でも無視できないものとなっていたし、戦争被害に対する補償や国連自身のイラクでの活動に必要な資金を賄うためにも、イラクに一定の石油を輸出させ、その代金を活用すべきだという案は国連にとっても魅力的なものであった。

その結果、一九九五年四月、半年間に二十億ドルを越えない範囲での石油輸出を許可し、食糧・医薬品などの人道物資の輸入を認めるという国連安保理決議九八六号が採択された。当初、イラク側は、経済制裁の完全解除を求めて同決議を拒絶したが、一九九六年に入ってこれを受諾し、同年十二月から原油の輸出を再開した。

こうした国際世論の風向きの変化を察知し、イラクは国家のメディアである切手上でも経済制裁の非人道性を強く訴えるようになっていく。

すなわち、安保理決議九八六号が採択されたのを受けて、一九九五年八月六日、イラク郵政は〝封鎖の罪〟と題する切手（図20）を発行する。

切手は、有刺鉄線に囲まれたイラク地図の中に恨めしそうな表情の母子を描くもので、経済制裁の非人道性をストレートに訴えるデザインとなっている。また、地図の中央には、ハムラビ法典の碑文が描かれているが、これは、〝目には目を〟という同法典のイメージを用いて、制裁に加担する側も相応の犠牲を払っていることをアピールしようとしたものと推測される。なお、切手が発行された八月六日は、五年前クウェート侵攻後、イラクに対する経済封鎖を決めた安保理決議六六一号が採択された因縁の日付である。

国際的に孤立するイラクにとって、経済制裁の非人道性を訴えて国際世論を喚起することは、制裁の継続を主張する米英に対抗し、国際社会への政治的復帰を実現するための数少ない有効な手段であった。それゆえ、〝封鎖の罪〟の切手は、質素な国内郵便料金用の十ディナール切手に加え、大型で多色刷の人目を引く外国郵便料金用の二十五ディナール切手も発行され、後者が外国宛の郵便物にも盛んに用いられることで（図21）、対外宣伝の重要な一翼を担うことになる。

その後、イラクは、ロシア、フランス、中国を味方につけて国連との交渉を有利に進めていく。その結果、イラクに対する経済制裁は次第に有名無実化し、石油輸出の上限が廃止された一九九九年以降、イラクは実質的に国際経済への復帰に成功した。

こうした情況の好転に伴い、イラク切手の題材も〝封鎖の罪〟に見られるような国際社会に対するルサンチマンを表明するものから、独裁者としてのサッダームに対する個人崇拝を国民に浸透させるための内向きのメディア（図22）として用いられていく。

その典型的な事例が、一九九八年二月に発行された図23の切手である。

この切手は、岩のドームを背景に、サラディン

図 21 “封鎖の罪”の切手が貼られた封筒。バグダードからエストニア宛。

図22　サッダームへの信任投票を呼びかけるキャンペーン切手。

図20　“封鎖の罪”の切手。

図23　サッダームとサラディンを並べて描いた切手。

（サラーフッディーン）とサッダームを並べて描くもので、サッダームを〝現代のサラディン〟になぞらえようとするイラクのプロパガンダ政策に沿ったものである。

サッダームはイラク北部、ティクリート出身だが、この地は、十字軍と戦い、ヒッティーンの戦いでエルサレムを奪還した英雄、サラディンの出身地でもある。このため、リンケージ論を展開するようになったサッダームは「パレスチナ問題の解決を訴えて二重基準と戦う自分は、現代のサラディンである」との自己演出を展開し、図23のような切手も発行したのだが、サッダームを〝現代のサラディン〟とする言説には、パレスチナ問題とは別に、クルド人問題を意識した面もあった。

クルド人は、トルコ・イラク北部・イラン北西部・シリア北東部等にまたがるイラン系の民族集団で、人口は二千五百―三千万人。独自の国家を持たない民族集団としては世界最大である。このうち、イラク国内のクルド人に関しては、バアス党政権下の一九七〇年、自治区が設置されていた。

ところが、イラン・イラク戦争中の一九九五年から八八年にかけて、イラク東部のサルダシュトやハラブジャなどでは、主としてクルド系住民がイラン側に協力したとして、サッダーム政権はマスタードガス、サリン、VXガスなどの化学兵器をクルド人自治区で使用し、多くの住民を殺害。こうしたこともあって、一九九一年に湾岸戦争が勃発すると、クルド人はイラク政府に対して武装蜂起した。

その後、イラクに進攻した多国籍軍はイラク北部の北緯三十六度以北に飛行禁止空域を設けてクルド人を保護。これにより、イラク北東部のアルビール県、ドホーク県、スレイマニヤ県、ハラブジャ県の四県にまたがる〝クルディスタン地域〟が設定され、クルド人は自治権を獲得し、一九九二年には反体制派の大同団結集会も行われた。そして、それに伴い、自治区独自の旗が制定され、独自の通貨と切手（図24）も発行されている。

ところが、クルディスタン地域の自治区内では、

図24　イラクのクルディスタン地域で発行された切手。

二大政党であるクルド民主党とクルド愛国同盟の対立が激しく、一九九四年以降、大規模な戦闘が発生し、クルディスタン地域は事実上の分裂状態になった。このうち、クルド愛国同盟が反バアス党を優先してイランの支援を受けたことに対抗し、クルド民主党はイラク中央政府と結託。一九九六年八月には、イラク中央政府の支援を受けたクルド民主党が対立勢力を放逐し、クルディスタン地域は再びバアス体制に取り込まれることになった。

図23の切手は、こうした経緯を経て、一九九八年に発行されたものだが、クルド人の血統であるサラディンとサッダームを並べることで、サッダーム＝クルド人を含めたイラク国家の国父というイメージを演出しようとした意図を読み取ることができる。

一方、自らをサラディンになぞらえようとするサッダームの自己演出は、イラク国外ではほとんど支持者を得られなかったが、彼が敵対している米国を〝現代の十字軍〟になぞらえて批難するロジックは、この頃からアラブ世界の言論空間でも目立つようになってくる。

その典型的な事例としては、一九九八年二月二十三日、ウサーマ・ビン・ラーディン、アイマン・ザワーヒリー（エジプトの原理主義組織〝ジハード団〟の指導者）、アブ・ヤシル・リファーイー・アフマド・ターハー（エジプトの〝イスラム集団〟の指導者）、ミール・ハムザー（パキスタン・ウラマー協会の書記官）、ファズルール・ラフマーン（バングラデシュの〝ジハード運動〟の指導者）が連名で〝ユダ

図25　2000年2月にイラクが発行した“ヒッティーンの戦い”の記念切手。

ヤ人と十字軍に対する聖戦のための国際イスラム戦線〟の結成を宣言したことが挙げられる。

同宣言では、米国が湾岸戦争以来「七年にわたって、もっとも神聖な土地、アラビア半島にあるイスラムの地を占領し、富を略奪し、為政者に命令を下し、民を辱めており、「十字軍（＝米国）とシオニストの同盟によって、大いなる荒廃がイラク国民に与えられた」としたうえで、「アクサー・モスクと聖なる（メッカの）モスクを彼ら（＝十字軍とシオニスト）を彼らの支配から解放し、彼らの軍隊をイスラムの全ての土地から排除するため……（中略）……米国人とその同盟者を、軍人・民間人を問わず殺害することを決断するのは、それが可能な国に住む全てのムスリムにとって、各人が個人として果たさねばならない義務である」と謳っており、米国を現代の十字軍になぞらえて、ムスリムの敵と認定している。その際、エルサレムにおけるイスラムの聖地であるアクサー・モスクを持ち出すことによって、〝十字軍〟の語は、単なる比喩を越えて、歴史上の十字軍のイメージと、サッダームの提起した〝リンケージ論〟を具体的なイメージとして結びつける触媒となるのである。その意味では、サッダームとビン・ラーディンという、本来は全く無関係であったはずの二人が、〝十字軍〟というキーワードによって、アラブ・イスラム世界の大衆心理においては、反米のヒーローに祀り上げられたといってもよい。

二〇〇〇年二月、イラクが〝ヒッティーンの戦い〟をテーマに、岩のドームを背に礼拝するサッダームの姿が取り上げた切手（図25）を発行しているのも、現代のサラディンが現代の十字軍に戦いを挑むというイメージが、より多くのアラブ大衆の心をつかみ得るものであることを理解していたからであろう。なお、当初、これらの切手は一九九九年に発行の予定だったようで、一部の切手には〝一九九九年〟の年号が入っているが、実際の切手発行は二〇〇〇年にまでずれ込んでいる。

ワイ合意と〝寛大な申し出〟の挫折

さて、一九九六年四月、イスラエルの首相公選では、対パレスチナ強硬派のリクード連合を基盤とするベンヤミン・ネタニヤフが当選した。

ネタニヤフは、イスラエル建国後の一九四九年十月二十一日、テルアビブで生まれた。シオニストの活動家でユダヤ史の研究者でもあった父に従い、一九五六―五八年及び一九六三―六七年には米国で生活し、高校卒業後、イスラエル国防軍の特殊部隊、サイェレット・マトカルに入隊。一九六七年の第三次中東戦争、一九七二年のサベナ航空五七二便ハイジャック事件、一九七三年の第四次中東戦争に参加し、一九七三年、大尉の階級で除隊した。

除隊後、渡米してマサチューセッツ工科大学、ハーバード大学等で学び、一九七六―七八年、ボストン・コンサルティング・グループで経営コンサルタントとして勤務した後、イスラエルに帰国。外交官として経験を積み、一九八八年の総選挙でリクードから出馬し国会議員に初当選を果たした。

湾岸戦争時、ネタニヤフはイツハク・シャミル政権の外務次官として、得意の英語を活かして事実上のスポークスマンとしてイスラエルの立場を力説。これにより、一躍政界のホープとして期待を集め、一九九二年の総選挙で与党リクードが大敗し、シャミル政権が退陣すると、当選二回ながら党首選に立候補して当選。政権奪回に向けて、ラビンとペレスの対パレスチナ宥和路線を批判し、治安の回復を最優先に掲げ、一九九六年の首相公選でペレスを破り、同年七月、首相に就任した。

対パレスチナ強硬派のネタニヤフ政権が誕生したことで、和平プロセスの停滞を危惧した米国のクリントン政権は、イスラエルとパレスチナ自治政府との関係改善に乗り出し、一九九七年一月、ネタニヤフに対してヨルダン川西岸のヘブロンからのイスラエル軍の撤退を認めさせる。

これを受けて、イスラエル軍がヘブロンから撤退すると、パレスチナ自治政府のアラファトはエルサレムをパレスチナとイスラエルの共同首都とすることを提案したが、ネタニヤフはこの提案を即座に拒否。そして、エルサレムがイスラエルの首都であるとのイスラエル側の主張をあらためて誇示するため、一九九七年三月からユダヤ人の大規模住宅地の建設を開始した。

当然のことながら、こうしたネタニヤフの強硬姿勢はパレスチナ人の反発を招き、ハマースなどによる殉教作戦が頻発し、和平プロセスは停滞した。

これに対してクリントンは、和平プロセスを進展させるため、ネタニヤフとアラファトの両首脳を強引に説得し、一九九八年十月、ヨルダン川西岸からのイスラエル軍の追加撤兵と、パレスチナ民族評議会憲章からのイスラエル破壊条項の削除を定めたワイ合意を実現させる（図26）。

しかし、クリントン、ネタニヤフ、アラファトの

図26　ワイ合意調印を記念してパレスチナ自治政府が発行した切手シート。

三者会談の期間中、エルサレムのバスセンターでハマース活動家による自爆テロが発生。イスラエルとの妥協を頑なに拒むハマースの存在があらためてクローズアップされた。

また、和平プロセスの進展に経済的な裏付けを与えるため、一九九八年十一月、ワシントンでパレスチナ支援国会議が開催され、アメリカは五年間で九億ドルの支援をパレスチナに対して約束した。

こうしたクリントン政権の努力にもかかわらず、現実には、ハマース抜きのパレスチナ和平は遅々として進まなかった。

このため、一九九九年五月に行われたイスラエルの首相公選では、労働党のエフード・バラック（バラクとも）が現職のネタニヤフを破って当選する。

バラックは、一九四二年、英委任統治下のパレスチナ、ミシュマル・ハシャロンで生まれた。一九五九年、イスラエル国防軍に入隊。ミュンヘン五輪事件に対する報復作戦では、自らは女装して部隊を率い、ベイルートで、ＰＬＯの幹部三名の暗殺に成功した。その後も順調に栄進を重ね、また、一九九一－九五年に参謀総長を勤めた。

一九九五年に退役して政界入りすると、内相（一九九五年）、外相（一九九五－九六年）を歴任し、一九九六年に労働党から国会議員に選出され、労働党の党首に就任している。

一九九九年五月、政権を獲得したバラックは、前任のネタニヤフの対パレスチナ強硬路線を転換し、二〇〇〇年七月には、「西岸地区の九一％の支配権を認める。ただしこれとは別に西岸地区の一割の面積を当分の間（六－二十一年）イスラエル側の支配下に置く」とした上で、

①ヨルダン川西岸地区からのイスラエル軍の撤退

②パレスチナ難民の帰還権承認

③ガザ及びヨルダン川西岸地域でのユダヤ系入植者の削減

といった宥和的な提案を行ってパレスチナとの和平交渉を行ったが、アラファトは東エルサレムの帰属に固執し、これを拒否。イスラエル側は「寛大な申し出を拒否した」とアラファトを批難し、交渉は決裂した。

アラファトのこうした姿勢は、たとえば、二〇〇〇年六月二十八日に発行された〝ベツレヘム二〇〇〇〟の切手帖の裏表紙（図27）に、岩のドームの写真が取り上げられていることからもうかがえる。

〝ベツレヘム二〇〇〇〟とは、一九九九年十二月から二〇〇一年のイースターまでの期間、イエス・キリストの生年（とされる年）の翌年を元年（紀元）とする西暦の新千年紀到来にあわせて、キリスト生誕の地とされるベツレヘムで各種の記念イベントを大々的に行おうという国連主導のプロジェクトで、これを契機に、ベツレヘムを中心に、パレスチナ自治政府支配下のヨルダン川西岸地区に全世界から多くの観光客を誘致するとともに、国際社会の支援による同地域の大規模再開発を進め、パレスチナ経済の浮揚を図る意図も込められていた。

切手帖は、〝ベツレヘム二〇〇〇〟を記念すると

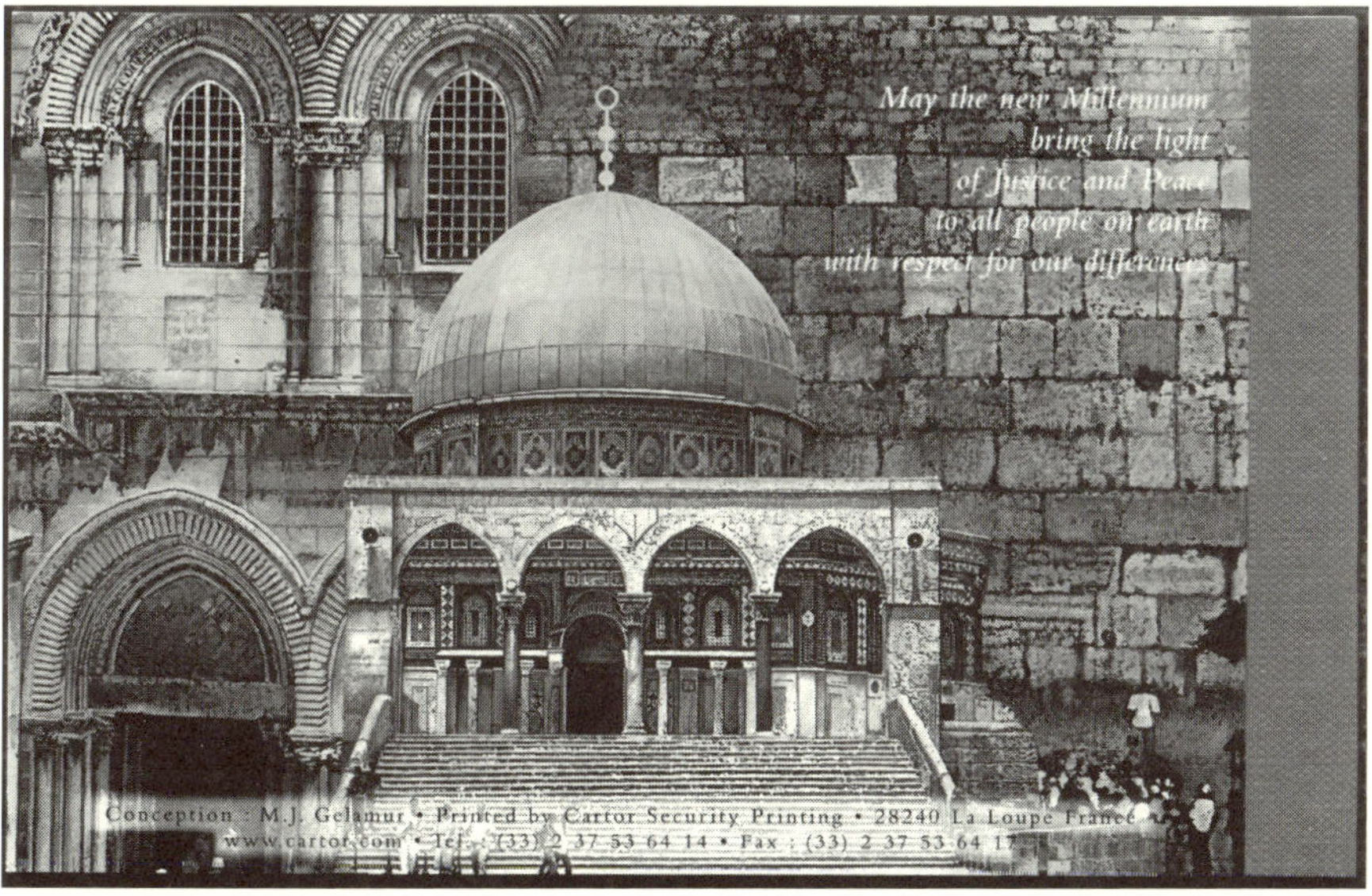

図 27　パレスチナ自治政府が発行した " ベツレヘム 2000" の切手帖の表紙と裏表紙。

ともに、その周知宣伝を兼ねて発行されたもので、アンジェリコやジオット等の宗教画の切手が収められているのだが、その裏表紙に、エルサレムの岩のドームが取り上げられているのは、プロジェクトの趣旨からすると違和感がぬぐえない。

また、一九九五年以降、イスラエル側に対する配慮から、岩のドームを切手に取り上げることを自粛してきたパレスチナ自治政府が、切手帖の裏表紙とはいえ、このタイミングで岩のドームを取り上げてきたのは、やはりアラファトの意を汲んで、東エルサレムはパレスチナ自治政府に帰属すべきという主張を盛り込もうとしたためであろう。

いずれにせよ、アラファトの強硬姿勢を前に、米国もイスラエル・パレスチナ両者の調停を断念。七月二十五日、クリントンもイスラエル・パレスチナ合意は不可能と宣言する。

それでも、バラックは同年九月、和平合意が達せられればエルサレムの分割を事実上容認すると発表し、あくまでも和平の実現をめざしていた。しかし、こうしたバラックの宥和的な姿勢は、パレスチナに対する過度の譲歩であるとしてイスラエル国民の批判を招くことになる。

第二次インティファーダ

バラックの宥和政策が和平の進展につながらないことにイスラエル国民のいら立ちが募る中、二〇〇〇年九月二十八日、支持拡大をねらっていた野党リクードの党首、アリエル・シャロン（図28）が、パ

図28　シャロン。

レスチナ側の反対を押し切って、護衛の警官一千人とともに、エルサレムの〝神殿の丘〟に上るパフォーマンスを行った。

シャロンは、一九二八年、英委任統治下パレスチナのクファル・マラル村にウクライナ系移民の長男として生まれた。

一九四二年、十四歳で準軍事組織のハガナーに入隊して軍事訓練を受け、一九四八年の第一次中東戦争ではハガナーの正規歩兵部隊、アレクサンドロニ旅団の歩兵中隊長として従軍し、負傷した。一九五三年、ヨルダン川西岸及びガザを拠点とする反イスラエル武装組織〝フェダイーン〟を討伐するための第一〇一特殊コマンドの指揮官に就任。同コマンドは一九五六年にイスラエル軍初の空挺部隊である第二〇二空挺旅団へと改編され、大佐に昇進したシャロンは引き続きその指揮官となった。一九六七年の第三次中東戦争では機甲師団長としてシナイ半島侵攻作戦で軍功を挙げ、戦後、シナイ半島戦域を担当する南部方面軍の司令官に就任した。

その後、国会での承認が必要な参謀総長への承認がかなわなかったため、一九七二年六月、いったん退役したが、一九七三年の第四次中東戦争ではイスラエル軍の苦境に接して現役復帰。第一四三予備役機甲師団の師団長として、スエズ運河を逆渡河する反撃作戦を成功させ、国民的な英雄となった。

一九七三年の国会議員選挙でリクードから出馬して初当選。一九七五年にはラビン政権の農水相として初入閣を果たす。一九七七年にアロン入植地委員会委員長に任命されると、入植地建設を強力に推進し、一九八三年までに西岸地区の入植者数を文字通り倍増させた。

一九八一年、ベギン政権の国防相に就任。翌一九八二年にシナイ半島のエジプトへの返還とそれに伴うヤミット入植地の解体を取り仕切るとともに、レバノン内戦に介入し、ＰＬＯをベイルートから撤退させることに成功した。しかし、レバノンでは、サブラー・シャティーラ事件が発生したため、ラファエル・エイタン参謀総長とともに引責辞任に追い込まれている。

一九九〇年には、シャミル政権下の住宅建設相に就任。(旧)ソ連からのユダヤ人移民を積極的に受け入れて、入植地をさらに拡大した。その実績をもとに、リクード党首の座をねらったが、一九九四年の党首選挙ではネタニヤフに敗北。ネタニヤフ政権下では国家基盤相、外相を歴任した。

当時、ネタニヤフは米国の圧力を受け、和平プロセスを進展させており、水面下でシリア大統領ハーフィズ・アル＝アサドとゴラン高原の返還交渉を行っていたが、シャロンは外相としてこの交渉を潰している。しかし、そうした閣内不一致は政権の基盤を弱体化させ、一九九九年にはバラック労働党政権が誕生することになった。

巻き返しを図るリクードはシャロンを党首に据え、バラック政権の軟弱姿勢を批判。その一環として、二〇〇〇年九月二十八日、エルサレムの神殿の丘に登り、岩のドームの前で「エルサレムは全てイスラエルのものだ」と宣言。パレスチナ人を挑発したのである。

シャロンはパレスチナやアラブ諸国を挑発し、彼らの敵意を一身に集めることにより、和平推進派に対するイスラエル国民の支持を失わせ、強力なリーダーシップを持つ自分以外には危機を乗り切ることはできない、として求心力を強化しようとした。

はたして、シャロンの神殿の丘訪問は、パレスチナ域内のみならず、イスラム世界全域から強く非難された。しかも、事前にパレスチナ側の強い反対があったにもかかわらず、バラック政権はシャロンの行動を阻止しなかったため、翌九月二十九日、パレスチナのムスリム二万人が抗議行動を開始。その過程で、嘆きの壁で祈祷していたユダヤ教徒への投石を機に、パレスチナ全域で大規模な民衆蜂起が発生した。

これが、第二次インティファーダである。

ところで、第二次インティファーダ発生翌日の九月三十日、ガザ地区でジャマールとムハンマドのドゥラ父子が、〝イスラエル軍監視所方向から〟の銃撃を受け、父親のジャマールは重傷を負い、当時十二歳だったムハンマド少年が亡くなった。ちなみに事件当日、ガザ地区内の学校は休校措置が採られており、ムハンマドも家にいたが、当初は（野次馬として）インティファーダを見に行きたいといっていた。しかし、危険が大きすぎるとの両親の反対で断念。代わりに、父親のジャマールとともに車の競売（ジャマールはその直前に、それまで乗っていた一九七四年式のフィアットを売却しており、新たな車が必要だったという）に出かけ、その途中で遭難したのだった。

　父子の遭難事件については、フランスのテレビ局、フランス2のパレスチナ人カメラマン、タラール・アブー・ラフマが、市街地での銃撃戦に巻き込まれて恐怖の表情で身を隠す父子の映像と、しばしの中断の後、銃撃されてぐったりした父子の映像を撮影。これが、フランス2のみならず、CNNなどを通じて全世界に放送され、衝撃を与えるとともに、インティファーダの激化を招くことになる。

図29　2001年にイラクが発行したドゥッラ父子の切手。

問題の映像が放映された直後、イスラエル当局はイスラエル軍による発砲を認めて〝謝罪〟を表明。このため、父子への銃撃はイスラエルの非道を象徴するものとして、後にアラブ諸国のプロパガンダ切手にも取り上げられることになる。

このうち、イラクが二〇〇一年九月に発行した切手（図29）では、事件はガザ地区での出来事にもかかわらず、サッダーム・フセインの主張するリンケージ論を強く印象付けるため、エルサレムの岩のドームを左上に配した図案構成になっている。なお、この切手では、ムハンマド少年の亡くなった日は〝二〇〇〇年十月一日〟と記されているが、上述のように、少年が亡くなったのは九月三十日で、切手に記された日付は少年の死が報じられた日というのが正確なところである。

ところが、この事件には続きがある。

二〇〇二年三月、ムハンマド少年の遺体が、事件後、解剖などの捜査もないまま、異例の速さで埋葬されたことなどに疑問を抱いたドイツのテレビ局ARDが現地で聞き取り調査などを実施し、ドキュメンタリー番組を作成。背後の壁に残された弾痕の形状やイスラエル軍の監視所の位置関係から、少年の命を奪ったのは、イスラエル軍の発砲による可能性は低く、むしろ、パレスチナ側からの発砲による可能性が高いと指摘した。

これを受けて、イスラエルは再調査の上、二〇〇五年、少年の死はイスラエル軍による発砲だったとの見解を撤回。二〇一三年の最終報告書では、イスラエル軍の発砲によって父子を殺傷することは物理的に不可能だったと結論付けた。

一方、父親のジャマール、事件を報じたジャーナリストのシャルル・エンダリン、そしてフランス2は、少年の死はあくまでもイスラエルの発砲によるものと主張。二〇一二年には、フランス2が、同局の〝捏造報道〟を非難するジャーナリストのフィリップ・カーセンティを名誉棄損で提訴し、翌二〇一三年、カーセンティには七千ユーロの罰金を科す判決が出るなど、事件をめぐる対立は現在も続いている。

シャロン政権の発足

第二次インティファーダが発生した二〇〇〇年九月は米国大統領選挙の終盤戦にあたっており、現職副大統領のゴア候補の勝利を至上命題としていたクリントン政権は、パレスチナの和平プロセスに力を注ぐ余裕はなかった。さらに、十一月の選挙でゴアを破って当選を果たした共和党のブッシュ・ジュニアは、当初、内政重視の姿勢を鮮明にしており、パレスチナにおける米国の関与は大幅に後退することは避けられなかった。

このため、二〇〇〇年十二月十日、バラックは起死回生の策として辞任を発表し、翌二〇〇一年二月、イスラエルの首相公選が行われることになった。

バラックの目論見としては、〝極右〟のシャロンに対する国民の指示は一部に留まるだろうし、前首相のネタニヤフも選挙時に国会議員ではない（＝首相公選への出馬資格がない）ことから、最終的には、和平交渉の継続を願う世論を背景に自分が再選されるという青写真が描かれていた。

ところで、バラックの勝利のためには、「ヨルダン川西岸地区の九七％とガザ地区全域をパレスチナ国家として認める」とした〝クリントン・パラメーター〟をパレスチナ側が受け入れることが必要だった。こうした事情を踏まえ、二〇〇一年元日、エジプトは〝エルサレム　平和の都市〟と題する切手（図30）を発行し、岩のドーム、アクサー・モスク、聖墳墓教会を並べて描くことで（さすがに、ユダヤ教の聖地である嘆きの壁をとりあげることは、アラブ国家として抵抗があったのだろう）、アラファトが最終的にクリントン・パラメーターを受け入れ、アラブの下でムスリムと非ムスリムが共存する体制が生まれることへの期待を表明していた。

しかし、アラファトは最後まで態度を明確にせず、東エルサレムを首都とするパレスチナ独立国家を樹立するプランも幻に終わってしまった。

一方、シャロンは、選挙戦を通じてバラックの〝弱腰〟を徹底的に批判することで国民の支持を獲得し、二十ポイントもの大差で選挙に圧勝。二〇〇一年三月七日、首相に就任する。

シャロン政権の発足は、ハマースやイスラム聖戦などの過激派組織を強く刺激し、彼らはアラファトの〝弱腰〟を批判して、三月二十七日から二十八日にかけて、エルサレムとネベヤミンで計三件のテロ事件を起こした。これに対して、二十八日、シャロン政権はガザ地区とヨルダン川西岸のラマラに対して大規模な報復攻撃を行い、パレスチナでのアラブ・イスラエル紛争が再燃する。

さらに四月十四日、レバノンを拠点とするシーア派原理主義組織のヒズブッラーがゴラン高原の農場を警備していたイスラエル兵に対してミサイルを発射し、イスラエル兵を殺害する事件が発生すると、その報復として、イスラエルはレバノン領内のヒズブッラーの拠点とシリア軍のレーダー基地を空爆。周辺アラブ諸国とイスラエルの関係は一挙に緊張した。

その後、五月から六月にかけて反イスラエルの自爆テロが頻発すると、六月二日、アラファトは「即時、無条件の効果的な停戦実現のために最大限の努力を行う」と声明。紛争の拡大を懸念した米国の

図 30　エジプトが発行した“エルサレム　平和の都市”の切手。

ブッシュ政権も、クリントン政権下で中東和平交渉に関与してきた経験を持つテネットCIA長官を現地に派遣し、シャロンならびにアラファトと対応を協議させた。

これにより、ようやくイスラエルとパレスチナ自治政府の対立は沈静化に向かったが、ハマースをはじめとするイスラム原理主義組織は、その後も独自に反イスラエルのテロ活動を継続。二〇〇一年だけで、百人を超えるイスラエル人が〝自爆テロ〟の犠牲となり、シャロン政権に対する不満と反感の根強さが浮き彫りになった。

また、こうした状況を踏まえ、二〇〇一年六月から九月にかけて、アラブ諸国の中には、第二次インティファーダを題材とする切手を発行し、その原因を作ったシャロンを批難し、反イスラエル闘争を支持する姿勢を示すケースもあった（図31）。

その後、イスラエルは二〇〇二年九月以降、パレスチナ西岸地区のパレスチナ自治政府とイスラエルの境界に高さ六―八メートルのコンクリート壁を連ねる分離壁の建設を開始した。分離壁の一部は西岸地区内に食い込んだ〝イスラエル入植地〟とパレスチナ人居住地の間にも設定され、パレスチナ住民の移動の自由は従来以上に大きな制約を受けることになった。このため、国際世論の中には分離壁の設置を〝人権侵害〟として非難する声も少なからずあり、分離壁の建設中止と撤去を求める国連決議も採択された。

その反面、テロ対策という点では、分離壁は劇的な効果を挙げ、二〇〇〇年から二〇〇三年七月には七十三件だった西岸地区の自爆テロの件数は、二〇〇三年八月から二〇〇六年末には十二件にまで激減した。

九・一一同時多発テロからイラク戦争へ

二〇〇一年九月十一日、ウサーマ・ビン・ラーディン率いるイスラム過激派組織、アル・カーイダの活動家が、米国で民間機四機をハイジャックし、

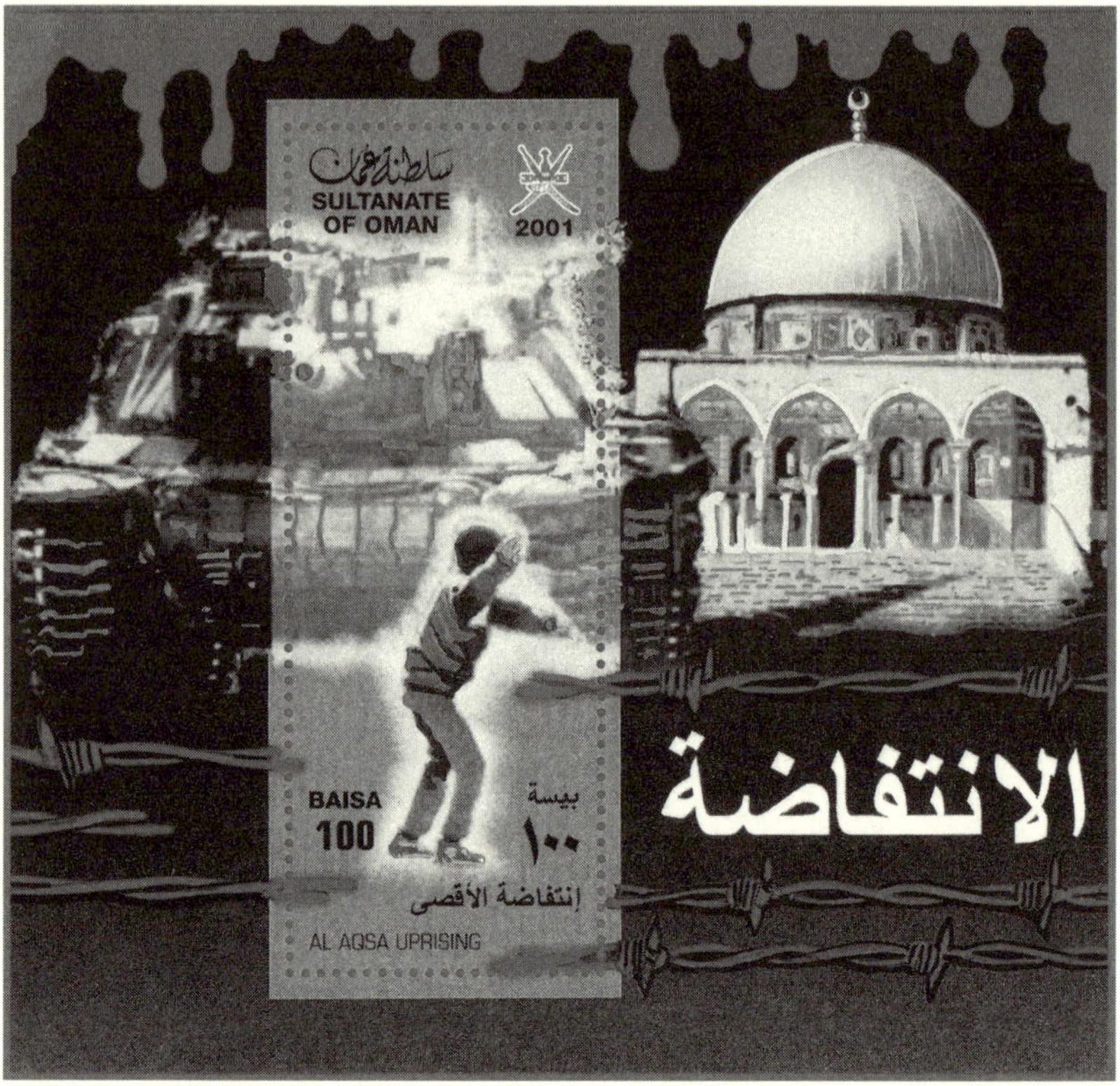
سلطنة عمان
SULTANATE OF OMAN
2001
BAISA
100
بيسة
١٠٠
إنتفاضة الأقصى
AL AQSA UPRISING
الانتفاضة

الجمهورية اليمنية
REPUBLIC OF YEMEN
2002
90
Rials ريال
Palestinian Intefadh
الإنتفاضة الفلسطينية

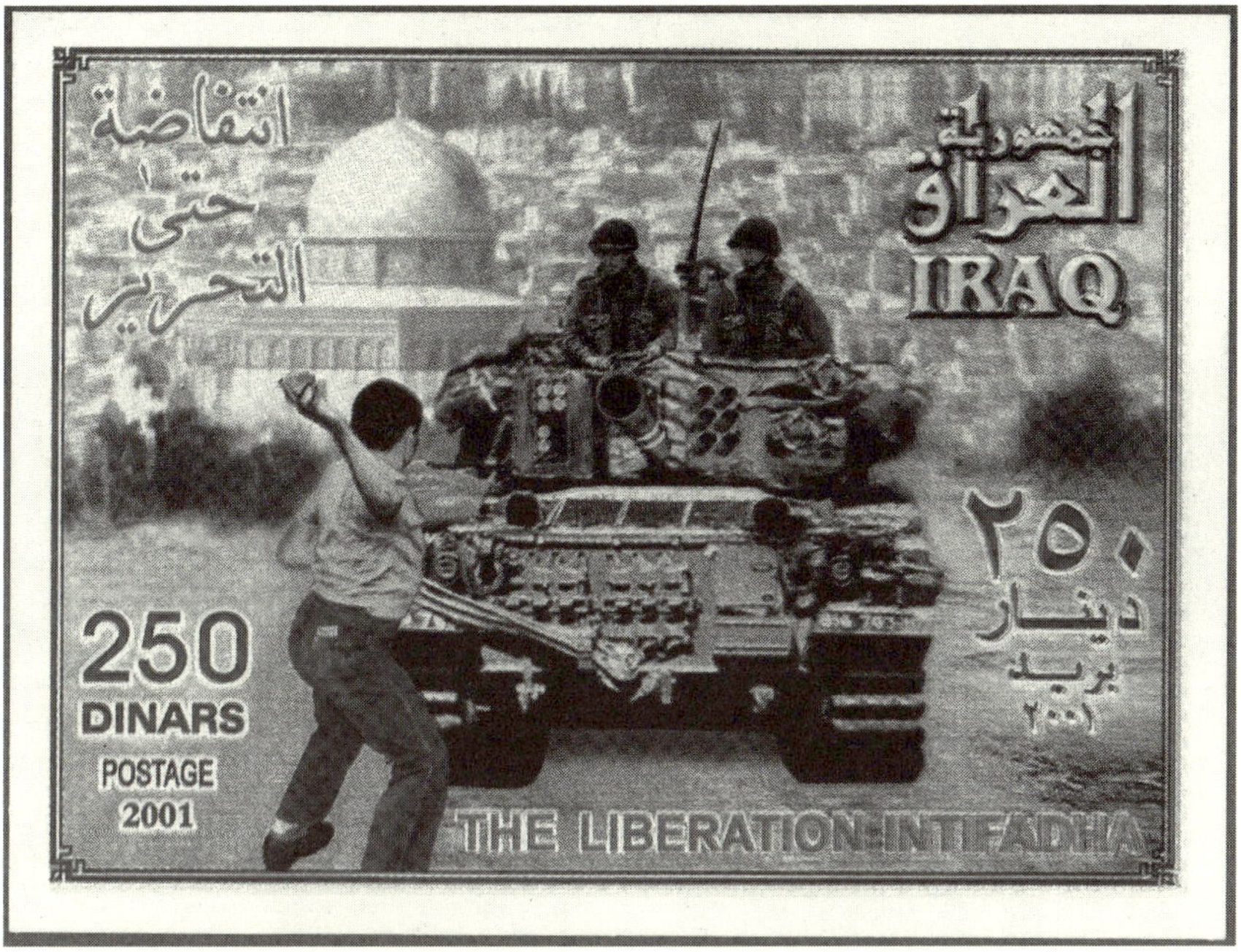

図31　シャロン政権発足に対する抗議の意を込めて2001年夏に発行されたインティファーダ顕彰切手のうち、岩のドームを取り上げた切手の例。
前頁上：オマーン
前頁下：イエメン
上：イラク
右下：アルジェリア
左下：ヨルダン

ニューヨークの世界貿易センタービルとワシントンの国防総省ビルに突入する〝同時多発テロ〟を起こした。

いわゆる〝九・一一〟である。

事件が米国の中枢で起きただけにその影響も多方面に及んだが、その痕跡は郵便物の上にも残されている。

例えば、事件後、米国とカナダの空港が閉鎖されたため、この両国に関係する国際的な物流ネットワーク（両国発着のみならず、両国を経由するものも含まれる）は途絶し、米国では海外からの郵便物の引き受けも一時的に停止された。

これを受けて、事件翌日の九月十二日、日本も米国（サイパン、ハワイ、グアムを含む）、カナダ及び両国を経由して逓送される中南米諸国宛の航空郵便物の取り扱いを停止。既にポストに投函されるなどした郵便物に関しては、図32のカバーのように、事情を説明した付箋が付けられ、差出人に返送された。

なお、北米宛の郵便物は他の地域宛のものに比べ

図32　同時多発テロ事件の発生により、日本からアメリカ宛の郵便物も取扱が一時停止された。このため、取扱停止期間中に日本からアメリカ宛に差し出された郵便物は、このカバーのように、事情を説明した付箋が貼られて差出人に返送された。

てはるかに多いことから、東京国際郵便局では返送のための付箋を付ける作業が職員総出（管理職は泊まり込み）で行われた。

日本から北米宛の航空郵便は、米国・カナダの空港が業務を再開したことで、九月十六日には再開されたが、その後も郵便物の配達が大幅に遅れるなどの混乱が続いた。

さて、九月十一日の事件の発生後、米国政府は、直ちにこれを、ビン・ラーディンとその一派の犯行と断定し、〝テロとの戦い〟を宣言。イラク国営放送は事件を「米国がこれまで犯してきた人道に対する犯罪への当然の仕打ち」として賞賛したものの、アラブ諸国を含め国際社会の大勢はテロを非難し、米国に協力する姿勢を示しており、翌十二日の国連安保理では、前日のテロ攻撃を「国際の平和及び安全に対する脅威」と認め、「テロリズムに対してあらゆる手段を用いて闘う」とする安保理決議一三六八が採択された。その後、米国はアフガニスタンを実効支配していたタリバン政権に対してビン・ラーディンの身柄引渡しを要求し、これが拒否されたことを理由に、十月七日、米英をはじめとする有志連合諸国がアフガニスタンに対する空爆を開始。十一月十三日には、有志連合諸国の支援を受けた反タリバンの北部同盟軍が首都カブールを制圧した。

同時多発テロ事件の被害者という立場があったとはいえ、ビン・ラーディンが事件の首謀者であることについて充分な証拠も開示しないまま、米国がアフガニスタン空爆に踏み切ったことについては、欧米でも少なからぬ批判があった。それでも、予想外に早いタリバン政権の崩壊に勢いを得た米国は、「大量破壊兵器を開発する国（＝イラク）も〝テロとの戦い〟の対象となる」として、因縁のイラク攻撃の可能性を示唆。翌二〇〇二年一月の年頭教書では、ブッシュ・ジュニア大統領が、イラン・イラク・北朝鮮の三国を〝悪の枢軸〟と非難し、アメリカとイラクとの関係は一挙に緊張する。

一方、〝悪の枢軸〟と名指しされたイラクは、二〇〇二年四月、岩のドームを背景に銃を掲げるサッダームを描く〝エルサレムの日〟の記念切手（図33）を発行した。

湾岸戦争以降、サッダームの肖像を取り上げた切手は多数発行されており、国軍の最高司令官としての大統領の立場を強調するために、軍服姿の肖像の切手（図34）も少なくはない。しかし、その一方で、クウェート併合の過去をもって周辺諸国から〝侵略者〟になりかねないとの疑惑を受けないように、軍服姿の彼が直接武器を手にしている場面は、それまで、切手上では注意深く排除されてきた。湾岸戦争以降、銃を手にするサッダームの肖像が切手に取り上げられたのは、後にも先にも、図33のみである。

既にサッダームは、二〇〇二年前半の段階で、米国との武力衝突がいずれ避けられないものであることを予感し、再び、パレスチナとのリンケージ論を掲げて最後の戦いに挑もうとする決意を固めていた――そんな推測も成り立ちそうなデザインではある。

結局、二〇〇三年三月、アメリカはついにイラク攻撃に踏み切り、四月九日にはバグダードが陥落。

図33　2002年に発行された“エルサレムの日”の記念切手。

図34　軍服姿のフセインの肖像を取り上げた切手。

リンケージ論の提唱者であったサッダームは政権の座から滑落することになる。

アラブ和平イニシアティヴとロードマップ

二〇〇二年三月、ベイルートで開かれたアラブ連盟首脳会議で、サウジアラビアのアブドゥッラー皇太子は〝アラブ平和イニシアティヴ〟と呼ばれる中東包括和平案を提唱した。

その骨子は、

①イスラエルの一九六七年の第三次中東戦争で得た全占領地からの撤退

②帰還権を認めた国連決議一九四号（一九四九年にイスラエルが国連に加盟する際に採択された）に基づくパレスチナ難民問題の公正な解決

③東エルサレムを首都とするパレスチナ独立国家の樹立

を条件に、全アラブ諸国がイスラエルとの関係を全面的に正常化するというものであった。

イスラエルがサウジアラビアの掲げた三条件をそのまま受諾することはないため、〝アラブ和平イニシアティヴ〟がそのまま和平につながる可能性も極めて低い。しかし、それまで、パレスチナ問題に関しては必ずしも積極的に関与してこなかったサウジアラビアが表面に出てきたという点で注目に値する。

もともと、サウジアラビア政府は、イスラム原理主義者の不満が対米協調路線を採っている（とされる）サウード王室に向かわないよう警戒を続けてきた。一九八〇年代には、イスラム原理主義に傾斜した国内の不満分子を〝義勇兵〟としてアフガニスタンに送り込むことで、国内の不安定要因を物理的に除去してきた。かのビン・ラーディンも、もともとはサウジ国内有数の建設会社の創業一族の御曹司であり、敬虔なムスリムとしてアフガニスタンでのジャーヒディーン闘争に関与することで、結果的に、反米・反イスラエル・反サウジのテロリズムに傾斜していったという経緯がある。

したがって、ハマースをはじめとするイスラム武装組織がパレスチナで台頭すれば、そのことが国内外のイスラム過激派勢力、特にサウジの対米協調路線に対する攻撃に転化しかねないという懸念があった。

さらに、ペルシャ湾の覇権をめぐって長年の対立関係にあるイランは、レバノンを拠点に反イスラエル闘争を展開しているヒズブッラーを明確に支援しているほか、ハマースに対しても武器弾薬を提供している。このため、サウジアラビアとしては、イランの勢力伸長を抑えるためにも、パレスチナ和平に積極的に関与せざるを得なくなったのである。

一方、米国のブッシュ・ジュニア大統領は、二〇〇二年六月二十四日、情勢の変化を受けて「パレスチナが独立国家としてイスラエルと平和的に共存することを求める」と演説。この認識をもとに、翌二〇〇三年四月、米国、ロシア、EU、国連の四者が、イスラエルとパレスチナの双方に、新しい和平プロセスとして、以下の三段階からなる〝ロードマップ〟を提示した。

第一段階：パレスチナ側の過激派の解体とイスラエル側の入植活動の停止
パレスチナの市民生活の正常化と制度構築
イスラエル軍の（第二次インティファーダが勃発した）二〇〇〇年九月以前の位置まで撤退
第二段階：二〇〇三年中に暫定的な国境をもつパレスチナ国家の樹立
第三段階：国境線の画定と難民問題の話し合い

ロードマップでは、上記のプロセスを経て、二〇〇五年末を目途に、パレスチナ国家の正式な樹立を実現することを謳っていた。

これを受け、二〇〇三年六月四日、ヨルダンのアカバで米大統領のブッシュ・ジュニア、イスラエル首相のシャロン、パレスチナ自治政府首相のマフムード・アッバースの三者会談が行われ、イスラエル、パレスチナ両国家の平和共存を目指し、ロードマップを実行することで合意が成立した。

パレスチナ自治政府の首相として三者会談に出席したアッバースは、一九三五年、英国委任統治下のパレスチナのサファドで生まれた。

一九四八年のイスラエル建国に伴い、難民としてヨルダンに移住。ダマスカス大学法学部を卒業後、ソ連のパトリス・ルムンバ民族友好大学（現ロシア諸民族友好大学）大学に留学し、「敵を知り己を知れば百戦危うからず」との思考からユダヤ史を専攻し、シオニズム研究で博士号を取得した。

一九五〇年代からカタールでパレスチナ解放運動にかかわり、アラファトがファタハを結成するとこれに参加。以後、アラファトの側近として行動をともにし、アラファトがPLO議長に就任した後はPLO国際局長として、一九九三年のオスロ合意調印に至るまで、PLOの対外交渉の実務を取り仕切った。一九九四年、パレスチナ自治政府の発足に伴い、PLO執行委員会事務局長に就任する。

二〇〇〇年に第二次インティファーダが始まり、ハマースなどによる反イスラエルのテロが活発化した際、アラファトがテロに対して断固たる姿勢を打ち出せない中で、アッバースは反テロの姿勢を鮮明にしていた。このため、二〇〇三年、事態収拾に向けた国際社会の間接的支援を受け、同年三月十九日、アッバースは自治政府の初代首相に任命される。その組閣作業は難航したが、四月二十九日にアッバース内閣が正式に発足。ロードマップをめぐる三者会談は、アッバースにとって首相就任後の最初の大仕事になった。

二〇〇三年六月四日の三者会談を経て、サウジアラビアとエジプト、ヨルダンもロードマップへの支持を表明する。既に、ロードマップの最終的な内容は二〇〇三年二月末までに明らかにされており、三月一日にエジプト・シナイ半島のシャルム・シェイクで開催されたアラブ連盟首脳会議はこれを支持する国が大勢を占めていたから、三国の支持表明も予定通りの行動であった。

なお、シャルム・シェイクでのアラブ連盟首脳会議に合わせてバハレーンが発行した記念切手は、二十二の加盟国・地域について、それぞれ一枚ずつ、代表的な建造物等を取り上げた二十二種セットの構成だったが、このうちの〝パレスチナ〟を取り上げた一枚（図35）には、エルサレムの象徴として岩のドームも取り上げられている。これは、アラブ平和イニシアティヴとロードマップのいずれもが、和平プロセスの最終的な目標としてパレスチナ国家の樹立を掲げていたことを反映したものと考えられる。

　ちなみに、切手を発行したバハレーンはペルシャ湾岸の首長国で、その王室のハリーファ家はサウジアラビアのサウード家と同じくアナイザ族出身ということもあって、サウジアラビアの強い影響下にあり、事実上の保護国ともいわれている。このため、この切手のデザインもサウジアラビアの意向を反映した（少なくとも、サウジアラビアとは対立しない）ものと考えてよい。

図35　2003年のアラブ連盟首脳会議に際してバハレーンが発行した切手のうち、パレスチナを取り上げた1枚。

　かくして、七月一日には、エルサレムでアッバースとシャロンがロードマップ和平交渉の開始を正式に宣言し、その模様は、テレビ放送で生中継された。

　しかし、ハマースをはじめ和平そのものに反対する勢力は、ロードマップ和平交渉の開始に激昂し、反イスラエルのテロ活動は止まなかった。また、イスラエル側も治安上の理由から分離壁の建設を継続したため、パレスチナ人の中にはイスラエルに対する不信を募らせる者も多く、大統領のアラファトもテロを取り締るための治安権限の委譲を渋ったことから、アッバース内閣は具体的な成果をあげられず、同年九月六日、アッバースは辞任に追い込まれた。

　首相辞任後も、アッバースはＰＬＯ事務局長として、ＰＬＯ内部ではアラファトに次ぐ序列二位の座を占めていたが、〝イスラエルを知悉する首相〟の退陣に失望したイスラエルは自治政府との和平交渉を停止。このため、同年十一月の国連安保理では、ロードマップを支持し、イスラエルとパレスチナの双方に義務履行を求める決議が採択されたものの、和平交渉は頓挫してしまった。

西岸とガザの分裂

二〇〇四年十一月十一日、長年にわたってPLOを率いてきたアラファトが七十五歳で亡くなり、マフムード・アッバースが後継のPLO議長となった。二〇〇四年十月、アラファトが健康不安からフランスの病院に移送され、間もなく重態に陥ると、アッバースは暫定的にPLO議長職を代行することになり、アラファトの死に伴い、PLO執行委員会で後任のPLO議長に選出された。そして、二〇〇五年一月には、自治政府の第二代大統領に就任する。

大統領に就任したアッバースは、二〇〇五年二月三日、さっそくシャルム・シェイクでイスラエル首相のシャロンと会談し、各地で頻発していた武力衝突の停戦に合意し、中断していたロードマップ交渉の再開に意欲を示した。

こうした穏健な現実主義者としてのアッバースの姿勢は、西岸地区の一般国民の間では一定の支持を得たが、ハマースなどは〝イスラエル寄り〟のアッバースに対して露骨な敵意と不信感を向け、彼らのテロは一向に収束の気配を見せなかった。

そうしたなかで、翌二〇〇六年一月二十五日に投票が行われたパレスチナ評議会選挙では、アラファト時代のPLO幹部の汚職腐敗に対する一般市民の反感もあって、定数百三十二議席の過半数にあたる七十六議席をハマース系の候補者が獲得する。選挙結果を受けて、二月十六日、ハマースは候補者名簿の一位にランクされていたイスマーイール・ハニーヤを首相候補として推薦。アッバースもこれを受け入れざるを得ず、三月二十九日、ハニーヤ内閣が発足した。

ハニーヤは、一九六三年、ガザの難民キャンプで生まれた。第一次インティファーダの起きた一九八七年、ガザ・イスラム大学を卒業したが、翌一九八九年から三年間、イスラエル当局によって投獄され、一九九二年、レバノンへの国外追放処分となった。

一九九三年、ハニーヤはガザに戻り、イスラム大学の学部長に就任。さらに、一九九七年、ハマースの精神的指導者であるアフマド・ヤースィーンの事務所責任者に指名された。このことをもって、イスラエル当局はハニーヤがイスラエル市民へのテロ活動に関与しているとみなし、イスラエル軍から命をねらわれることとなる。しかし皮肉にも、第二次インティファーダの発生以降、イスラエル当局がハマースの指導者を相次いで暗殺していく中で、生き延びたハニーヤは、ヤースィーンとの関係もあり、ハマース内での地位を着々と固め、二〇〇六年一月の評議会選挙ではハマースの候補者名簿一位に記載されるまでになった。

さて、ハニーヤは首相就任演説で「イスラエル国家を承認せず、武力闘争路線を継続する」と宣言。なんとかしてロードマップ交渉を再開したい大統領のアッバースに対して冷水を浴びせかけた。

イスラエル側も態度を硬化させ、六月三十日、ハマース過激派が拘束しているイスラエル兵士ギラド・シャリートの無傷での即時解放を要求。要求が受け入れられなければ、ハニーヤを暗殺すると表明した。また、PLO主流派のファタハとハマースの間でも流血を伴う衝突が頻発するようになり、ハニーヤを含むハマースのガザ地区の政治指導者は次々と地下に潜伏する。

こうした中で、二〇〇六年十二月十四日、首相として初の外遊から帰国しようとしたハニーヤが、ラファフの国境検問所でエジプトからガザへの国境通過を拒否される事件が発生。この時、ハニーヤは国外からの自治政府への寄付金として推定三千万ドルの現金を所持していたが、イスラエル政府はその寄付金を持ち込まないという条件で、ハニーヤの国境通過を許可すると発表した。

緊迫した空気の中で、検問所の現場では、ハマースの戦闘員とパレスチナ大統領警護隊との銃撃戦が起きてしまう。そして、ハニーヤが国境を通過しようと試みた際、彼の護衛の一人が銃撃されて死亡、ハニーヤの長男も負傷した。

この事件を機に、ファタハとハマースの対立はエスカレートし、双方の武装集団による襲撃事件が頻発するようになった。

このため、両者の対立を解消して、ともかくもハマース、ファタハの連立政権を実現するため、二〇〇七年二月十五日、ハニーヤ内閣はいったん総辞職し、三月十八日、改めて連立内閣を組織した上で、ハニーヤが首相に就任することで妥協が図られた。

しかし、その後も武力衝突は一向に収まらず、六月十一日には、ハマースがガザ地区を占拠して、両者の対立は事実上の内戦へと発展した。

そこで六月十四日、もはやハマースとの関係修復は不可能と判断したアッバースは非常事態宣言を発令。ハニーヤを解任し、ハマースによるガザの統治は非合法なものであるとして、六月十七日、元世界銀行副総裁で自治政府での蔵相経験のあるサラーム・ファイヤードを首相に任命し、ハマースを除外した非常事態政府の樹立を宣言した。

これに対して、ハニーヤは解任を拒否し、ハニーヤ内閣こそパレスチナの正当政府であると主張。〝パレスチナ〟はＰＬＯ／ファタハの支配する西岸地区と、ハマース支配下のガザ地区に、事実上、分裂することになった。

こうしてパレスチナが分裂した後も、郵便に関しては、当初は西岸地区のパレスチナ郵政が従前通り、西岸地区とガザ地区の郵便事業を統一的に扱っており、両者は共通の切手を発行していた。ただし、混乱の中で、二〇〇六年及び二〇〇七年には新規の切手は発行されず、二〇〇八年七月二十九日に発行された〝詩人マフムード・ダルウィーシュ〟（図36）の切手が分裂後最初の切手となった。

マフムード・ダルウィーシュは、一九四一年三月十三日、英委任統治下のガリラヤ地方のビルワで生

図36　マフムード・ダルウィーシュを取り上げたパレスチナ自治政府の切手。

まれた。彼の故郷は、一九四八年の第一次中東戦争で壊滅的な打撃を受けたため、一家は一時的にレバノンに避難した後、一九五〇年、イスラエル支配下のガリラヤ地方の別の村に帰還したが、法的には〝不法滞在の外国人〟として扱われた。

十代から詩作を始め、当初はイスラエル共産党の文芸誌『アル・ジャディード』に自作の詩を投稿していたが、ほどなくして同誌の編集に携わるようになり、次いで、イスラエル労働党の文芸誌『アル・ファジュル』の編集者となった。一九六〇年、十九歳の時に発表した第一詩集『翼のない鳥』を皮切りに、一九六〇年代には何冊かの詩集を出版。「書き留めてくれ／私はアラブ」のリフレインで知られる詩「身分証明書」、故郷パレスチナを恋人に見立てて愛を謳った詩「パレスチナの恋人」などで、パレスチナを代表する詩人として高く評価された。しかし、そのことは、パレスチナ人の民族意識を高揚させ、反イスラエル世論を煽動するものとしてイスラエル政府からは危険視され、投獄や自宅軟禁等の処罰を受けた。

ダルウィーシュの作品は世界的にも高く評価され、一九六九年、アジア・アフリカ作家会議が創設したロータス賞の第一回受賞者となったが、一九七〇年、事実上の国外追放処分を受け、ソ連のミハイル・ロモノーソフ・モスクワ国立総合大学に一年間留学。その後、カイロを経てベイルートに入り、一九七三年、ＰＬＯに参加し、詩作を続けるかたわら、執行委員会のメンバーとして反イスラエル闘争に積極的に関与した。

ＰＬＯのチュニス移転とともにチュニスに移り、第一次インティファーダを経て、一九八八年にアルジェで開催されたパレスチナ民族評議会ではアラファトが読み上げた「独立宣言」を起草した。

一九九三年、ダルウィーシュはオスロ合意の内容に失望し、PLOの役職を辞職したが、一九九五年、パレスチナ自治政府の暫定自治がヨルダン川西岸地区の主要都市にまで拡大され、自治政府がラマッラーに移ると、PLOと和解し、ラマッラーに〝帰還〟した。その後はパレスチナと米国を往来しながら、ファタハとハマースの抗争を批判し、特に、ハマースの奉じるイスラム原理主義を激しく批判した。

晩年は毎年のようにノーベル文学賞の有力候補の一人としてメディアに名前が挙げられたが、二〇〇八年八月九日、心臓病の治療のため、入院先の米国ヒューストンで亡くなった。享年六十七歳。その葬儀は、アラファトに次いでパレスチナとして二人目の国葬とされ、大統領のアッバースは自治政府として三日間の服喪を決定した。

パレスチナ自治政府の切手は、二〇〇七年に発行が予定されていたものだが、実際には、彼の死の直前、二〇〇八年七月二十九日に発行されている。切手の背景に岩のドームが描かれているのは、彼の起草した「独立宣言」が、パレスチナ国家の首都はエルサレムに置くとしていたことを示したものであろう。

二〇〇八—〇九年のガザ紛争

パレスチナがファタハの支配する西岸とハマースの支配するガザに分裂した直後の六月二十五日、ガザ南部からイスラエル領内に侵入したハマースの戦闘員がイスラエル兵二名を殺害、別の一名を拉致した上、イスラエルで拘束されているハマースの活動家の釈放を要求する事件が発生。翌二十六日、イスラエルは戦車部隊をガザ地区に送り、ハマースの活動拠点やインフラ施設を攻撃した。

結局、イスラエル側は拉致された兵士の身柄を発見できないまま、二〇〇六年十一月二十六日にはイスラエルとハマースの停戦が成立したが、その後もハマースは手製のロケット弾（カッサーム・ロケット）を用いたイスラエルの無差別攻撃を継続する。

そこで、イスラエルはガザ地区を経済的に封鎖してロケット弾の製造を物理的に阻止しようとしたが、効果はほとんどなく、二〇〇七年には八百九十発、二〇〇八年には千五百七十三発のカッサーム・ロケットがイスラエル領内に打ち込まれた。また、イスラエルによるガザ地区の経済封鎖は、一般のパレスチナ市民の生活に深刻な打撃を与えることになり、かえって、ハマースに対する市民の支持を高める結果となってしまった。

こうした中で、二〇〇八年六月十九日、エジプトの仲介によりイスラエルとハマースは半年間の停戦協定を結ぶが、その後も断続的に衝突は続いていた。

このため、十一月四日、イスラエル軍はテロ対策としてガザ中部に侵攻。ハマースの六人が死亡すると、翌五日、ハマースはイスラエルに向けて三十発以上のカッサーム・ロケットを発射した。さらに、十一月十二日、イスラエル軍が越境攻撃でハマースの四人を殺害すると、同十四日、ハマースはガザから約十キロ北のイスラエル中部の都市アシュケロンに、より高性能のグラッド・ロケット弾（旧ソ連製のロケット弾をイランあるいは中国が改良した本格的な兵器）を撃ち込んだ。

これに対して、アッバースは事態の鎮静化に向けて奔走し、十一月二十日、イスラエルの主要各紙で、あらためて、「ヌアクショットからインドネシアまで」の全アラブ・イスラム諸国がイスラエルと和平締結、国交正常化するとしたアラブ平和イニシアティヴの受け入れを要求するキャンペーンを展開したが、効果はなかった。

十二月に入り停戦期限が迫ると、エジプトはあらためて停戦延長のため、イスラエルとハマースの仲介を行ったが、ハマースはイスラエルがガザの封鎖解除に応じないことを理由に延長を拒否。かくして、十二月十九日、停戦協定は失効した。

ところで、イスラエル国内では、二〇〇九年二月に総選挙を控えており、対パレスチナ強硬派の野党リクードが勢力を拡大していた。このため、当時の与党、カディーマ（二〇〇五年十一月二十一日にアリエル・シャロンが創設した中道政党。二〇〇六年一月四日にシャロンが脳卒中で倒れて意識不明となった後は、エフード・オルメルトが後継党首となり、首相として政権を担当していた）はパレスチナに対して妥協的な姿勢を見せることができない状況にあった。また、二〇〇八年十一月の米大統領選挙で当選した民主党のバラク・オバマは〝敵との対話〟を掲げており、イスラエルとしては、二〇〇九年一月のオバマ政権発足以前にハマースを弱体化させておきたいという事情もあった。

こうしたことから、二〇〇八年十二月二十七日、イスラエル空軍はガザ全域に大規模な空爆を開始。八日後の二〇〇九年一月三日、イスラエル軍の五個旅団がガザ地区に地上侵攻作戦を敢行し、ロケット弾とその発射施設の鹵獲と破壊、製造工場の捜索を行った上、米国でオバマ新大統領の就任式が行われる一月二十日、ガザ地区から撤退した。この間、パレスチナ人の死者は、パレスチナ側の発表によれば一万四千百七十一人（うち十八歳未満の子供三百十三人を含む民間人九百二十六人）、イスラエル側の発表によれば千百六十六人（うち、警察官を含む戦闘員が七百九人）とされている。

しかし、オルメルトの思惑とは裏腹に、二〇〇九年二月十日に行われたイスラエル総選挙では、カディーマは二十八議席で第一党となったものの、リクードが二十七議席、わが家イスラエルが十四議席を獲得するなど対パレスチナ強硬派が過半数の六十四議席を占めたため、リクードのベンヤミン・ネタニヤフを首班とする連立政権が成立した。

一方、ネタニヤフ政権の発足を受けて、ハマースは、二月十二日、一方的にイスラエルとの停戦を発表。二月十六日にはパレスチナ自治政府がファタハとハマースの連立政権樹立に向けた協議を開始するとの方針を発表する。

パレスチナ内部の亀裂を修復するための契機になると期待されたのが、二〇〇九年の〝アラブ文化首

都　エルサレム〟のイベントであった。

一九八五年、ギリシャの文化大臣だったメリナ・メルクーリは、ＥＵ加盟国の文化閣僚会議でＥＵ加盟国の中から二都市を選んで〝欧州文化首都〟に指定し、一年間を通してさまざまな芸術文化に関する行事を開催することで、加盟国の相互理解を深めることを提案した。この〝欧州文化首都〟が一定の成果を上げたことを受け、アラブ世界でもこれに倣い、一九九六年から、ユネスコとアラブ連盟の主催で、毎年、〝アラブ文化首都〟が選定されるようになった。

二〇〇九年のアラブ文化首都は、各国持ち回りの順番で、パレスチナから選ばれることになっていたが、大統領のアッバースは自治政府の支配下にあるベツレヘムや首都のラマッラーではなく、和平プロセスを進展させるための契機とすべく、あえてエルサレムを提案し、アラブ連盟とユネスコもこれを受け入れた。

〝アラブ文化首都　エルサレム〟のキックオフ・イベントは、当初、二〇〇九年一月に行われる予定だったが、イスラエルとハマースの戦闘により延期され、停戦後の三月二十一日、自治政府支配下のベツレヘムで行われた。当初の計画では、エルサレム、ガザ、ナゼレ、そしてレバノン領内のマール・エリアス難民キャンプの五ヵ所で同時にイベントを開催することも計画されたが、イスラエル政府はイスラエル領内での〝アラブ文化首都〟と銘打ったイベントを全面禁止し、神殿の丘／ハラム・シャリーフへの道路を封鎖。エルサレムとナゼレのみならず、多くの関連イベントは中止を余儀なくされた。

これに対して、アッバースはイスラエル政府の対応を批判。イスラエル国内にも〝言論の自由〟の観点から、政府の対応を批判する声は少なくなかった。

一方、ガザ地区では、ファタハ政府によるベツレヘムでのイベント開催日の三月二十一日に先んじ、ハマース政府は独自にイベントのロゴマークを制作し、三月十七日、記念行事を開催。自分たちこそがパレスチナの正統政権であると主張し、アッバースを憤慨させた。また、ハマース政府は、ファタハ政府が〝アラブ文化首都〟の記念切手を用意していないことに目をつけ、西岸地区とは別に、ロゴマークを描く独自の記念切手（図37）を発行した。

ハマース政府の発行した記念切手にも取り上げられたロゴマークは、モスクとミナレットを図案化した象徴的なデザインだったが、切手の発行にあわせて制作された初日カバー用の封筒には、岩のドームの写真もしっかりと印刷されている。

なお、この切手は、ハマース政府が、従来のファタハ政府の郵政機関とは別に、独自に発行した最初の切手となった。これを機に、イスラエルによるガザ地区への交通制限もあって、以後、パレスチナでは、西岸地区とガザ地区で別々の切手が発行・使用されていくことになる。

ハマースとラマダーン

二〇一一年八月一日、ガザ地区を実効支配してい

図37　ガザ地区を実効支配するハマース政府が発行した“アラブ文化首都　エルサレム”の切手の初日カバー。

たハマース政府は、イスラム暦一四三二年ラマダーン（月）の記念切手を発行した。切手は単片四種、シート二種のセットで発行されたが、そのうちの単片二種とシート一種には、岩のドームが取り上げられている（図38）。

　イスラム暦の第九月にあたるラマダーンは、ムスリムにとっては断食の月で、目視による新月の確認をもって正式にスタートする。切手に細い月が描かれているのは、このことを踏まえ、ラマダーンの始まりを表現したものである。

　ラマダーンの断食は、ムスリムが行わなければならない宗教的義務〝五行〟のひとつ。

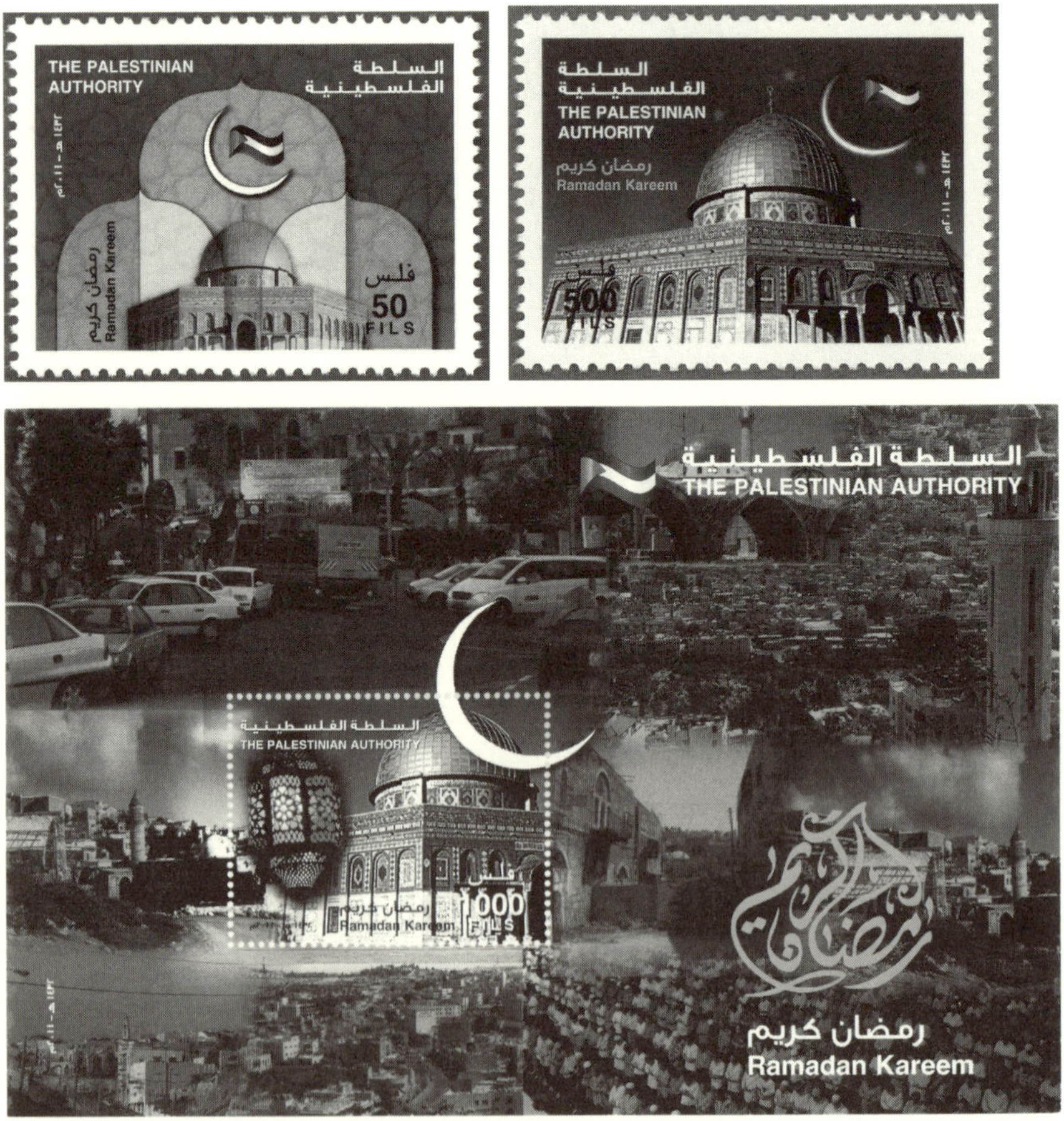

図38　ハマース政府が発行したイスラム暦1432年ラマダーン（月）の記念切手のうち、岩のドームが取り上げられている3種。

もともとはユダヤ教の習慣だったものを預言者ムハンマドが信徒に課したのが始まりで、忍耐力を養うとともに、貧しくて食事をとることのできない人々に思いをいたし、彼らの苦しみを理解するのが目的とされている。

　ラマダーン期間中は、単に食欲・性欲を断つだけではなく、嘘や下品な話、口論、喧嘩、淫らな思考などをせず、ムスリムとして正しい振る舞いをし、貧者に思いをいたし、進んで喜捨をするべきとされている。そして、断食の苦行体験を皆で共有し、日没後の食事（イフタール）をともにすることで、ムスリムとしての連帯感を涵養する。

図39　イスラエルは1986年のラマダーン明けの祝祭にあわせて、アッカのジャッザール・モスクを取り上げた切手を発行した。

　ラマダーンは断食という肉体的な苦行を伴うだけでなく、精神的にも〝正しいムスリム〟であることを強く要求されるため、個々のムスリムにとっては負担も大きく、それゆえ、ラマダーン明けの大祭（イード・フィトゥル）は多くの人々が心の底から開放感を感じる〝ハレの日〟として、いわゆるイスラム諸国ではなくても、ムスリムが一定の割合を占める国では記念切手が発行されることも少なくない（図39）。

　これに対して、ハマース政権の切手は、ラマダーン月の初め、すなわち、これから断食の苦行が始まるタイミングで発行されているという点で注目に値する。その背景には、ハマースなどのいわゆるイスラム原理主義勢力が、自らの勢力拡大ないしは資金獲得の手段としてラマダーンを利用しているという現状がある。

　すなわち、ラマダーンの期間中、ムスリムは精神的に高揚した状態になることが少なくないが、そうした状態で、モスクに通い、イフタールの食事をとる人も多い。

その際、モスクでの説教が、宗教的にオーソドックスで穏健な内容であれば問題はないが、中には、イスラム原理主義に親和的な説教師が、腐敗堕落した欧米文化やそれに毒された既存のイスラム社会を糾弾して信徒の憎悪を煽るケースも珍しくなく、一定の割合で彼らに感化されて過激な言動に走る者が発生する。

実際、ハマースにも、そうしたラマダーン期間中の特殊な空気を活用して、勢力を拡大してきた面がある。

また、彼らはガザ地区を支配するようになってからは、ラマダーンの始まりに際して囚人に対して恩赦を行うとともに、ラマダーン明けのタイミングで〝犯罪者〟の公開処刑も行うなどして、権力の行使を可視化する機会としてラマダーンを利用している。

さらに見逃せないのは、ラマダーン期間中は貧者を対象とした喜捨が奨励されていることを利用し、ハマースは巨額の金銭や物品を信徒から集めており、それが彼らの重要な資金源になっているという点である。ラマダーンを悪用したハマースの資金集めは、ガザ地区のみならず、オーストリアを拠点に欧州でも活発に行われており、集められた資金はトルコのハマース系企業、レバノンなどを経由して、テロ活動の原資としても使われているとの指摘がある。

したがって、ハマースにしてみれば、ラマダーン明けのイードもさることながら、ラマダーン期間中こそが自らの勢力を拡大するための重要な機会になっているともいえるわけで、そうした意識の下、彼らは、ラマダーン初日に岩のドームを取り上げた切手を発行することで、（彼らの認識では）パレスチナの正統政府として「イスラエル国家を承認せず、武力闘争路線を継続する」という姿勢をあらためて強調しようとしたものと考えられる。

パレスチナ、国連のオブザーヴァー国家に格上げ

イスラム暦一四三二年のラマダーン明けから間も

図40　ファタハ政府が発行したユネスコ加盟2周年の記念切手には、パレスチナの加盟承認時の光景が取り上げられている。

ない二〇一一年九月二十三日、パレスチナ・ファタハ政府は国連への加盟申請を行い、同年十月三十一日、国連教育科学文化機関（ユネスコ）への加盟が承認された（図40）。

パレスチナの加盟早々、ユネスコはいわゆる〝ムグラビ橋問題〟に直面することになる。

エルサレム旧市街の嘆きの壁の南側には、もともと古代ローマ時代から、神殿の丘／ハラム・シャリーフのムグラビ門につながる盛り土のスロープがあった。ちなみに、非ムスリムは、ムグラビ門以外のルートで神殿の丘／ハラム・シャリーフに出入りすることはできないとされている。

ところが、二〇〇四年、このスロープの一部が倒壊したため、イスラエルのエルサレム市当局は応急措置として木製の〝ムグラビ橋〟の建設を開始した。

当初、ムグラビ橋はあくまでも仮設の橋として、将来的には撤去されるものと説明されていたが、イスラエルの保守派やユダヤ教の宗教勢力はこれを機会に常設の橋を建設すべきと主張し始める。このため、二〇〇六年十一月、エルサレム市は、古いスロープを撤去して、新しい橋を建設する計画を承認。さらに、翌二〇〇七年一月、イスラエル首相のオルメルトが橋の建設を承認するとともに、スロープの周辺の考古学調査を認め、翌二月にイスラエル考古庁が調査を開始した。

これに対して、パレスチナ側は橋の建設工事は「イスラエルによるハラム・シャリーフの破壊である」、「イスラエル軍をハラム・シャリーフに進めるための軍事施設だ」、「神殿の丘を占領するための布石である」などと反発。西岸地区及びガザ地区の双方で反対デモが展開された。また、ユネスコも、問題の場所が「エルサレムの旧市街とその城壁群」として世界遺産に含まれていることから、〝景観の変化〟に対する懸念を表明し、現地に使節団を派遣するなどして介入する。

オルメルト政権はパレスチナとユネスコの反対を押し切って調査・建設の計画を強行しようとしたものの、地元のエルサレム市長が計画の中止を決定した。このため、二〇〇七年七月、オルメルト政権もいったんは調査を中止したものの、同年十二月にはムグラビ門の考古学調査の再開を決定。これを受けて、二〇〇八年七月、エルサレム市の計画建設委員会は、橋の設計の修正案を承認した。ちなみに、このとき提出された修正案では、歴史的なスロープは保存した上で、鉄製の橋を建設し、嘆きの壁でユダヤ人が礼拝する場所は拡張されるとされていた。

ただし、この修正案に対してはパレスチナ人のみならず、神殿の丘／ハラム・シャリーフの管轄権を持つヨルダン宗教省も強い懸念を表明したため、実際には発掘作業は中断され、二〇一一年末の時点では、仮設の木造橋がそのまま残されていた。

ところが、二〇一一年十月、ユネスコがパレスチナを加盟〝国〟として承認したことに反発したイスラエルは、二〇一二年、橋を固定して発掘作業を再開した。

このため、ガザのハマース政府は、二〇一二年四月十六日、イスラエルに対する抗議の意を示すため、歴史的なスロープを覆い隠すように設置された〝ムグラビ橋〟を取り上げた切手シート（図41）を発行。シートの下部には、岩のドームを配することで、イスラムの聖地がイスラエルの攻撃にさらされていることを暗に訴えた。

その後、イスラエル側は二〇一四年に新たな橋の建設工事を開始したものの、ヨルダン政府の抗議もあって工事を中止。木製の橋はそのまま残しつつも（ただし、ヨルダンとパレスチナはこの橋の撤去も求めている）、二〇一四年以降に追加された部分については撤去することで決着が図られた。

一方、西岸のファタハ政府はムグラビ橋の建設には反対していたが、あえてそれを切手に取り上げて必要以上にイスラエルを刺激することは避けていた。ただし、国連への加盟申請中ということもあって、ガザのハマース政府に対して、切手上においても、自分たちこそがパレスチナを代表する政党政府であることを内外に示す必要から、六月六日、〝卓越性を追求する決意〟と題して、パレスチナの経済

図41　ムグラビ橋を取り上げたハマース政府発行の切手シート。

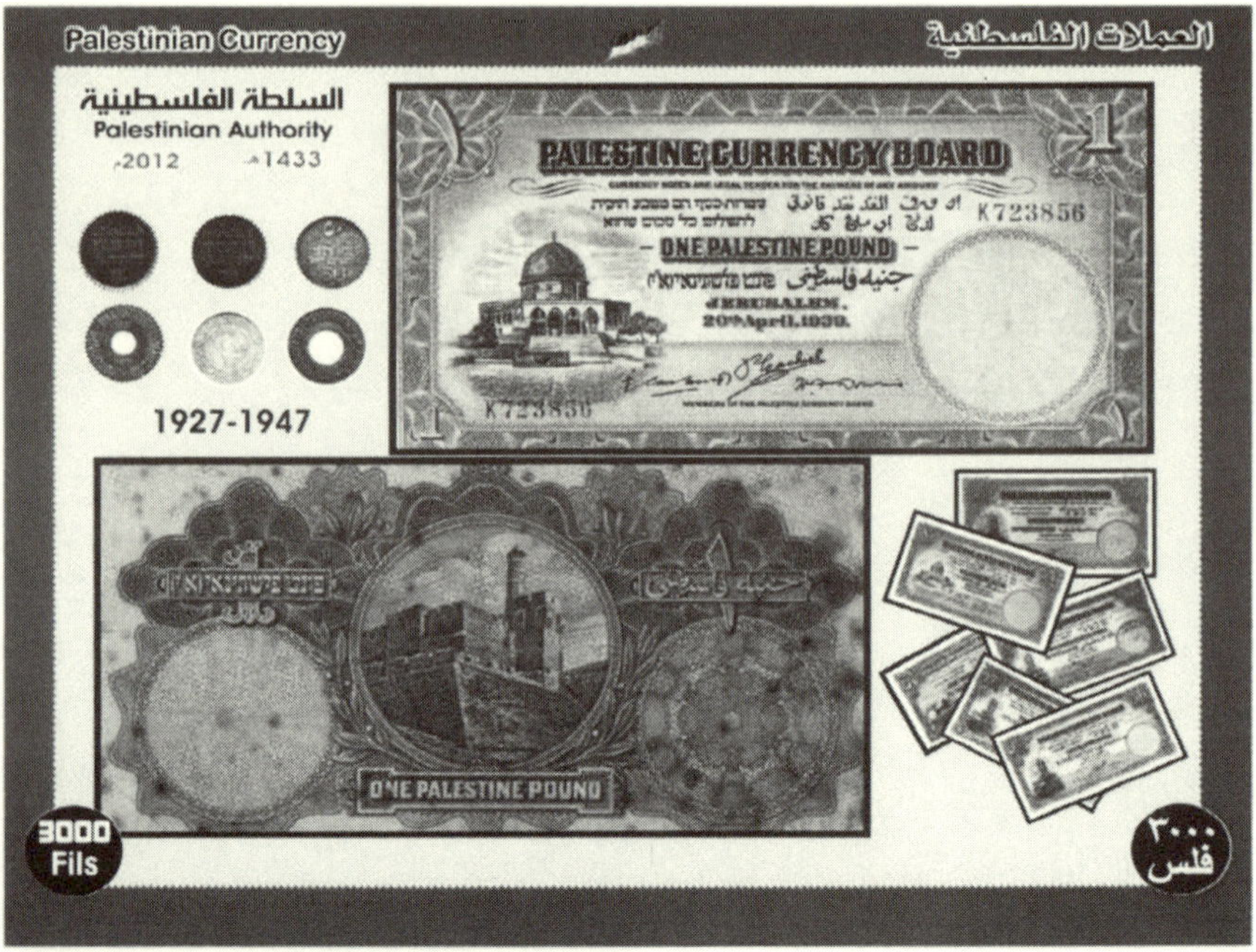

図 42　英委任統治時代の紙幣を取り上げたファタハ政府発行の切手及び切手シート。

発展を主導する自治政府の五官庁を題材とする切手を発行。そのうちの財務省を取り上げた切手及び切手シート（図42）には、岩のドームを描く英国委任統治領時代の一ポンド紙幣を取り上げ、自分たちこそが、旧委任統治時代を継承する由緒正しきパレスチナの正統政府であることを主張した。

しかし、英国委任統治時代と現在のパレスチナ自治政府が歴史的につながっていることを認めれば、一九四八年以来のイスラエル国家の存在意義は否定されてしまうことから、イスラエル当局はこの切手に強く反発。その結果として、ファタハ政府による切手の発行こそ差し止められなかったものの、切手発行当日の二〇一二年六月六日にパレスチナ郵政が制作した〝公式初日カバー〟については、これを没収した。このため、現在、市場に出回っているこの切手の初日カバーの消印は、いずれも、後になって日付を遡って押されたものである。

さて、国連総会でのファタハ政府のパレスチナとしての加盟申請については、イスラエルと米国のみならず、日本を含む西側主要国の多くがファタハ政府に対する国家承認を見送っている実情を踏まえ、従来の〝オブザーヴァー組織〟から〝オブザーヴァー国家〟に格上げする総会決議を採択する方向で調整が進められていた。パレスチナを国連の〝加盟国〟としては認めないが、正規の独立国であることを国連として事実上承認するという、いわば妥協の産物である。

国際社会がファタハ政府を認める方向で進む中、ハマース政府はガザを拠点にあくまでもイスラエル国家の存在そのものを否定し続けていたが、国連総会での決議採択を前に、イスラエルのネタニヤフ政権はハマースのテロ活動に打撃を与えるべく、十一月十四日、ガザ地区に空爆を行い、車で移動中のハマースの軍事部門のトップ、アフマド・ジャアバリーを殺害した。

ジャアバリーは、一九六〇年、ガザ生まれ。ガザのイスラム大学を卒業した。当初はファタハの活動家として、世俗的な反イスラエル闘争に参加していたが、一九八二年に逮捕され、獄中で十三年間を過ごす間にイスラム原理主義に感化され、ファタハを離脱してハマースに参加した。

一九九五年の釈放後は、ガザで反イスラエルの武装テロ活動に従事して頭角を現し、二〇〇二年に第二次インティファーダが発生すると、ハマースの軍事組織、イッズッディーン・カッサーム旅団の事実上の司令官として戦闘を指揮。二〇〇六年にはイスラエル兵ギラド・シャリートの誘拐と他の兵士二名の殺害に関して主導的な役割を果たしたほか、二〇〇七年のハマースによるガザ制圧に際しても軍功を挙げた。以後、ファタハ政府とイスラエルの和平交渉の進展を徹底的に妨害すべく、ロケット弾によるイスラエル領内への攻撃を指揮した。

こうしたキャリアのため、イスラエル側はジャアバリーをもっとも危険なテロリストと見なしており、それゆえ、二〇一二年十一月十四日にジャアバリーの殺害に成功したイスラエルは、殺害の模様を撮影した動画を直ちにユーチューブに投稿。ツィッターでもハマースがテロリストであることを強調したうえで、「ハマースの工作員は階級にかかわらず、今後数日間は地上に顔を出さないよう勧める」とつぶやいた。

イスラエルによるジャアバリー殺害に対しては、PLOを含むアラブ諸国がこれを批難し、エジプトはイスラエル大使を召還。当事者のハマースはイスラエルの〝宣戦布告〟に対して、同じくツィッターで「我々の神聖な手は、お前たちのリーダーや兵士がどこにいようと届く」と応酬した。はたして、以後七日間、ハマースによるイスラエル領内への砲撃は激しさを増し、百六十人を超える死者が発生した。

ガザのハマース政府は、翌二〇一三年六月五日、ジャアバリーの追悼切手を発行したが、その最高額の三千フィルス切手のシート（図43）には、ジャーバリーの肖像と並んで、岩のドームを中心としたパレスチナの地図と、その上を飛ぶロケット弾が描かれている。このデザインは、ジャアバリーの主導したロケット弾による対イスラエル攻撃を讃えるとともに、パレスチナ全土は〝パレスチナ国家（ここではハマース政府のこと）〟のものであり、その防衛のためには今後とも容赦なくイスラエルに対してロケット弾を撃ち込んでいく意思を示したものと理解できよう。

さて、ジャアバリー殺害から約半月後の二〇一二年十一月二十九日に開催された国連総会で、パレスチナ（ファタハ政府）を〝オブザーヴァー組織〟か

図43　ハマース政府が発行したジャアバリーの追悼切手シート。

ら〝オブザーヴァー国家〟に格上げする決議六十七／十九が、賛成百三十八、反対九、棄権四十一、欠席五の圧倒的多数で承認された。ちなみに、反対票を投じた九ヵ国はカナダ、チェコ、ミクロネシア、イスラエル、マーシャル諸島、ナウル、パラオ、パナマ、米国で、わが国は賛成票を投じている。

　ファタハ政府は、オブザーヴァー国家への格上げから一周年にあたる二〇一三年十一月二十九日にあわせて〝国が生まれた〟と題する記念切手（図44）の発行を計画したが、実際の切手発行は二〇一四年一月にまでずれ込んだ。そのうちの一枚には、岩のドームのあるエルサレムがイスラエルの首都であることを謳ったものも含まれている。

　また、〝国が生まれた〟の切手とあわせて単片三種・切手シート一種のセットで〝警察の日〟の切手も発行されたが、そのうちの切手シート（図45）の余白には、岩のドームを背景にパレスチナ国旗を掲げて行進する警察官が取り上げられている。

　現実には、岩のドームを含む東エルサレムはイス

図 44　国連でのオブザーヴァー国家への格上げを記念してファタハ政府が発行した "国が生まれた" の切手シート。余白には、総会決議 67 ／ 19 の採択を受けて演説するアッバースが取り上げられている。

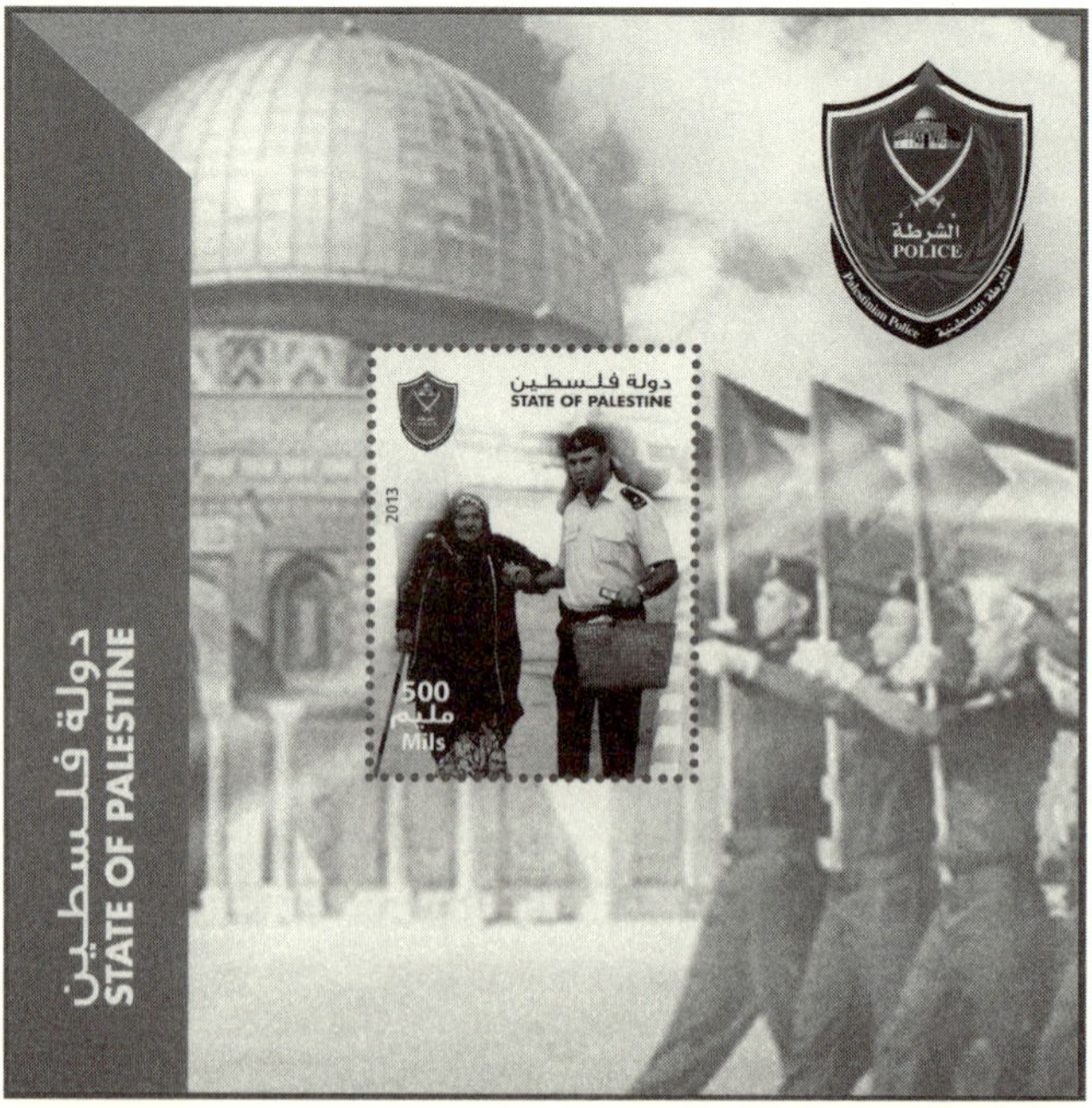

図 45　ファタハ政府が発行した "警察の日" の切手シート。

ラエルの統治下にあり、ファタハ政府の警察官がこうした場所を行進することはあり得ないのだが、ファタハ政府としては、〝エルサレムを首都とするパレスチナ国家〟の治安は、国際的に認められた正統政府としての自分たちが責任を持って守るという意思を示そうとしたものとみてよい。

イスラエルのガザ侵攻

国連のオブザーヴァー国家の資格を得たファタハ政府は、二〇一三年七月二十九日、イスラエルとの和平交渉を再開する。

イスラエル側はファタハの要求を受け入れ、パレスチナ人受刑者百四人の釈放を四回に分けて行うことを約束（実際に釈放されたのは七十八人）したが、その一方で、西岸地区での入植活動は継続し、東エルサレムで新たに九百四十二戸の入植者住宅の建設を承認した。ちなみに、イスラエルによるヨルダン川西岸及びガザ地区への新規の入植とそれに伴う行動は、一九八〇年三月一日に採択された「アラブ占領地におけるイスラエル入植地に関する国連安全保障理事会決議」に違反する。このため、八月二十七日には、西岸地区カランディアの難民キャンプでイスラエル国防軍とパレスチナ人難民が衝突し、パレスチナ人三人が死亡する事件が発生した。

その後も、ハマースのみならずイスラム聖戦などのテロ攻撃とそれに対するイスラエルの報復が続く中で、二〇一四年四月二十九日の和平交渉期限になったが、交渉に具体的な進展は見られなかった。

一方、イスラエルへの砲撃を続けていたハマースも、この頃には経済的にかなり追いつめられていた。

すなわち、二〇一一年の〝アラブの春〟に続くエジプト革命（一月二十五日革命）で、それまで国内のイスラム原理主義を抑え込んでいたムバーラク政権が打倒され、ムスリム同胞団・自由公正党のムハンマド・ムルシーがエジプト大統領に就任した。

もともと、ハマースはムスリム同胞団系の組織だったこともあって、ムルシー政権はガザのハマース政権に宥和的で、ムバーラク政権下でガザ地区に課せられていた経済制裁は大幅に緩和された。ところが、行政経験に乏しく、政治の実務に未熟なムルシー政権はすぐに行き詰まり、政権に対する一般国民の囂囂《ごうごう》たる非難の中、二〇一三年七月三日、アブドゥルファッターフ・シーシー国防相によるクーデターが発生。ムルシー政権は打倒された。

シーシー政権は、ムルシー政権の基盤であったムスリム同胞団とそれに連なるハマースを敵視し、ガザ地区とエジプトを結ぶ密輸トンネルを徹底的に破壊し、検問所の規制を強化し、ガザ地区への物資・資金の流入を厳しく制限した。

さらに、ハマースはイランからも多額の支援を受けていたが、二〇一一年に始まるシリア内戦をめぐって、イランがアサド政権を支持していたのに対して、ハマースは反政府勢力を支持して対立したため、イランはハマースへの援助額を月額約一億ドルから千五百万ドルへ大幅に減額した。

こうしたことが重なって、二〇一四年になると、ガザ地区の失業率は前年の二七%から四四%に急上昇し、停電が頻発。ハマースの職員さえ給料の遅配が生じるほどであった。

こうした状況の中で、二〇一四年三月三十日、ハマース政府は〝アース・デイ〟の切手（図46）の発行を計画する。

切手の発行名目は〝アース・デイ〟となっているが、そのアラビア語は〝ヤウム・アルドゥ〟である。このうち、〝ヤウム〟は〝日〟を、〝アルドゥ〟は〝地〟を意味する語だから、英語では〝earth〟とも〝land〟とも訳すことが可能で、世界的に認知され

図46　ハマース政府が発行した“アース・デイ”の切手。

ている四月二十二日の〝アース・デイ〟とは別に、パレスチナで〝ランド・デイ〟とされている記念日に対しても〝ヤウム・アルドゥ〟というアラビア語が使われている。

アース・デイは、一九七〇年に米国の上院議員ネルソンが、四月二十二日を「地球に感謝し、美しい地球を守る意識を共有する日」とすることを提唱してできた記念日で、毎年、世界各国で環境問題に関する啓発行事などが行われている。

これに対して、パレスチナのランド・デイは、一九七六年三月三十日、イスラエル政府がガリラヤ地方の一万九〇〇〇平方キロの土地を強制収用し、パレスチナ人をネゲブ砂漠に強制移住させようとした際、これに対抗する大規模なデモが発生し、六人のパレスチナ人が殺されたことにちなんだ記念日で、毎年事件のあった三月三十日には、イスラエルに抗議し、パレスチナの土地がパレスチナ人のものであると主張する大規模な集会やデモが行われている。

この切手は、イスラエルによるパレスチナへの入植が強行されていることへの抗議の意も込めて、もともとは二〇一四年三月三十日のランド・デイにあわせて発行される予定だったが、ハマース政権の経済状況が悪化していたことに加え、後述するように七–八月にはイスラエル軍によるガザ侵攻もあったため、実際の切手発行は十一月にまでずれ込んでいる。

ただし、切手の英文名称として、〝ヤウム・アルドゥ〟の訳語として、従来用いられていた〝ランド・デイ〟ではなく、あえて〝アース・デイ〟があてられているのが興味深い。その理由は定かではないが、あるいは、（パレスチナの）ランド・デイに比べれば、世界的な認知度のはるかに高いアース・デイの語を使うことで、あえて四月二十二日のアース・デイの記念切手と誤解させ、この切手（とその背後にあるランド・デイ）に対する関心を集めようという意図があったのかもしれない。

なお、ハマース政府の郵政当局が制作した公式初日カバーの消印には、三月三十日付のものと四月十七日付のものがある。どちらも、後から日付を遡って押印したものだが、この点でも、この切手の趣旨がわかりづらくなっている。

さて、経済的に追い詰められたハマースと、和平交渉の行き詰まりで閉塞感を感じていたファタハは和解を模索するようになり、二〇一四年四月二十三日、両者は統一内閣を樹立することで合意した。

当然のことながら、イスラエルのネタニヤフ政権はファタハとハマースの和解を「イスラエルの破壊を訴える残忍なテロ組織と手を組む道を選んだ」と非難したが、六月二日、両者の暫定統一政権が発足。このため、ネタニヤフ政権はパレスチナとの交渉拒否を宣言し、ガザ地区からロケット弾攻撃を受けたことを理由にガザ地区を空襲した。

一方、国際社会では、米国が「イスラエル国家の承認、テロの放棄、これまで交わされた国際合意の遵守」を条件に、ハマースの政権入りを認めたほか、EU、国連、インド、中国、トルコなどが新政権を支持した。

　こうした中で、六月十二日、イスラエル人入植者の少年三人が行方不明となる事件が発生。イスラエル当局はこれをハマースの犯行と主張し、六月二十三日までに行った捜査の過程で、パレスチナ側の七人を殺害し、ハマース幹部・活動家など三百六十一人を拘束するとともに現金数百万ドルを押収した。一方ハマースは、行方不明事件への関与を否定したものの、犯行そのものは称賛し、ガザ地区の武装勢力はイスラエル領内に対してロケット弾砲撃を敢行。これに対して、アッバースは「四月の国民和解合意を逸脱するものであり、合意履行は開始される前に頓挫した」としてハマースを批判した。

こうした経緯を経て、六月三十日、ネタニヤフは「ハマースがロケット弾攻撃を止めなければ、我々はそれに終止符を打つ」と警告した。さらに、同日、西岸地区で行方不明だった少年三人の遺体（遺体の状況から誘拐直後に殺害されたとみられている）が発見されたことから、ネタニヤフは報復を宣言。翌一日、イスラエル国防軍がガザ地区の三十四の標的に対する空襲を開始した。

当時、ガザ地区からのロケット弾攻撃は、イスラム戦線など、ハマース以外の組織が中心であり、ハマース自体はムハンマド・オベイド司令官の指示で攻撃を抑止していたともいわれているが、一日の空襲でオベイドが殺害されたことから、ハマースはロケット弾攻撃を本格化させた。

イスラエル国防軍によるガザ地区への攻撃は七月八日以降本格化し、七月十三日までにガザ地区の死者は百七十人以上、負傷者千百人以上に達した。

紛争の拡大を防ぐため、七月十四日、エジプトはイスラエル、ハマース双方に一週間のガザ停戦を提案し、無条件受け入れを要求。イスラエルはエジプトの停戦案受け入れを表明し、攻撃を一時停止したが、ハマースとイスラム聖戦はエジプトによる和平の仲介に反発し、攻撃を続けたため、イスラエルも攻撃を再開し、停戦は白紙になった。

さらに、七月十七日、イスラエルは、武装組織による〝テロ目的のトンネル〟を破壊するためとして、ガザ地区への地上部隊侵攻を開始した。

以後、八月二十六日に無期限停戦が成立するまでの間、二千百人を超える死者（うち七割が民間人とされている）が出たが、これは、二〇〇八―〇九年のイスラエル軍のガザ侵攻時の死者数、千四百十九人を大きく上回っており、アラブ・イスラエル間の紛争としては、一九七三年の第四次中東戦争以来最大となった。ただし、二〇一四年七月のガザ以外での中東各地の紛争での死者はシリアが五千三百四十二人、イラクが千七百三十七人、イエメンが約三百人、リビアが約百二十人に上っており、アラブ世界全体では、イスラエル軍のガザ侵攻に対する関心が相対的に低下していた感は否めない。

ちなみに、八月二十六日の停戦合意成立後、イスラエルとハマースの双方はともに〝勝利宣言〟を発したが、ハマースは現在なおイスラエルに対する闘争を放棄しておらず、両者の緊張関係は続いている。

そのことを示すかのように、停戦後の二〇一五年四月一日、ハマース政権は〝アクサー・モスク

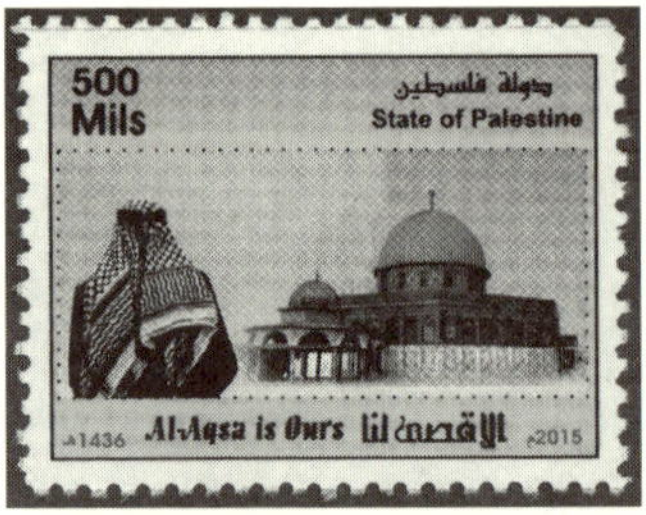

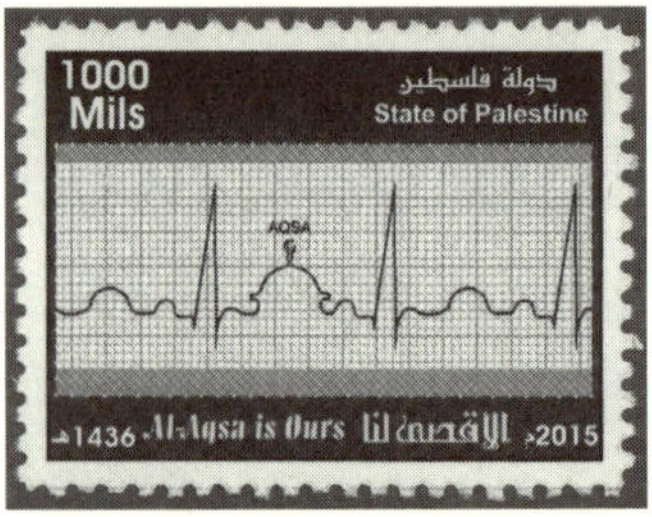

図47　ハマース政府が発行した"アクサー・モスクは我々のものだ"の切手。

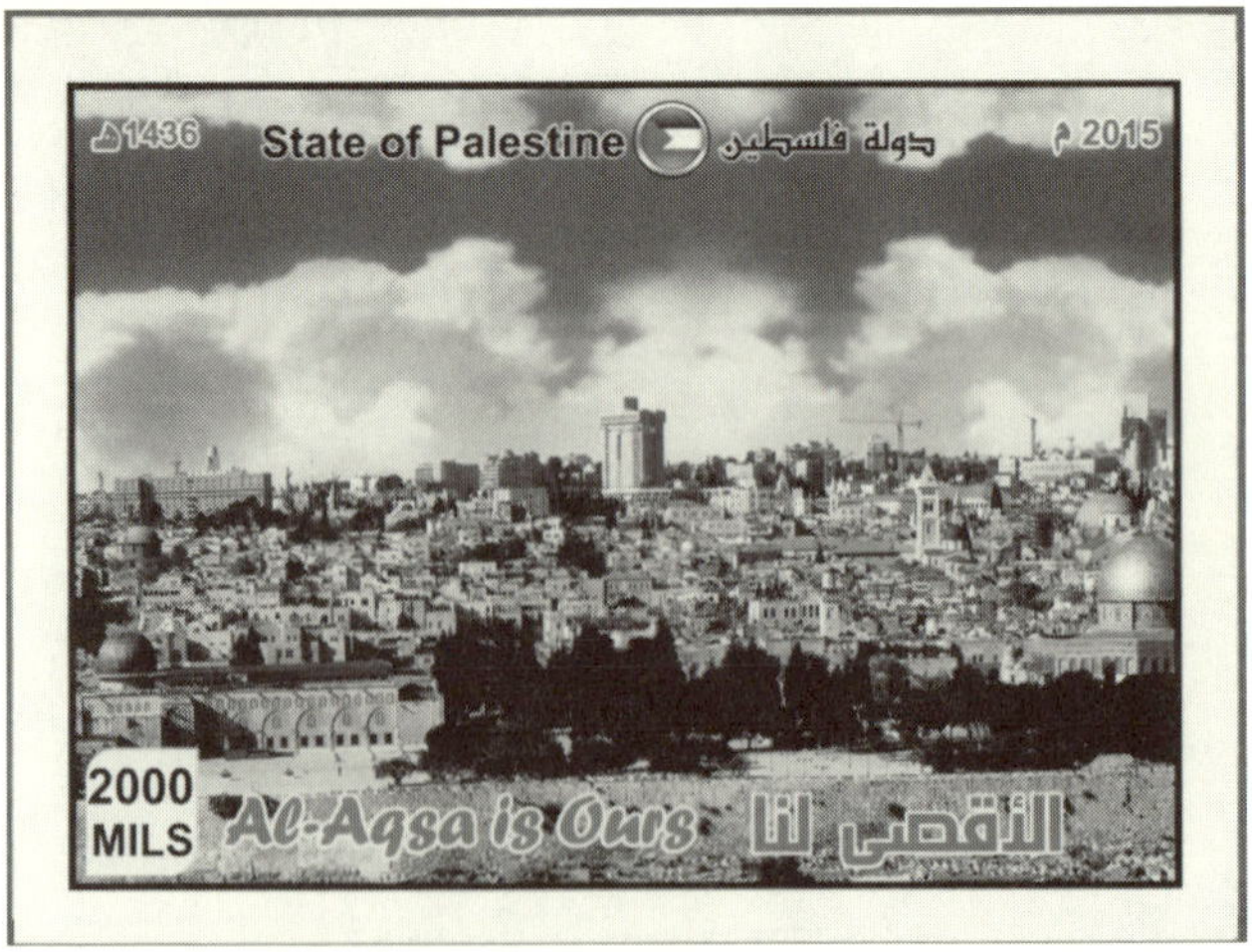

は我々のものだ！〟と題するプロパガンダ切手（図47）を発行している。切手は、単片六種、シート一種の構成で発行されたが、その中には岩のドームを前にこぶしを掲げる図案の切手や血まみれの手で岩のドームを掲げるデザインの切手も含まれており、（彼らの理解では）エルサレムを不法占拠するイスラエルに対する強い怒りが表現されている。

ところで、イスラエルとハマースの停戦が成立してから約二ヵ月後の二〇一四年十月二十九日、ロシアが、帝政ロシア時代にエルサレムでのロシア正教会の活動を支えていた〝パレスチナ帝国正教会協会〟の記念切手（図48）を発行しているのが興味深い。

もともと、ロシアは、二〇〇三年に米国、ＥＵ、国連とともに中東和平のロードマップを策定した国であり、パレスチナ和平に関しても一定の影響力を持っていたが、二〇一一年の〝アラブの春〟以降、米国のオバマ政権が中東問題への関与に消極的だったこともあり、その存在感を増してきた。

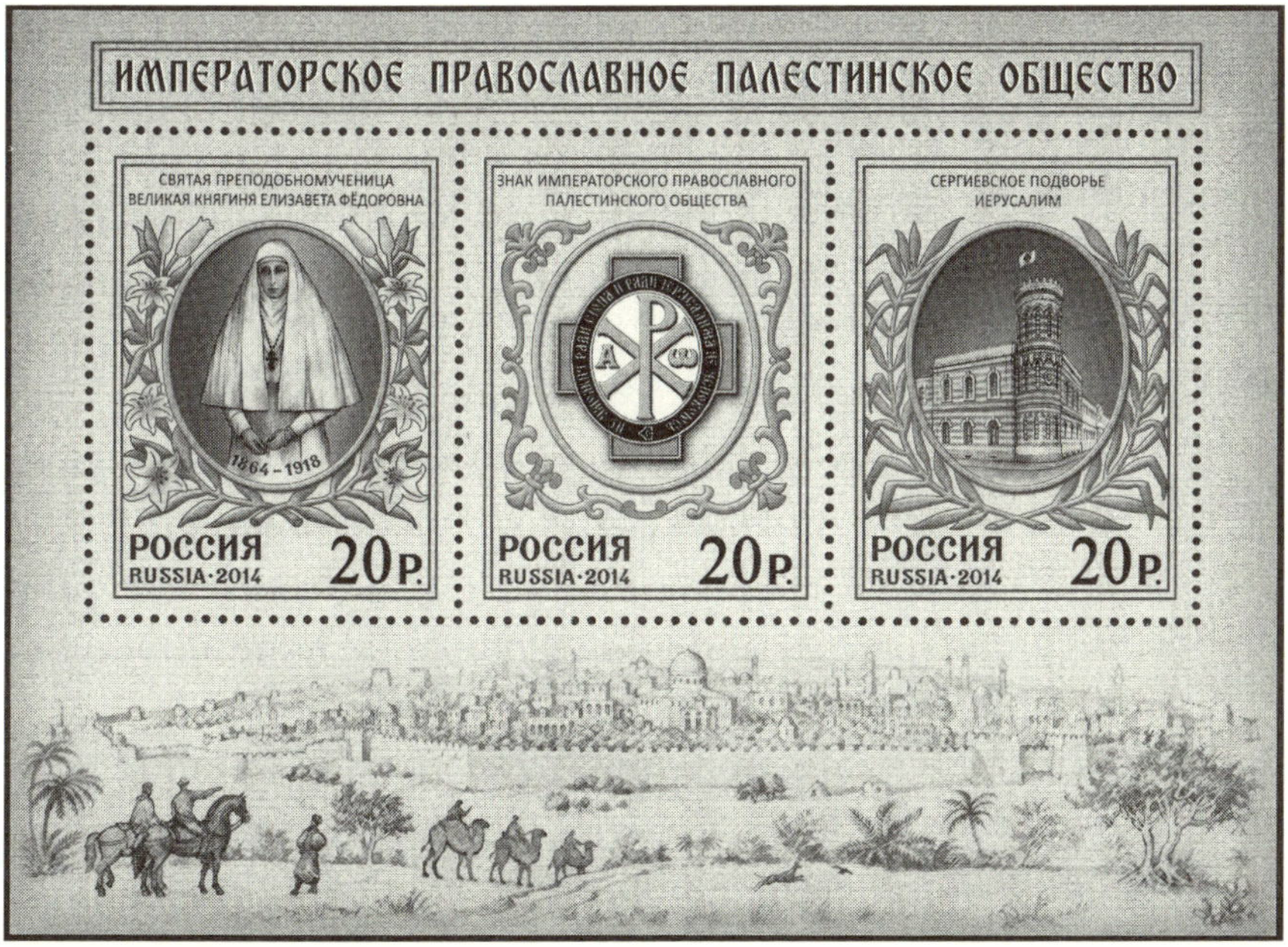

図48　ロシアが発行した“パレスチナ帝国正教会協会”の記念切手。シートの下部には、近代以前のエルサレムの遠景が描かれており、その中央には岩のドームも見える。

すなわち、ロシアはシリアのアサド政権に対する最大の支援者であるだけでなく、二〇一三年に軍事クーデターで発足したエジプトのシーシー政権を全面的に支持し、エジプトと三十億ドル以上の兵器・軍事技術輸出契約を締結した。その背景には、自国の安全保障上の必要からもイスラム原理主義勢力の伸長を抑えるため、原理主義勢力に対して抑圧的で、なおかつ、ロシアと親和的な世俗主義政権を支援しようという思惑がある。

パレスチナ問題に関しては、旧ソ連時代は、イスラエルが米国の支援を受けていることへのカウンターから、パレスチナを支援してきたという経緯があるが、大統領のウラジミール・プーチン本人はイスラエルとも良好な関係を保っており、基本的には是々非々の立場である。ただし、ガザを実効支配しているハマースがシリア問題に関してアサド政権を支援するロシアやイランとは対立関係にあることから、「パレスチナと言ってもさまざまで、ハマースも一枚岩ではなく、宗教的民族主義者がいる」として、中立的な立場を維持してきた。

このため、二〇一四年七月のイスラエル軍のガザ侵攻時にも、プーチンはネタニヤフとの電話会談でガザ地区からの撤退を求めたものの、ロシア政府としてイスラエルを非難声明は発しなかった。その背景には、イスラエルのガザ侵攻は、結果的にハマース政府の力を殺ぐことになり、ファタハに有利に働くことになる。

ロシアからみれば、ファタハとPLOはソ連時代からの伝統的な友好関係にあり（ちなみに、前述のように、大統領のアッバースはソ連時代のモスクワに留学し、博士号を取得している）、ロシアに対して親和的であるだけでなく、イスラム原理主義に対しては否定的な世俗主義政権であり、反ハマースという点からシリア問題でロシアと共同歩調を取る可能性が高い（少なくとも、ハマースが支持する反政府勢力と強調することはない）。

こうしたことから、ロシアには、ファタハとの関係を強化することは、パレスチナのみならず、中東全域への影響力拡大への足掛かりになり得るわけで、そうしたことが、帝政ロシア以来のロシアとパレスチナの関係を強調するような切手の発行にもつながったのだろう。

永遠のアラブ文化首都

二〇一五年九月十日、国連総会はオブザーヴァー国家の旗を国連本部前に掲揚することを許可する決議案が賛成多数で可決。これに伴い、同月三十日、パレスチナ自治政府の旗が掲揚された。

二〇一六年三月の時点で、日米をはじめとする主要国の多くはパレスチナを国家承認していないが、一九三の国連加盟国のうち、百三十六ヵ国がパレスチナを国家承認しており、国際社会の大勢はパレスチナが独立国家であることは既成事実としてとらえられていると言ってよい。

こうした事態を踏まえて、二〇一五年十月三日、〝エルサレム　永遠のアラブ文化首都〟と題する切

図 49　ファタハ政府の発行した“エルサレム　アラブ文化の永遠の首都”の切手シート。

手（図49）を発行した。

二〇〇九年にエルサレムが〝アラブ文化首都〟に指定された後、関係者の間から、パレスチナ問題に対する国際世論を喚起するためにも、エルサレムの〝文化首都〟としての地位を一年限りで終わりにするのではなく、今後も継続してはどうかという声が上がった。これを受けて、二〇一〇年、エルサレムは〝永遠のアラブ文化首都〟に指定された。

その後、各種の事務手続きなどを経て、二〇一三年、ファタハ政府支配下の西岸地区、ラマッラーでエルサレムが〝永遠のアラブ文化首都〟になったことを記念する祝賀行事が盛大に行われた。

ファタハ政府ならびにPLOを代表して、マフムード・アッバース大統領の代理で出席した大統領府事務総長のタイイブ・アブドゥッラヒームは、「最初のキブラの地（キブラはムスリムが礼拝を行う方向。当初、預言者ムハンマドはエルサレムの方向に礼拝するよう指示していたが、六二四年、現在と同じメッカのカアバの方向へキブラを変更した）であり、メッカ、メディナに次ぐ第三の聖地、そして勇猛なるパレスチナの首都として、歴史的、文明的な偉業に満ちたこの都市が〝永遠のアラブ文化都市〟の称号を得るのは当然のことだ」と演説。パレスチナ出身の詩人、サミーフ・カーシムは自らの詩を朗誦しつつ、「エルサレム市民の六七％が貧困ライン以下の生活を余儀なくされていることは、アラブ・ムスリムにとって恥ずべきこと。彼らには、威厳と自由のある生活を送る権利がある」と訴えた。

しかし、参加者にとってもっとも強い印象を残したのは、イベントの主催者を代表してハリド・クーズがあいさつした次の一節だったのではないか。

我々がやってきたことは、イスラエルの包囲下にあるエルサレムのためにできる最低限のことにすぎない。イスラエルに対して言おう。この世に何が起ころうとも、アラブとムスリムは決してエルサレムのことを忘れはしない。

このイベントから二年後の二〇一五年十月にファタハ政府が発行した切手シートは、岩のドームの屋根越しに見えるエルサレムの町並みが取り上げられたシンプルな構図だ。

　ドームの屋根だけが金色でそれ以外の背景はモノクロというデザインは、現在のドームから見下ろしたエルサレム旧市街の風景が、実は、〝パレスチナ問題〟が発生する以前のものと変わっていないということ、すなわち、岩のドームとエルサレムの〝永遠性〟を象徴的に表現したということなのかもしれない。

関連年表

1841年	エルサレムにオスマン帝国の中央郵便局開設
1897年	バーゼルで第1回シオニスト会議
1914年	第一次世界大戦勃発
1916年	フサイン・マクマホン書簡に基づく“アラブ叛乱”開始／サイクス・ピコ協定
1917年	バルフォア宣言
1918年	オスマン帝国降伏、第一次世界大戦終結
1919年	岩のドームを描く最初の切手発行（オスマン帝国）
1920年	英国によるパレスチナ委任統治開始
1936年	パレスチナのアラブ大蜂起
1939年	マクドナルド白書／第二次世界大戦勃発
1942年	シュトルーマ号事件
1944年	英植民地相、ウォルター・モイン暗殺
1947年	国連総会でパレスチナ分割決議採択 → パレスチナは事実上の内戦に突入
1948年	イスラエル建国宣言 → 第一次中東戦争
1949年	第一次中東戦争休戦 → トランスヨルダンが東エルサレムを含むヨルダン川西岸を併合しヨルダン・ハシミテ王国に
1964年	ローマ教皇のエルサレム訪問／パレスチナ解放機構（PLO）結成
1965年	ヨルダン政府による岩のドーム修復工事完了
1967年	第三次中東戦争 → イスラエルがガザ地区とヨルダン川西岸地区を占領 → 占領地からの撤退を求める国連安保理決議242採択
1969年	アラファトがＰＬＯ議長に就任
1970年	ブラック・セプテンバー事件 → PLO本部、ベイルートへ
1973年	第四次中東戦争
1977年	キャンプ・デービッド合意
1979年	イラン・イスラム革命／エジプト・イスラエル平和条約
1981年	エジプト大統領、サダト暗殺
1982年	レバノン内戦勃発 → PLO本部、チュニスに移動／サブラー・シャティーラ事件
1983年	ヒズブッラーによる“殉教作戦（自爆テロ）”開始
1987年	第一次インティファーダ開始／ハマースの結成
1988年	パレスチナ民族評議会、イスラエルとの共存を認めるパレスチナ独立宣言
1990年	イラクによるクウェート併合（湾岸危機）→ リンケージ論
1993年	オスロ合意
1994年	パレスチナ自治政府発足 → パレスチナ自治政府としての切手発行開始
2000年	第二次インティファーダ開始／イスラエルでシャロン政権発足
2001年	米国で9.11同時多発テロ
2002年	アラブ平和イニシアティヴの提唱
2003年	米露ＥＵ国連による“ロードマップ”提示
2006年	パレスチナ、ファタハの支配するヨルダン川西岸地区とハマースの支配するガザ地区に事実上の分裂
2008年	イスラエルとハマースのガザ紛争（－2009）
2012年	パレスチナ、国連のオブザーヴァー国家に
2014年	イスラエル軍のガザ侵攻

あとがき

全く個人的な話で恐縮だが、一九六七年生まれの筆者は、今年一月、五十歳になった。

だからどうしたと言われればそれまでだが、せっかく自分にとっては節目の年なので、二〇一七年は一九六七年に起きた世界史的な事件について、なにかまとまったものを書いてみたいと前々から考えていた。

一九六七年に起きた世界史的な出来事としては、本書でも取り上げた第三次中東戦争のほかに、中国最初の水爆実験、ＡＳＥＡＮ結成、チェ・ゲヴァラの死などが挙げられるが、このうち、第三次中東戦争は、関連する切手や郵便物の多様性という点で他を圧倒しているだけでなく、イスラム学科の卒業生としても、大いに興味をそそられる主題である。

また、第三次中東戦争以外にも、二〇一七年は、テオドール・ヘルツルがバーゼルで第一回シオニスト会議を開催（一八九七年）してから一二〇年、英国がパレスチナに〝ユダヤ人の民族的郷土〟を作ることを支持するとしたバルフォア宣言（一九一七年）から百年、イスラエル国家建国の根拠とされる国連のパレスチナ分割決議（一九四七年）から七十年、そして、第一次インティファーダ（一九八七年）から三十年という年回りになっており、パレスチナを題材とした書籍を刊行するには格好のタイミングだと思われた。

こうしたこともあって、えにし書房の塚田敬幸社長から、〝中東〟を題材とした本を作ってみないかというオファーをいただいたとき、二〇一二年十二月から、毎月一回のペースで『本のメルマガ』に連載していた「岩のドームの郵便学」の書籍化を提案し、塚田社長の快諾を得ることができた。

さて、『本のメルマガ』の連載は、年代順に毎回テーマを変えて読み切り形式で続けてきたが、岩のドームに関する切手は、アラブ世界のみならず、イスラム世界全域から夥しい種類のものが発行されているので、連載期間が四年を過ぎても、題材に困ることは全くなかった。

その反面、取り上げた国・地域は、アフガニスタン以西の中東・北アフリカ地域のみならず、インドネシア、バングラデシュ、キプロス、モルディヴ、マリ、セネガル、ギニア、ソマリア、コモロ諸島などにまで拡散してしまった。もちろん、読み切り形式の連載であれば、毎回、主題となる国が変わってもあまり違和感はないのだが、それらを一冊の書物としてまとめようとすると、全体としては散漫な印象になってしまう。

そこで、書籍化にあたっては、ある程度パレスチナに的を絞って、その現代史のアウトラインを再構成することを優先し、パレスチナそのものについての記述や（岩のドームが描かれていない）切手・郵便物などの図版も大幅に増やす一方、パレスチナ問題との直接的な関係が比較的希薄な国についての記述は思い切って割愛することにした。連載タイトルの「岩のドームの郵便学」を副題として、書名を『パレスチナ現代史』としたのは、このためだが、その成否については読者諸賢のご判断に委ねたい。

なお、本書の制作に際しては、上記の塚田社長のほか、編集実務とカバーデザインに関しては、板垣由佳氏にお世話になった。

末筆ながら、謝意を表して擱筆す。

二〇一七年八月二十九日

第一回シオニスト会議から一二〇周年の日に

著者記す

Smith, P. A. S., *Egypt: Stamps and Postal History*, Cyprus, 1999
Souan, K. C. R., *Philatelic History of Jordan: El Elites 1920-1997*, Amman, 1997
Stern, H. B., "British Mandate's Post Not Anti-Zionist, As Some Claim", *Stamp Collector,* Oct. 1986
Storrs, R. "Prince's War-Time Visit to Egypt", *The Sunday Times,* March 21 1937
Unwin, R., "Syria, Arab Government 1918-20", *OPAL*, Mar. 1992
——, "Syria, Arab Government – Provisional Handstamps", *OPAL*, May 1993
Wallach, J., *The Postal History of the West Bank of Jordan (Judea and Samaria), 1948-1967*, Rehovot, 1983
Weingarten, I., "Foreign Post Offices in the Turkish Empire", *Global Stamp News* Jan. 1998
——, "Gaza Strip Letters via Israel", *Israel Philatelist*, Feb. 2012
Weitz, E., *A Glimpse into Jewish History Through Philately,* New York, 1970
Wilson, J. M., *The Hejaz: A History in Stamps*, Pennsylvania, 1982
Wolinetz, H. D., *Arab Philatelic Propaganda against the State of Israel*, Ann Arbor, 1975
World Philatelic Congress of Israel, Holy Land and Judaica Societies, *20th Anniversary Publication, World Philatelic Congress of Israel, Holy Land and Judaica Societies,* Downsview, 1986
Yakup, N., "An Important Philatelic Document from the hejaz Front During World War I", *Tughra Times*, Apr. 1993
A Short Introduction To The Philately Of Palestine http://www.zobbel.de/stamp/pal_ine.htm
Israel Philatelic Federation http://israelphilately.org.il/en

板橋祐己『ビジュアル世界切手国名事典　中東・アフリカ編』 日本郵趣出版　2014年
今井修「郵便切手の同異考・12　トランスヨルダン（1921-48）」『切手趣味』1958年4月号
正田幸弘 「エジプト・トルコ・中国におけるフランス郵便局」『KEIO Philatelist』第24号 （1977年）
時岡隆 「切手で見るトルコ領土の縮小」『郵趣』1949年12月号
内藤陽介 「イラクの現行切手」『郵趣』1990年12月号
―― 「第1次オイルショック」『スタンプマガジン』1998年10月号
―― 「エジプト郵便史」『月刊中東研究』1999年9月号
―― 「革命イランの『世界』像：ポスタル・メディアとホメイニー体制」 末木文美士・中島隆博（編）『非西欧の視座』（宝積比較宗教・文化研究叢書） 大明堂　2001年
―― 『なぜイスラムはアメリカを憎むのか』 ダイヤモンド社　2001年
―― 「アメリカが名指しした『悪の枢軸国』イラン、イラク、北朝鮮『反米切手』の『論理』」『SAPIO』2002年2月27日号
―― 「ヒジャーズと郵便」『東洋学報』第83巻第4号　2002年
―― 『中東の誕生：切手で読み解く中東イスラム世界』 竹内書店新社　2002年
―― 「（サダム・フセインの肖像切手に見る） イラク・フセインの時代」『郵趣』2004年2月号
―― 『反米の世界史：郵便学が切り込む』 講談社現代新書　2005年
―― 「中東民主化の可能性」『表現者』第12号　2007年
―― 「岩のドームの郵便学」『本のメルマガ』 2012年12月25日号～2017年8月25日号
ヘクスター、W、 ラハマン、S 「イスラエル国郵政史」『郵趣』1949年7月号
三井高陽 「各国最初の切手・6　パレスタイン（1918）」『切手趣味』1951年12月号
山崎雅弘 『［新版］ 中東戦争全史』 学習研究社　2016年

Hinsdale, 1999
Lee, J. "Palestine to take over handling its own post", *Stamp Magazine*, Oct. 2008
Leibu, E., "The Taking of Jerusalem by the British Forces, 1917", *ISRAEL 98/ Bulletin Two* May 13-21, 1998
—— and Shimoni, Z., *The postal history of the transition period in Israel, 1948*, Jerusalem, 2004
Lindenbaum, A., "Some Philatelic Aspects of Israel's Six-Day War 1967", *LISPEX* 1969
Little, D. J., *British Empire Civil Censorship Devices, World War II (Section 3. Colonies and Occupied Territories in the Mediterranean Sea and Middle East)*, Warrington, 1996
Lowe R., *The Encyclopaedia of British Empire Postage Stamps 1775-1950, vol.III, The Empire in Asia*, London, 1951
——, "GB Used in Syria 1918-19", *The Philatelist and P.J.G.B.*, Jun. 1978
Markovits, R. L., "Canadian soldiers repair bridge in Palestine", *Israel Philatelist*, 2014 Fall
Mayo, M. M., *Barid al-Sa'udiyyah wa al-Hejaz wa Najd*, New York, 1973
McQueen, I., "Allied Occupation of Constantinople, 1919", *OPAL*, Feb. 1991
——, "The Collapse of the Ottoman Empire", *OPAL*, Dec. 1993
Najjar, A. H., *The Stamps of Jordan 1920-1965: A Philatelic Study*, London, 1998
Nelson, L., "Palestine POW Camps", *Israel Philatelist*, 2014 Fall
OR, *OR: Catalogue of Holy-Land (pre-Israel) Postal History, including Turkish, Mandate, and interim periods*, Tel-Aviv, 1976
Osten, N. and Osten, M. N., *Michel Ubersee-Katalog. Band 10, Naher Osten*, Unterschlessheim, 2013
Parenti, J-B., "Tarif et Marques de Recommandation de Syrie 1918-1925", *MARCOPHILE*, Oct. 1993
Patient, J., "1948 20m Palestine Occupation Overprint", *Gibbons Stamp Monthly*, Jun. 1994.
Peck, M. C., *Historical Dictionary of the Gulf Arab States*, Lanham, Md., & London, 1997
Persoff, M., *The Running Stag: The Stamps and Postal History of Israel*, London, 1973
Philips, P., "A Matter of Language", *Israel Philatelist*, Dec. 2008
Pollack, F. W., *The Turkish Post in the Holy Land*, Tel-Aviv, 1962
Proud, E. B., *History of British Army Postal Service* (3vols), Heathfield, 1980-1982
——, *The Postal History of British Palestine, 1918-1948*, Heathfield, 1985
——, *The Postal history of Palestine and TransJordan*, East Sussex, 2006
Richter, J. H., 1919- *Philatelic Judaica: A Catalog of Postage Stamps Relating to Jewish History, Jews, Judaism and the State of Israel, issued through December 1981*, Yonkers, 1983
Sacher, M. M., "Army and Field Post Office of Egypt and the EEF, 1914-20", *London Philatelist Supplement* Aug-Sep. 1970
——, *The Postal Markings of Mandate Palestine 1917-1948*, London, 1995
Schmidt, W. und Birken, A., *Handbuch der turkischen Philatelie* (4vols), Cyprus, 1991-1997
Schubert, T., "Post der Palästinensischen Autonomiebehörde", *Philatelie*, Dec. 2012
Shaath, N. A., *Palestine Stamps (1865-1981)*, Beirut and Cairo, 1981
Siegel, M., "'Herzl's Zionism' 1997 100th Anniversary of the First Zionist Congress", *ISRAEL 98/ Bulletin Two* May 13-21, 1998
Sinais, B., "L'Occupation Francaise au Levant", *OPAL*, Feb. 1991

——, "The Trans-Jordan 1925 Issue 'Hijazi' Issue", *OPAL and Thughara Special Issue*, Nov. 1991

Cilingiroglu, S., "Gaza Provisionals", *OPAL*, May 2006

Cousins, J., "The Philately of the Ottoman Empire and Its Successors", *Stampex 93 Catalogue*, 1993

The Cressent, "Arab Postal Tax and Occupation Stamps", *OPAL*,

Danan, Y-M., "La Guerre d'Independence d'Israel; Les Emissions Provisoires", *La Philatelie Francaise* , 1997

Daniel, F. W., *The Field Censor Systems of the Armies of the British 1914-1918 Unit Allocations: I War Office Based Types, 1,2,3,4, and 7*, Essex, 1984

Davis, G. E., "Forerunners of Transjordan", *OPAL*, Oct. 1994

Dorfman, D., *Palestine Mandate Postmarks,* Sarasota, 1985

——, *The Postage Stamps of Palestine, 1918-1948*, Gulf Gate, 1989

——, *The Stamps and Postal Stationary of Palestine Mandate 1918-1948; 2001 Specialized Catalog*, Redwood City, 2001

Esmer, E., "Straggles of Ottomans with Foreign Post Offices", *Tughra Tomes*, Jan. 1995

——, "The Ottoman Empire: A Study of Rates, Routes and Delivery Times", *American Philatelic Congress Book*, 1996

Firebrace, J., *British Empire Campaigns and Occupations in the Near East, 1914-1924: A Postal History*, London and Bournemouth, 1991

Fiske, W., *All about Postal Matters in Egypt,* Batley, 1977

Fluri, E., H*andbook of Holy Land Philately: The Minhelet Ha'am Period (1st to 15th May 1948)*, Sigriswill, 1973

Foldvary, F., "Considering the Arab-Israel Question", *American Philatelist*, Feb. 1994

Forsher, B. J., "Arab Propaganda on Stamps", *COMPEX 1972*, May 26-8. 1972

Gibbons, S., *Stanley Gibbons Stamp Catalogue; part 19 Middle East (6th edition)*, London and Ringwood, 2005

Gladstone, N., *Postal Censorship in Palestine during World War Two, 1939-1945*, London, 1975

——, *Postal Censorship in Israel 1948/ 1978*, London, 1978

——, *Post War Censorship to and from Palestine, 1945 to 1948*, Beechwood, 1985

Glassman, E., *The Postal History of Jerusalem from 1948*, London, 1978

——, *The Postmarks and Other Marking of Mandate Jerusalem (1917-1948)*, London, 1982

——, "Unusual Unknown Early Mandate Military", *Holy Land Postal History,* 1994 Summer

Graham, D., "Stamps of the Hejaz: 1916-24", *Stamp Collecting*, Jan. 1980

——, "The 'MAKKAH ARMES' 1/8 Qirsh", *Arabian Philatelic Association Random Notes*, Jan.-Mar. 1989

Hazard, H. W., "Islamic Philately as an Ancillary Discipline", *The World of Islam: Studies in Honour of Philip K. Hitti* (eds. by J.Kritzeck and R. B. Winder), London, 1960

Hochheiser, A. M., *Palestine Postal Forms: British Military Administration 1917-1920*, Beachwood, 1989

Hudson, R., "Palestine Propaganda Labels", *The Arab World Philatelist*, 1978

Khalastehy, F., "Iraq 'Save Palestine' Stamp", *Gibbons Stamp Monthly*, Dec. 2008

Koleksiyonu, A.(Zvi Alexander) and Giray, K., *Ottoman post in Palestine 1840-1914*, Istanbul, 2004

Kugel, A. F., *German World War I military and Occupation Mail from Allied and Enemy Territory (exhibit),*

主要参考文献

＊紙幅の制約上、特に重要な引用・参照を行ったもの以外は、原則として、切手・郵便に関係のあるもののみを取り上げた。

Abuljebain, N. K., *Palestinian history in postage stamps: collection of Nader Khairiddine Abuljebain*, Beirut. 2002

Alexander, Z., "Postal History of Arab Palestine 1948-1950", *London Philatelist,* Sep-Oct.1989, Nov.-Dec. 1989

——, *Osmanli Sahra Postalari Filistin (1914-1918): Alexander Koleksiyonu,* Istanbul, 2000

——, "Letters Relating to the Fall of Gaza", *OPAL (The Journal of the Oriental Philatelic Association of London),* Jan. 2001

Alireza, T., "MECQUE FEE PAID Marking", *Arabian Philatelic Association Random Notes* 44 (1989)

Ayalon, A, "The Hashimites, T. E. Lawrence and the Postage Stamps of the Hijaz", *The Hashimites in the Modern Arab World: Essays in Honour of the Late Professor Uriel Dann*, London

Balian, L., *Stamps of Egypt, with Egypt Used in Palestine and Sudan*, Heliopolis, 1998

Bale, M. H., *Bale Catalogue of Palestine and Israel Postage Stamps* (24th ed), Ilfracombe, 2016

Ben David, A., *Safad: The Transition Period from the Termination of the British Mandate until the Implementation of the State of Israel Postal Service*, Youngstown, 1995

Birken, A., "Confusion of 'Place-Names' in Ottoman Cancellations", *OPAL*, May 1994

——, "Postal Rates in Ottoman Times – What We Know, and What We Don't Know", *OPAL*, Jul. 1996

Black, P. J. "'Merson' in Syria & Associated Territories", *French and Colonies Philatelic Society*, 1984

Blake, L. L., *The Armoured Car Stamp of Rishon Le Zion April 5th…May 6th 1948*, n.p., 1956

Blumkin, H. L. *Highlights of Jewish History on Israeli Stamps*, New York, 1957

Booet, M., "Les Postes Europeennes et la R. O. P. i. T. dans l'Ancien Empire Ottoman", *La Philatelie Francaise*, Dec. 1997

Borodinsky, I., *Judaica in Philately: An Annoted Checklist*, Beachwood, 2001

Buzzetti, L., "Expeditionary Forces Marking in Use on the Palestine-Egyiptian Front: A Reconstruction and Locallization", *Postal History Journal* 36-7 (Jan.-May. 1974)

——, *La Posta in Palestine,* Saronno, 1988

Caetwright, B. M., "The Postal Arrangements of the Multinaional Force and Observers in the Sinai", *London Philatelists*, Sep.- Oct. 1984

Chafetz, D. A., *A Study of Israel's Dateless Cancellations 1948-1955*, Beachwood, 2001

Chalhoub, J. H. and Hass, C. F., *The Nile Post: handbook and catalogue of Egyptian stamps including listings of the Egyptian issues for Palestine and Sudan, as well as those of the French Consular Post Offices in Alexandria and Port-Said*, Quebec, 2003

Cole, J. H. and Walker, H. E., *Postal Cancellations of the Ottoman Empire; Part2 The Lost Territories in Africa and Asia* (5vols), London, 1984-1995

Collins, N. J., *Palestine Mandate Issues 1921-1948: the Crown Agents Requisition Books*, Beachwood, 1987

——, *Overland Mail via the Syro-Iraqi Great Desert*, London, 1990

【著者紹介】
内藤陽介（ないとう ようすけ）
1967年東京都生まれ。東京大学文学部卒業。郵便学者。日本文芸家協会会員。フジインターナショナルミント株式会社・顧問。切手等の郵便資料から国家や地域のあり方を読み解く「郵便学」を提唱し、研究・著作活動を続けている。
主な著書
『なぜイスラムはアメリカを憎むのか』（ダイヤモンド社）、『中東の誕生』（竹内書店新社）、『外国切手に描かれた日本』（光文社新書）、『切手と戦争』（新潮新書）、『反米の世界史』（講談社現代新書）、『事情のある国の切手ほど面白い』（メディアファクトリー新書）、『マリ近現代史』（彩流社）、『朝鮮戦争』、『アウシュヴィッツの手紙』、『リオデジャネイロ歴史紀行』（えにし書房）。

パレスチナ現代史
岩のドームの郵便学

2017年 9月 30日 初版第1刷発行

■著者　内藤陽介
■発行者　塚田敬幸

■発行所　えにし書房株式会社
〒102-0073 東京都千代田区九段南 2-2-7 北の丸ビル 3F
TEL 03-6261-4369　FAX 03-6261-4379
ウェブサイト　http://www.enishishobo.co.jp
E-mail　info@enishishobo.co.jp

■印刷／製本　モリモト印刷株式会社
■ DTP ／装丁　板垣由佳

ISBN978-4-908073-44-1 C0022